dtv

Kathrin Sohst

WER STÄRKER FÜHLT, HAT MEHR VOM LEBEN

Warum Sensibilität eine verborgene Kraft ist
und wie sie uns die Welt eröffnet

dtv

Ausführliche Informationen über
unsere Autoren und Bücher
www.dtv.de

Dieses Buch ist auch als eBook erhältlich.

FSC www.fsc.org
MIX
Papier aus verantwortungsvollen Quellen
FSC® C083411

Originalausgabe
2020 dtv Verlagsgesellschaft mbH & Co. KG, München

Umschlaggestaltung: Ruth Botzenhardt, buxdesign, München
unter Verwendung eines Fotos von plainpicture / Frank Baquet
Satz: Nadine Clemens, München
Gesetzt aus der Minion Pro
Druck und Bindung: CPI books GmbH, Leck
Printed in Germany • ISBN 978-3-423-26261-3

Sensibilität ist die Basis menschlichen Seins.
Sie bringt uns in Resonanz mit uns selbst, mit unseren Mitmenschen und mit unserem Lebensraum.

Für
Lena Sophie und Rebecca Viktoria
Leefke, Linda und Maria,
Jasper, Kalle, Lia und Joseline
Felix, Tim und Jan,
Hermine, Naya, Amelie,
Lena, Anna, Mira, Cedrik und Niklas,
Adele, Frederike und Ronja,
Lea, Finn, Annie, Vincent und Matheo
Maila, Jorin und Ruben,
und alle Menschenkinder,
die das Jetzt gegenwärtig machen
und sich eine lebenswerte Zukunft wünschen.

Erlaube dir zu sein, wer du bist.

In Liebe zu dir selbst und anderen.
In Respekt vor allem Leben.
Und in tiefer Verbindung und
achtsamem Kontakt zur Natur,
die deine Quelle ist.

Weich ist stärker als hart,
Wasser stärker als Fels,
Liebe stärker als Gewalt.

Hermann Hesse

INHALT

VORWORT: SENSIBILITÄT IST MENSCHLICH

Sensibel zu sein ist *eigentlich* eine schöne Sache. Wenn wir auf Sinnes- und Umgebungsreize differenziert und einfühlsam reagieren und bewusst verarbeiten, was wir erleben, kommen wir mit uns selbst, mit anderen Menschen und mit dem, was uns umgibt, in eine starke Resonanz. Warum also *eigentlich*? Weil es in der Hektik des Alltags nicht immer leicht ist, die positiven Seiten der Sensibilität zu erkennen. Die Informationsflut, Leistungsdruck, Stress und eine permanente Geräuschkulisse können zu einer großen Belastung werden. Wer ständig auf Empfang ist, leidet oft regelrecht unter den vielen Eindrücken. Das bedeutet: Die Medaille hat (mindestens) zwei Seiten. Beide kenne ich aus eigener Erfahrung und aus meiner Arbeit nur zu gut. Was aber assoziieren andere mit dem Begriff?

Um zu erfahren, was in meinem Netzwerk unter Sensibilität verstanden wird, stellte ich zwei Fragen in die digitale Runde:

1. Was verbindest du mit dem Wort Sensibilität?
2. Was bedeutet Sensibilität für dich?

Ich weiß heute noch, wie gespannt ich auf die Antworten war, und ich sollte nicht enttäuscht werden. Das Feedback war überwältigend. Was ich zu lesen bekam, inspirierte und beflügelte mich, das Thema Sensibilität ganzheitlicher zu betrachten, als ich das bisher getan hatte. Denn neben den Kommentaren, die deutlich aus der Lebenswelt der Hochsensiblen kamen, gab es auch kritische Stimmen, die mich nachdenklich machten und mir neue Impulse gaben. Fangen wir mit den Aussagen an, in denen die Sensibilität als eine Fähigkeit betrachtet wird, das, was man wahrnimmt, feiner verarbeiten zu können:

Mit dem Wort verbinde ich ganz feine Antennen, mit denen man Dinge erspürt, die anderen verborgen bleiben. – Feinfühligkeit, Wahrnehmung, Gespür. – Eine wunderbar starke Gabe, die vieles zum Positiven bewegen kann, zwischenmenschlich, am Arbeitsplatz, gesellschaftlich, gesundheitlich. (…) Ich glaube, sensible Menschen können Bewusstmacher für so viel Wesentliches, Wichtiges, Gutes sein. – Je höher die Sensibilität ausgeprägt ist, desto eher werden uns Dinge bewusst, die sonst un(ter)bewusst bleiben, und desto intensiver reagieren wir darauf. – Mehr und intensiver zu fühlen als andere. Und Dinge zu sehen, die für andere unsichtbar sind. – Achtsamkeit, Aufmerksamkeit, Interesse, Neugier und gegenseitige Rücksichtnahme. – Feinfühlig, verletzlich, Tiefe, Sehnsucht, Fülle, empfindsam, das Ego überwinden, Heilung, ein Teil meines Ganzen, Hoffnung, Liebe, Emotionen.

Und das ist ein Auszug aus den negativen oder zumindest nicht uneingeschränkt positiven Stimmen:

Ein Klischeebegriff, eine Eigenschaft, worüber heutzutage jede/r zu verfügen glaubt. Am besten abschaffen. Der trägt kaum zur Heilung des Universums bei. – Sensibilität kann zum Problem für all diejenigen werden, die weniger intensiv wahrnehmen, denn der Anspruch von Sensiblen an äußere Bedingungen ist oft so hoch, dass er nur schwer erfüllbar ist. Das kann zu Verletzungen und Überforderungen auf beiden Seiten führen, gerade in zwischenmenschlichen Beziehungen.

Alle Statements zusammen zeigen, dass wir Sensibilität aus sehr unterschiedlichen Blickwinkeln betrachten können. Was der eine lobend hervorhebt, findet der andere störend. Die differenzierten Antworten auf meine Umfrage machten mir klar, dass es gar nicht so einfach ist, konstruktiv mit unserer Sensibilität umzugehen und sie als Inspirationsquelle zu nutzen. Wie das gelingen kann, lesen Sie in diesem Buch. Es lädt Sie ein, von Zeit zu Zeit in Ihre innere Welt abzutauchen, Ihr Herz für sich und andere zu öffnen, sich mit sich selbst und anderen zu verbinden und Ihren Gefühlen ganz bewusst nachzuspüren. Denn all das brauchen wir: Raum für Stille. Raum für Verbundenheit. Raum für Kreativität. Raum für den Kontakt mit der Natur. Raum für Regeneration. Wer sich selbst regelmäßig Raum gibt, macht sich ein großes Geschenk – weil Seele und Körper mehr wissen, als wir mit dem Verstand fassen können. Sie sind richtungsweisend auf unserem Lebensweg. Mithilfe unserer sanften Seiten können wir uns im Alltag orientieren und durchs Leben navigieren. Sensibel und stark.[1]

Mich selbst hat diese Erkenntnis sehr bereichert und ich bin sicher, dass es Ihnen genauso gehen wird, wenn Sie erfahren …

- … was Sensibilität mit Stärke zu tun hat,
- … wie Sie mit sich selbst und anderen in Einklang kommen können und
- … warum Emotionen so wertvolle Energiequellen sind.

Mit Sensibilität und allem, was damit verbunden ist, beschäftige ich mich schon, seit ich denken kann. Immer wieder rollten meine Gefühle wie eine große Welle über mich hinweg und rissen mich mit, ohne dass ich etwas dagegen hätte tun können. Mir fehlten sowohl die Erfahrung als auch das Handwerkszeug, mit der Intensität meines Seins souverän und entspannt umzugehen. Wie gern hätte ich einen Schalter gehabt, mit dem ich mich hätte regulieren können. Und so machte ich mich zunächst unbewusst und später immer bewusster auf die Suche nach Antworten und Methoden, die es mir

---

1 Impulse und mein Angebot zum Thema Sensibilität und Stärke finden Sie auf www.kathrinsohst.de.

ermöglichen würden, in eine angenehme Balance mit mir selbst und meiner Umwelt zu kommen. Auf diesem Weg habe ich Wissen und Erfahrungen gesammelt und vieles in meinem Leben verändert – ein echter Gewinn, für den ich sehr dankbar bin und an dem ich Sie teilhaben lassen möchte. Doch bevor wir in die einzelnen Kapitel eintauchen, möchte ich Ihnen einen kurzen Einblick geben, in welchen Situationen mir meine Sensibilität besonders bewusst wurde. Auch im weiteren Verlauf des Buches werden Sie immer wieder persönliche Geschichten und Einsichten finden. So können Sie mir zwischendurch immer wieder auch persönlich »begegnen«.

Lange Zeit war eine fremde, reizintensive Umgebung eine echte Herausforderung für mich. Je mehr Menschen in meinem Umfeld waren, desto zurückhaltender wurde ich. Es war mir unangenehm, wenn ich im Mittelpunkt stand und etwas zum Besten geben sollte – ganz gleich, ob beim Referat in der Schule oder beim alljährlichen Schülerkonzert meiner Klavierlehrerin. Dennoch spürte ich deutlich: Meine Gefühle finden Worte. Worte werden zu Gedichten, kleinen Reden und Texten. Also begann ich irgendwann, sie öffentlich zu machen und vorzutragen. Aufgeregt war ich jedes Mal wieder, aber davon ließ ich mich nicht abhalten. Ich hatte das Gefühl, das Richtige zu tun. Die Worte wollten hinaus in die Welt, genauso wie die Botschaft, die ich damit transportierte und mit der ich die Menschen um mich herum berühren wollte – meinen Liebsten, wenn ich verliebt war, die Künstlerin auf der Vernissage, meine Eltern zu ihrer Silberhochzeit, die Familie bei der Beerdigung meines Opas, meine langjährige Freundin auf ihrer Hochzeit, und als sich die Basketballmannschaft zerstritten hatte, in Form eines Briefes an die ganze Truppe.

Auch heute noch zieht es mich nicht magisch auf die Bühne, aber ich stelle mich trotzdem drauf. Der Weg dorthin wurde mal von wunderbaren Fügungen geebnet, mal war er auch steinig. Was bleibt, ist die Erkenntnis: Von Zeit zu Zeit die eigenen Grenzen zu sprengen, die Komfortzone zu verlassen und mutige Schritte in unbekanntes Terrain zu setzen ist absolut notwendig, um uns selbst näherzukommen und zu entdecken, was in uns steckt. Genauso wichtig ist es allerdings, dabei immer wieder für einen Ausgleich zu sorgen, damit die Balance gewahrt bleibt. In Zeiten, in denen der Druck wächst, das Beste aus sich herauszuholen, sind Selbstausbeutung und Überreizung nicht weit. Das ist mir sehr vertraut. In der Vergangenheit habe ich mich oft überfordert, weil ich zu viel von mir (und anderen) erwartet habe, und mir immer wieder dicke Beulen holte, wenn ich mit Kopf und Herz gegen meine Grenzen geknallt bin. Irgendwann habe ich erkannt, dass dieser Weg offenbar nicht zu mir passt und ich wohl gut daran täte, auf meine innere Stimme zu hören und ihr zu folgen. Heute gelingt es mir immer besser, auf mich zu achten, mein Leben nachhaltig zu gestalten und meine körperlichen und seelischen Bedürfnisse zu berücksichtigen – auch wenn das in unserer leistungs-, erfolgs- und karriereorientierten Gesellschaft nach wie vor nicht gerade leicht ist.

Früher hatte ich oft das Gefühl, anders zu sein als andere, auch wenn ich gar nicht hätte beschreiben können, worin das Anderssein genau bestand. Dennoch war mir klar, dass ich mich von vielen Menschen in meinem Umfeld unterschied. Schon im Kindergarten habe ich mich bei lauten Geräuschen, wie etwa beim Platzen eines Luftballons, so erschrocken, dass ich anfing zu weinen. Manche Kinder hingegen trampelten auf den Luftballons herum, um sie ganz gezielt platzen zu lassen. Auch in der Schule oder auf großen Festen war mir der Geräuschpegel *häufig* zu hoch. Nur meinen Freunden zuliebe ging ich mit in die Disco, nie, ohne anschließend ein unangenehmes Dröhnen in den Ohren zu haben. Heute weiß ich nicht nur, dass ich mich in einer ruhigen und harmonischen Umgebung am wohlsten fühle, ich richte mich auch immer öfter danach. Die Natur ist hierbei mein absoluter Favorit.

Aber nicht nur in puncto Lautstärke hatte ich Vorstellungen, die weit weg waren von denen meiner Mitschülerinnen und Mitschüler. Oft fragte ich mich, warum sie sich untereinander oder gegenüber den Lehrkräften so respektlos verhielten. Es hat lange gedauert, bis ich damit umgehen konnte, dass Menschen anders handelten, als ich es von ihnen erwartete. Noch länger hat es gedauert, bis ich verstanden habe, dass es bei ihren Aktionen oft gar nicht um bewusste Angriffe ging, sondern lediglich Menschen mit voneinander abweichenden Temperamenten, Wertvorstellungen und Erfahrungen aufeinandergetroffen waren. Ein und dieselbe Situation wird von unterschiedlichen Persönlichkeiten eben auch anders erlebt.

Als ich diese Entdeckung gemacht hatte, war die Forscherin in mir erwacht. Inzwischen ist mir klar, dass auch ich mit meiner Art andere Menschen vor den Kopf gestoßen und verletzt habe, ohne das zu beabsichtigen. Und das passiert mir auch heute noch. Allerdings merke ich das in den allermeisten Fällen sehr schnell, weil ich mich gut in andere hineinversetzen kann und sehr empathisch bin. Im Miteinander spüre ich, ob es meinem Gegenüber gut geht oder ob sie oder ihn etwas beschäftigt. Auch merke ich sofort, wenn in einem Raum »dicke Luft« herrscht oder wenn mein Gesprächspartner etwas anderes sagt, als sein Gesicht ausdrückt. Und ich weiß, dass subtilste Vorgänge, die mir gar nicht bewusst sind, genügen, um meine Stimmung ganz plötzlich umschlagen zu lassen.

Und noch etwas anderes wurde mir klar: Die Sensibilität scheint in unserer Welt kein besonders hohes Ansehen zu genießen. Vor allem im Berufsleben hat sie ein schlechtes Image. So wird selbst von denen, die im Pflege- und Gesundheitsbereich arbeiten, also dort, wo Sensibilität dringend gebraucht wird, erwartet, dass sie sich dem eng durchgetakteten Alltag unterordnen – notfalls, bis auch ihre Körper streiken.

Fakt ist: In unserer Gesellschaft mangelt es an allen Ecken und Enden an Sensibilität – sei es im Umgang mit uns selbst, mit anderen oder mit der Natur: Wir sind dem Irrtum erlegen, es wäre wirtschaftlicher, die Bedürfnisse Einzelner nicht allzu hoch aufzuhängen. Wir glauben, dass wir es uns nicht leisten können, uns Zeit für uns selbst zu nehmen. Wir haben verlernt, nach innen zu schauen, uns selbst oder unserem Körper zu lauschen und anderen zuzuhören. Stattdessen folgen wir Idealen, die uns vom natürlichen Zyklus des Lebens trennen. Wir sind in den letzten Jahrzehnten so unsensibel dem sogenannten Fortschritt gefolgt, dass unsere Kinder jetzt auf die Straße gehen, weil sie Angst um ihre Zukunft haben – und ein sicheres Gespür für das, was wirklich wichtig ist. Jeder Einzelne von uns sollte es ihnen nachtun. Denn die Reflexion dessen, was wir erleben, wie wir uns selbst, andere und unsere Umwelt wahrnehmen und wie alles zueinander in Beziehung steht, gehört zum Leben wie das Atmen.

Fortschritt ist zwar eng verbunden mit der Technikentwicklung und -bewunderung, aber nicht gleichbedeutend mit der Entwicklung des Menschlichen.
Arno Gruen

Überlegen wir mal: Was würde geschehen, wenn wir anfingen, zu unserer Sensibilität zu stehen? Ich bin überzeugt davon, dass wir auf diese Weise wertvolle, schöne und angenehme Erfahrungen und Begegnungen in unser Leben einladen würden. Denn Sensibilität ist keine Schwäche, sondern eine Eigenschaft, die uns dazu befähigt, in besonderer Weise achtsam zu sein – im Hinblick auf uns selbst, auf andere und auf die Welt, in der wir leben.

In der Diskussion um höher sensible Menschen hat es in den letzten Jahren viele Diskussionen darum gegeben, ob es Fluch oder Segen sei, hochsensibel zu sein. Und ob es etwas Besonderes sei, wenn man fein und tief verarbeitet. Auch ich habe mich in der Vergangenheit durch das Bewusstsein, zu den höher sensiblen Menschen zu zählen, dazu hinreißen lassen, mich als etwas »Besonderes« zu fühlen. Das war in dem Moment wichtig für mich. Bis ich erkannte, dass die hohe Sensibilität lediglich *ein* Aspekt meiner Persönlichkeit ist, den ich integrieren und wertschätzen kann, *ein* Wesenszug, der genau wie die anderen Facetten meiner Persönlichkeit zu mir gehört. Ursprünglich hatte mich ein guter Freund darauf aufmerksam gemacht, dass es schwierig sei, sich in hohem Maße über die Ausprägung der Sensibilität zu definieren. Und natürlich habe ich mich erst einmal massiv gegen seinen Hinweis gewehrt und in Frage gestellt gefühlt. Doch nach und nach wurde mir bewusst, dass ich zu neuen Ufern der Selbsterkenntnis aufbrechen und das Thema ganzheitlicher betrachten musste, wenn ich mich durch die Kategorisierung »hochsensibel« nicht selbst begrenzen wollte.

Heute zählt für mich einzig und allein, dass ich annehmen kann, was mich natürlicherweise ausmacht, und dass ich dies für mich und andere mit Gefühl und Verstand einsetzen kann. Seit ich das begriffen und mein Sein zu würdigen gelernt habe, kann ich mit mir selbst, mit anderen und den Herausforderungen des Lebens viel besser umgehen.

Wenn Sie sich jetzt fragen, wie ich dahin gekommen bin, wo ich jetzt stehe, dann halten Sie die Antwort schon in den Händen, denn ich habe in diesem Buch festgehalten, was mir in meiner Entwicklung am meisten geholfen hat.

Doch Sie sollen ja nicht nur meine Geschichte nachlesen, sondern sich auch selbst ausprobieren können. Aus diesem Grund habe ich praktische Übungen zusammengestellt, die Ihnen helfen werden, sich selbst (und andere) besser kennenzulernen. Das ist nämlich die Voraussetzung dafür, einen wohlwollenden Blick auf Ihre zarten Seiten oder die zarten Seiten anderer Menschen werfen zu können und sie wertzuschätzen.

Wenn Sie ehrlich mit sich sind, wissen Sie es bereits: Wer nachhaltige Stärke entwickeln will, muss empfinden, mitfühlen, mit seinen zarten Seiten ins Reine kommen und Schwächen annehmen können. Ich möchte Ihnen in diesem Buch Schlüssel zu den Türen zeigen, die Ihnen Räume für einen neuen Umgang mit Ihrer Sensibilität und Ihren Gefühlen öffnen. Wann und in welchem Tempo Sie die Räume betreten, entscheiden Sie selbst. Lassen Sie sich überraschen. Vielleicht eröffnet sich am Ende ja eine ganz neue Welt für Sie.

In diesem Sinne wünsche ich Ihnen viel Freude, Neugier, Inspiration und starke Impulse für kraftvolle Veränderungen.

Herzlich – Ihre Kathrin Sohst

WAS SENSIBILITÄT MIT STÄRKE ZU TUN HAT

Es ist Winter. Als der Wecker um 6 Uhr geklingelt hatte, war es noch dunkel. Jetzt taucht die Morgendämmerung alles in blaues Licht – Häuser, Straßen, Autos und Busse, den Bahnhof, das alte Postgebäude und auch den Schutthaufen daneben. Und das Wetter scheint gut zu werden. Ich liebe es, wenn die feuchte Kälte zum trockenen Frost wird.

Nachdem ich die Kinder zur Schule gebracht habe, gehe ich zur Bushaltestelle zurück. Der Berufsverkehr rauscht an mir vorbei. Direkt nach den ruhigen, stillen Weihnachtsferien ein intensiver Start in den Alltag.

Der nächste Bus kommt erst in fünfzehn Minuten. Ich habe keine Lust, mich an die laute Straße zu stellen und dem morgendlichen Verkehrswahnsinn zuzuschauen, daher entscheide ich mich, einen Teil der Strecke zu Fuß zurückzulegen. Es ist nicht der schönste Ort, um spazieren zu gehen, aber laufen ist definitiv besser als warten. Ich lasse meinen Atem, meine Gedanken und meine Gefühle fließen. Plötzlich verändert sich das Licht. Die Straßenlaternen sind ausgegangen, das Kunstlicht ist verschwunden und die Helligkeit des kalten, klaren Wintermorgens strahlt mir entgegen. Ein unerwartet magischer Moment. Wie schön! Es wird wieder heller! Jeden Tag ein bisschen. Und dann kommt heute noch die Sonne dazu. Die Wolken haben Pause. Und der Regen auch. In den letzten Wochen hatte mir die Dunkelheit mehr zu schaffen gemacht als sonst, so sehr, dass es auch in mir für meinen Geschmack etwas zu dunkel geworden war.

An der nächsten Bushaltestelle bin ich dem Bus immer noch weit voraus. Also laufe ich weiter, vorbei an einem der vielen Konsumtempel der Stadt, der direkt an der vierspurigen Hauptstraße liegt. Die Motorengeräusche übertönen alles. Nein, nicht alles. Plötzlich dringt der Gesang eines Vogels an mein Ohr und verstärkt sich in mir so, dass der Rest in den Hintergrund tritt. Ich höre keine Autos mehr, sondern nur noch den Gesang des Vogels. Ich lächle. Meine Augen gehen auf die Suche. Wo sitzt der kleine Sänger, der an diesem schönen Morgen gegen den Verkehr ansingt? Da, jetzt habe ich ihn gefunden. Es ist eine Amsel. Der Gesangskünstler sitzt auf dem Vordach der Post und flötet fröhlich seine Töne in die Luft. Ich schicke ihm einen Herzensdank hinüber, während sich in mir ein wohlig-warmes Team aus Gefühlen, Kraft und Gedanken breitmacht: Ja, es wird ein guter Tag, und das ist ein großartiger Start in diesem neuen Jahr.

An diesem Morgen hat mir meine Sensibilität zwei unerwartet schöne Momente geschenkt – das Licht des Wintermorgens und den Gesang des Vogels mitten im Berufsverkehr. Zwei Momente, die mich mit mir selbst und der Welt positiv in Verbindung gebracht und für den Tag und den Start in das neue Jahr stark gemacht haben. Und an die ich mich gerne zurückerinnere – immer mit einem Lächeln im Gesicht.

Sensibilität ist die Fähigkeit, die Schönheit des Lebens wahrzunehmen.

Solche Erlebnisse sind ein perfektes Beispiel dafür, was Sensibilität mit Stärke zu tun hat. Es ist eine Stärke, die über die körperliche Kraft hinausgeht, weil sie aus der Verbindung von Körper, Geist und Seele entsteht und die verschiedenen Facetten des Menschseins mit einbezieht. Eine Stärke, die ihre Kraft nicht zuletzt daraus bezieht, dass wir von Zeit zu Zeit auf Empfang schalten, innere und äußere Reize reflektieren und dem Herzen lauschen.

Uns selbst und unsere Umwelt über verschiedene Kanäle zu erleben ist ein echtes Geschenk und befähigt uns, in gutem Kontakt zu uns selbst und unserem Umfeld zu sein. Bewusst wahrzunehmen und zu verarbeiten, was die Welt uns zu bieten hat – vor allem auch all das, was uns guttut –, das macht uns stark!

Die Welt der Sensibilität

Während Sanftheit und tiefgründige Empfindungen für die einen ein Segen sind, gehen andere schon auf die Barrikaden, wenn Sie das Wort Sensibilität nur hören. Wie kann das sein? Lassen Sie uns auf Spurensuche gehen und uns genauer anschauen, wie das Wort in unserer Sprache genutzt wird:

Seinen Ursprung hat der Begriff »Sensibilität« im Lateinischen – *sentire* heißt *empfinden, fühlen* und *sensibilis* bedeutet übersetzt: *verbunden mit Wahrnehmung, Empfindung und Sinnen, fähig zum Empfinden* oder auch *mit Empfindung begabt.*

In welchen Zusammenhängen nutzen wir das Wort »Sensibilität« heute? Als ich den Begriff im Duden nachschlage, erscheinen zusätzlich zu meinem Suchwort auch verwandte Begriffe wie Mimosenhaftigkeit, Feinsinnigkeit, Taktgefühl, Sorgfalt, hochsensibel, Vorsicht, Verständnis, Kritikalität, als Synonyme werden unter anderem Empfindsamkeit, Rührseligkeit und Zartgefühl genannt. Und in den detaillierten Informationen zum Begriff der Sensibilität erfahre ich, dass er bildungssprachlich das Sensibel-Sein, die Empfindlichkeit oder das Gespür für Verletzendes meint.

Im Zusammenhang mit der Fotografie versteht man unter Sensibilität die Lichtempfindlichkeit von Filmen. Die Fotografie und die Empfindsamkeit eines Filmes[2] sind übrigens eine schöne Metapher für die menschliche Sensibilität: Ist ein Film nicht sensibel, bleibt das, was der Fotograf festhalten möchte, im Dunkeln. Je lichtempfindlicher das Material ist, desto heller und detaillierter ist auf der Abbildung zu erkennen, was in der Welt zu sehen ist. Bei zu hoher

---

2 Gemeint ist der Film, der für die analoge Fotografie verwendet und anschließend im Labor entwickelt wird. Je lichtempfindlicher das Filmmaterial ist, desto weniger Licht muss der Fotograf künstlich erzeugen.

Empfindlichkeit allerdings verschwimmen die Details im Licht. Genauso ist es bei uns Menschen. Ein Mensch, dessen Sensibilität wenig ausgeprägt ist, verarbeitet quasi weniger »hell«. Er »belichtet« die Reize, die er wahrnimmt, nicht so lange. Je sensibler Menschen sind, desto feiner wird die Wahrnehmung. Und bei zu hoher Sensibilität wird ein Mensch von einem Übermaß an Licht geblendet und ist kaum noch in der Lage, alles zu verarbeiten.

Wenn wir etwas als »sensibel« bezeichnen, signalisiert das aber auch, dass etwas besonders viel Sorgfalt oder Umsicht erfordert. Im medizinischen Kontext etwa gilt als sensibel, wer empfindlich gegenüber Schmerzen und Reizen von außen ist. Und von *sensibilisieren* sprechen wir, wenn wir auf bestimmte Themen, die von hoher Relevanz sind, aber zu wenig Beachtung bekommen, aufmerksam machen wollen. Der Begriff »sensibel« wird also in unserem Sprachgebrauch sehr ambivalent verwendet. Einerseits schwingt in Aufforderungen wie *»Sei doch nicht so sensibel!«* Kritik mit. Andererseits drücken wir damit aber auch unsere Wertschätzung aus: *»Wir müssen sensibler mit unserer Natur umgehen.«* Und es geht noch weiter: Wenn wir ein Thema als *sensibel* bezeichnen, meinen wir oft eines, bei dem man sich leicht in die Nesseln setzen kann – weil es nicht nur komplex und vielschichtig ist, sondern auch unsere Werte und Glaubenssätze betrifft, die wir nur ungern in Frage stellen lassen. Religion ist hierfür ein gutes Beispiel.

Stöbert man in sozialen Netzwerken wie Twitter, Instagram und Pinterest durch die Posts, die mit dem Hashtag #sensibilität versehen sind, zeigt sich ein ähnliches Bild. Auch hier wird mal angemahnt, dass es an Feingefühl mangelt, mal wird Kritik geübt, weil jemand eine allzu dünne Haut offenbart. Und weil wir jetzt schon beim Thema Social Media und somit beim Thema Internet angekommen sind, können wir auch gleich über sensible Daten sprechen. Sie gelten als schützenswert, entweder weil es sich um persönliche Daten handelt oder – Wikileaks lässt grüßen – weil sie etwas aufdecken oder Wahrheiten ans Licht bringen, die bisher geheim waren. Alles, was unter Datenschutz fällt, wird als sensibel bezeichnet. Spätestens seit Inkrafttreten der Datenschutzgrundverordnung DSGVO hat sich die Menge der sensiblen Daten vervielfacht. Inzwischen müssten theoretisch sogar die Namensschilder an Mietshäusern verschlüsselt werden.

All diese Beispiele zeigen die Vieldeutigkeit des Begriffs »Sensibilität«. Man könnte fast schon von Widersprüchlichkeit sprechen. Auf mich wirkt es jedenfalls so, als hätte sich dieser Widerspruch auch auf unsere Sicht von Feingefühl übertragen. Zum einen ist uns bewusst, dass Sensibilität eine bedeutsame Dimension ist, und zum anderen sind wir auf der Hut vor zu viel Empfindsamkeit. Lassen Sie uns diesen Widerspruch entwirren und Klarheit in Sachen Sensibilität schaffen. Ich bin überzeugt davon, dass uns ein konstruktiver, aufmerksamer Blick die Welt auf eine neue Weise eröffnen kann.

Und was sagt die Forschung dazu?

Sensibel zu sein heißt auf körperlicher Ebene sowohl äußere Reize zum Beispiel über die Haut zu spüren als auch innere Reize und Signale des Körpers zu verarbeiten. Wir brauchen unsere Sensibilität, um mit unserer inneren und äußeren Welt in Resonanz zu gehen und die Impulse, die wir empfangen, auswerten zu können. Psychologen sprechen darüber hinaus auch von Sensibilität, wenn ein Mensch besonders feinfühlig und empathisch ist und über eine hohe Intuition verfügt. Sensible Menschen können sich schnell in eine Situation einfühlen, die Reaktionen anderer Menschen vorausahnen oder sich in die Lage eines anderen hineinversetzen. All das sind Eigenschaften, die in unserer immer komplexer werdenden Welt durchaus von Vorteil sind. Studien zeigen, dass komplexe Entscheidungen, in denen viele Faktoren eine Rolle spielen, das Arbeitsgedächtnis im Cortex – dem Teil des Gehirns, in dem der sogenannte Verstand sitzt – schnell überfordern. Wenn das geschieht, ist es hilfreich, wenn wir einen guten Kontakt zu unserer Intuition und unserem Erfahrungswissen haben, das aus allen Erlebnissen schöpft, die wir im Laufe unseres Lebens gemacht haben.

Was die Fachwelt unter Sensibilität versteht

Für Physiologen und Wahrnehmungspsychologen ist Sensibilität die Summe aller sensorischen Empfindungen, die nicht über die Augen, die Ohren, die Zunge oder die Riechschleimhaut wahrgenommen werden, sondern zum Beispiel über die Haut, Nerven, Eingeweide, Knochen und Muskeln. Da aus den Nervenreizen genauso wie aus den Sinnesreizen Empfindungen resultieren, wird auch der psychologische Aspekt der Sensibilität in das Gesamtgefüge menschlichen Fühlens einbezogen. Zusätzlich dazu gibt es verschiedene Sonderformen von Sensibilität, die als Übersensibilitäten bekannt sind, wie z. B. Nahrungsmittelsensibilität, Elektrosensibilität, Multiple Chemikaliensensibilität oder eine erhöhte Sensibilität auf Medikamente, Alkohol und andere Stoffe.

In den letzten Jahren entwickelte sich aus Strömungen der Entwicklungspsychologie, der positiven Psychologie und der Persönlichkeitspsychologie ein neues Konstrukt zum Thema Sensibilität, in dem Wissenschaftlerinnen und Wissenschaftler sich damit auseinandersetzen, wie tief Menschen innere und äußere Reize verarbeiten.[3] Die neuesten Ergebnisse sind verblüffend. War man bisher davon ausgegangen, dass 15 bis 20 Prozent der Menschen über eine höhere Sensibilität verfügen als andere, sprechen die Forscher inzwischen von drei Sensibilitätsgruppen und diskutieren eine Nor-

3 Fachliche Informationen zu den wissenschaftlichen Konzepten zur Sensibilität finden Sie im Anhang.

malverteilung – sie gehen also davon aus, dass ca. 29 Prozent der Bevölkerung weniger, 40 Prozent durchschnittlich und 31 Prozent höher sensible Menschen sein könnten.[4] Die Intensität der Sensibilität innerhalb der drei Gruppen variiert ebenfalls. Es liegt also nahe anzunehmen, dass es eine hohe Diversität und somit auch Extremfälle gibt – auf beiden Seiten: Menschen, die über eine sehr geringe Sensibilität verfügen oder sogar gefühlsblind sind und daher Reize und Empfindungen nur oberflächlich verarbeiten können. Und Menschen, die aufgrund ihrer sehr hohen Sensibilität schnell mit Überreizung und Überforderung zu kämpfen haben. Letztere weisen vier typische Eigenschaften auf: Sie sind sich umweltbezogener Feinheiten im erhöhten Maße bewusst, verarbeiten Informationen tiefer, verfügen über eine erhöhte emotionale Reaktivität und Empathie und sind schneller überstimuliert als andere. Der umgangssprachliche Begriff, der sich in den letzten Jahren für diese Form der Wahrnehmungsverarbeitung etabliert hat, ist *Hochsensibilität.* In der Wissenschaft sprechen die Forscher aufgrund der aktuellen Entwicklungen von einer hohen Ausprägung der *Umweltsensibilität (Environmental Sensitivity)* und finden damit eine übergeordnete Bezeichnung für ein Konstrukt, das bereits aus verschiedenen psychologischen Forschungsrichtungen beleuchtet wurde.

Sensibilität – eine Sache der Gene?

Die WissenschaftlerInnen Elaine N. Aron und Arthur Aron aus den USA sowie Michael Pluess, Professor an der Queen Mary University in London, stufen die Sensibilität eines Menschen als ein wahrscheinlich genetisch bedingtes Merkmal ein, setzen dabei aber unterschiedliche Schwerpunkte. Während bei Elaine und Arthur Aron neben der Verarbeitung äußerer Reize insbesondere innere Reize

---

4 Fachliche Informationen zur Normalverteilung von Sensitivität finden Sie im Anhang.

wie zum Beispiel Emotionen, körperliche Erregung oder die Effekte von Nahrungsmitteln und Medikamenten eine große Rolle spielen, beschreibt Pluess die Sensibilität eines Menschen vor allem als die Fähigkeit, die Umgebung wahrzunehmen und Informationen aus der Umgebung zu verarbeiten. Er misst der Sensibilität eine zentrale Bedeutung zu, weil ohne sie die Anpassung an die Umgebung unmöglich sei. Sandra Konrad hat als erste Forscherin in Deutschland zum Thema Hochsensibilität eine Doktorarbeit geschrieben. Sie weist auf eine neuere Zwillingsstudie hin, in der es ebenfalls um die Erblichkeit von Hochsensibilität sowie die Relevanz des Umfeldes geht. Die Ergebnisse zeigen, dass Sensibilitätsunterschiede etwa zur Hälfte auf genetische, zur Hälfte auf erworbene Faktoren zurückzuführen sein könnten. Ganz gleich, wo die Forschenden sich treffen werden – entscheidend ist, dass sie mit ihren Studien über erhöhte Sensibilität die menschliche Empfindsamkeit insgesamt wieder mehr in den Fokus gerückt haben.

Forschung – Wie man Sensibilität messen kann

Durch die Recherchen für meine früheren Bücher und die Organisation des 1. Kongresses für Hochsensibilität im Jahr 2017 habe ich ein starkes Netzwerk im Bereich Sensibilität aufgebaut und bin in Verbindung mit einigen führenden Wissenschaftlern der Sensibilitätsforschung. So ist es möglich geworden, dass ich dank der Psychologin und Erziehungswissenschaftlerin Teresa Tillmann, die eng mit internationalen Forschern wie Elaine und Arthur Aron oder Michael Pluess zusammenarbeitet, in diesem Buch zwei Fragebögen zur Einschätzung der eigenen Sensibilität veröffentlichen kann – einen für Erwachsene und einen für Jugendliche.

Es handelt sich dabei um validierte Fragebögen, die sich an den Originalfragebögen orientieren. Das bedeutet, dass sie Fragen enthalten, mit denen verschiedene Wissenschaftler bereits längere Zeit zum Thema forschen, Fragen, die schon mehrfach in Studien verwendet und weiterentwickelt wurden und die gute Ergebnisse erzielen. Wichtig zu wissen: Solche Fragebögen haben keine absolute Aussagekraft. Die Ergebnisse sind keine finale Bestätigung für die Zugehörigkeit zu einer Sensibilitätsgruppe und noch viel weniger eine Diagnose, denn Sensibilität ist keine Krankheit, sondern ein Teil der Persönlichkeit. Die Ergebnisse der Fragebögen sind vielmehr Richtwerte, die Ihnen eine Tendenz bezüglich Ihrer eigenen Sensibilität oder der Sensibilität Ihres Kindes bzw. Ihrer Kinder aufzeigen. Sie haben so die Chance, neue Erkenntnisse und Perspektiven zu gewinnen und Ihren Alltag und Lebensweg einfacher, positiver und sensibilitätsgerechter zu gestalten.

Noch ein Tipp: Die Aussagen, denen Sie voll zustimmen, weisen auf eine hohe Sensibilität in diesem Bereich hin. Auch wenn Sie – insgesamt gesehen – nicht zur Gruppe der höher Sensiblen zählen, kann das eine oder andere Einzelergebnis durchaus in diese Richtung deuten.

Bitte beachten Sie auch die weiteren wissenschaftlichen Hinweise zur Auswertung der Fragebögen im Anhang!

Fragebogen für Erwachsene[5]

Wenn Sie wissen wollen, in welchen Situationen Ihre Sensibilität besonders spürbar ist, können Sie sich mithilfe des folgenden Fragebogens einer Antwort nähern. Sie können einerseits sensible Stärken erkennen und fördern. Andererseits erfahren Sie, wann Sie durch Ihre Sensibilität so sehr herausgefordert werden, dass es sinnvoll wäre, nach geeigneten Techniken und Verhaltensweisen für einen souveränen Umgang mit ihr Ausschau zu halten. Der Fragebogen zur Sensibilität bei Erwachsenen enthält zwölf Aussagen, die Sie auf einer Skala von 1 (trifft gar nicht zu) bis 7 (trifft voll und ganz zu) beantworten können. Wenn Sie sich bei manchen Antworten nicht sicher sind oder keine Antwort wirklich passt, kreuzen Sie einfach an, was am ehesten zutrifft. Bitte beantworten Sie jede Aussage und machen sie nur ein Kreuz pro Aussage. Ganz wichtig: Es gibt kein »richtig« oder »falsch«!

Ich scheine Feinheiten in meiner Umgebung wahrzunehmen.

1 2 3 4 5 6 7

Ich fühle mich rasch überwältigt von Dingen wie gleißendem Licht, starken Gerüchen, kratzigen Stoffen oder Sirenen in meiner Nähe.

1 2 3 4 5 6 7

Ich habe ein reichhaltiges, komplexes Innenleben.

1 2 3 4 5 6 7

5 Den Fragebogen hat Dr. Teresa Tillmann für die Verwendung in ihrer Dissertation (2019) übersetzt. Die englische Kurzversion mit 12 Items wurde von Prof. Dr. Michael Pluess (2013) auf Grundlage des Originalfragebogens von Dres. Elaine und Arthur Aron (1997) entwickelt.

Ich fühle mich von Kunst und Musik tief ergriffen.

1 2 3 4 5 6 7

Es irritiert mich, wenn ich in kurzer Zeit viel schaffen muss.

1 2 3 4 5 6 7

Es nervt mich, wenn jemand versucht, mich zu viele Dinge auf einmal tun zu lassen.

1 2 3 4 5 6 7

Ich mache einen Bogen um gewalttätige Filme oder Fernsehsendungen.

1 2 3 4 5 6 7

Veränderungen im Leben bringen mich durcheinander.

1 2 3 4 5 6 7

Ich bemerke und genieße zarte oder feine Gerüche, Aromen, Klänge oder Kunstwerke.

1 2 3 4 5 6 7

Ich finde es unangenehm, viel um die Ohren zu haben.

1 2 3 4 5 6 7

Ich fühle mich gestört durch intensive Reize wie laute Geräusche oder chaotische Szenen.

1 2 3 4 5 6 7

Wenn ich mit anderen konkurrieren oder vor anderen etwas machen muss, dann werde ich so nervös und zittrig, dass ich viel schlechter bin, als ich normalerweise sein könnte.

1 — 2 — 3 — 4 — 5 — 6 — 7

Auswertung

Jetzt vergeben Sie für jedes Kreuz Punkte anhand dieser Skala:

trifft gar nicht zu (1)	trifft nicht zu (2)	trifft eher nicht zu (3)	trifft mal zu, mal nicht (4)	trifft eher zu (5)	trifft zu (6)	trifft voll und ganz zu (7)
↓	↓	↓	↓	↓	↓	↓
1 Punkt	2 Punkte	3 Punkte	4 Punkte	5 Punkte	6 Punkte	7 Punkte

Addieren Sie jetzt alle Punkte und teilen Sie die Summe durch 12. Damit errechnen Sie den Mittelwert, mit dem Sie unten schauen können, auf welche Gruppe Ihr Ergebnis hinweist.

1,00 bis einschließlich 3,71: Das Ergebnis weist darauf hin, dass Sie zur Gruppe der weniger sensiblen Menschen gehören.

3,72 bis einschließlich 4,66: Das Ergebnis weist darauf hin, dass Sie zur Gruppe der durchschnittlich sensiblen Menschen gehören.

4,67 bis einschließlich 7,00: Das Ergebnis weist darauf hin, dass Sie zur Gruppe der höher sensiblen Menschen gehören.

Fragebogen für Jugendliche und Kinder

Wenn Sie wissen wollen, wie sensibel Ihr Kind ist, können Sie mit ihm den folgenden Fragebogen durchgehen. Er wurde von Dr. Teresa Tillmann in Zusammenarbeit mit Katharina El Matany und Prof. Dr. Alexander Bertrams unter anderem für ihre Masterarbeit (2016) entwickelt und bereits in Form einer wissenschaftlichen Publikation[6] veröffentlicht. Der Fragebogen ist eine übersetzte, gekürzte und sprachlich an Jugendliche angepasste Version des Originalfragebogens von Elaine und Arthur Aron.[7] Dabei steht die 1 dafür, dass die Aussage überhaupt nicht zutrifft, und die 4 dafür, dass sie voll und ganz zutrifft. Am Ende rechnen Sie die Werte zusammen und können in der Auflösung sehen, wo Ihr Kind auf der Sensibilitätsskala liegt. Jugendliche können den Fragebogen selbst ausfüllen. Bei jüngeren Kindern empfehle ich Ihnen, die Fragen zur Selbsteinschätzung gemeinsam mit ihnen zu beantworten und bei unklaren Fragen zu erläutern, was gemeint ist. Oder Sie schätzen Ihr Kind ein, indem Sie sich fragen, was es vermutlich antworten würde. Mithilfe des Fragebogens ist es Ihnen möglich herauszufinden, wie sich die Sensibilität Ihres Kindes äußert. Gemeinsam können Sie einerseits sensible Stärken erkennen und fördern. Andererseits wissen Sie durch das Ergebnis des Fragebogens genauer, wann Ihr Kind durch seine Sensibilität in besonderer Weise herausgefordert ist. So können Sie sich gezielt auf die Suche nach passenden Methoden machen, die Ihrem Kind dabei helfen, mit der eigenen Wahrnehmungsverarbeitung souverän umgehen zu lernen. Der Fragebogen zur Sensibilität bei Jugendlichen enthält zehn Aussagen, die auf einer Skala von »trifft gar nicht zu« bis »trifft voll und ganz zu« beantwortet werden können. Lassen Sie Ihr Kind bei jeder Aussage ankreuzen, wie sehr diese

6 Tillmann, El Matamy & Duttweiler 2018.

7 Einen weiteren Fragebogen für Kinder finden Sie in Elaine Arons Buch ›Das hochsensible Kind‹.

zutrifft, oder füllen Sie selbst den Bogen für Ihr Kind aus. Wenn Ihr Kind sich bei manchen Antworten nicht sicher ist oder keine Antwort wirklich passt, kreuzt es einfach das an, was am ehesten zutrifft. Alle Aussagen müssen beantwortet werden und bei jeder Antwort darf nur ein Kreuz gesetzt werden. Ganz wichtig: Da es um die Wahrnehmungsverarbeitung Ihres Kindes geht, gibt es keine richtigen oder falschen Antworten!

Ich bin einfühlsam.

1 —— 2 —— 3 —— 4

Ich erlebe meine Gefühle oft sehr intensiv und habe ein reiches Innenleben.

1 —— 2 —— 3 —— 4

Ich nehme Feinheiten um mich herum wahr.

1 —— 2 —— 3 —— 4

Kunst, Musik und Filme können mich tief bewegen.

1 —— 2 —— 3 —— 4

Ich denke oft über sehr tiefgründige Themen nach (z.B. Sinn des Lebens, Tod, Religion)

1 —— 2 —— 3 —— 4

An stressigen Tagen möchte ich mich zurückziehen und allein sein können.

1 —— 2 —— 3 —— 4

Manche halten mich für sensibel und schüchtern.

1 —— 2 —— 3 —— 4

Aufregende Situationen, die mich überfordern, versuche ich zu (ver-) meiden.

1 — 2 — 3 — 4

Wenn mich jemand bei der Arbeit oder bei einer Aufgabe beobachtet, werde ich nervös.

1 — 2 — 3 — 4

Ich erziele bessere Leistungen, wenn keine Fremden dabei sind.

1 — 2 — 3 — 4

Auswertung

Jetzt vergeben Sie für jedes Kreuz Punkte anhand dieser Skala:

trifft gar nicht zu (1)	trifft eher nicht zu (2)	trifft eher zu (3)	trifft voll und ganz zu (4)
↓	↓	↓	↓
1 Punkt	2 Punkte	3 Punkte	4 Punkte

Addieren Sie jetzt alle Punkte und teilen Sie die Summe durch 10. Damit errechnen Sie den Mittelwert, mit dem Sie unten schauen können, auf welche Gruppe das Ergebnis hinweist.

1,00 bis einschließlich 2,25: Das Ergebnis weist darauf hin, dass Ihr Kind zur Gruppe der weniger sensiblen Menschen gehört.

2,26 bis einschließlich 2,91: Das Ergebnis weist darauf hin, dass Ihr Kind zur Gruppe der durchschnittlich sensiblen Menschen gehört.

2,92 bis einschließlich 4,00: Das Ergebnis weist darauf hin, dass Ihr Kind zur Gruppe der höher sensiblen Menschen gehört.

Vorteile – Vom Nutzen der Sensibilität

Viele Menschen verbinden mit hoher Sensibilität vor allem negative Aspekte wie Verletzlichkeit, eine hohe Reaktivität auf Umgebungsreize,[8] schnelle Überreizung, Stressempfindlichkeit oder Anfälligkeit für Depression und Burnout. Dabei bietet sie durchaus auch jede Menge Vorteile,[9] denn Menschen mit ausgeprägter Sensibilität erleben gerade positive Erfahrungen als besonders wohltuend: Geborgenheit in der Kindheit, Zuwendung, schöne Erlebnisse, bereichernde Begegnungen, gute Lebensbedingungen, Bildung, stabile Beziehungen, individuelle Förderung, Gesundheit, Wohlbefinden, angenehme Farben, Formen, Gerüche, Geschmäcker, Klänge, Aufenthalte in der Natur und auch die vielen kleinen Glücksmomente des Lebens, in denen uns ein kleines Detail den Tag versüßt – all das wirkt bei ausgeprägter Sensibilität stärkend auf uns und gibt uns Kraft.

Die Sensibilität ist wie ein Wegweiser, der uns wichtige Impulse für unser Leben gibt.

Wir können uns also jederzeit entscheiden, den Fokus bewusst auf die positiven Aspekte des Lebens und unserer Sensibilität zu lenken und uns von ihnen inspirieren zu lassen. Ungefähr so, wie ich es an diesem Morgen im Januar erst mit der Morgendämmerung und anschließend mit dem Gesang des Vogels getan habe.

Je sensibler ein Mensch also ist, desto eher kann er von positi-

---

8 »Umgebungen […] sind allgemein definiert und umfassen alle hervorstechenden konditionierten oder nicht konditionierten internen oder externen Reize, einschließlich physischer Umgebungen (z. B. Lebensmittel, Koffeinkonsum), sozialer Umgebungen (z. B. Kindheitserfahrungen, Stimmungen anderer Menschen, Menschenmassen), sensorischer Umgebungen (z. B. auditiv, visuell, taktil, olfaktorisch) und innerer Ereignisse (z. B. Gedanken, Gefühle, körperliche Empfindungen wie Hunger, Schmerz).« (Greven u. a., 2019: 289)

9 Darauf weist die Theorie der »Vantage Sensitivity« der Sensibilitätsforscher Prof. Dr. Jay Belsky und Prof. Dr. Michael Pluess hin.

ven Ereignissen profitieren. Das sollte er sich immer wieder klarmachen, denn leider ist es so, dass unangenehme Erlebnisse evolutionär bedingt immer noch einen stärkeren psychologischen Einfluss auf uns haben als all die schönen Aspekte des Lebens. Die Trauer und die Verzweiflung, die entstehen, wenn wir einen geliebten Menschen verlieren, nehmen wir oft drei- bis viermal intensiver wahr als die Freude, das Leben mit einem geliebten Menschen zu teilen. Die Folge davon ist, dass positive Erfahrungen länger brauchen, bis sie zu Erinnerungen werden, als negative.

Impuls: Dankbarkeitstraining fürs Gehirn

Negative Erlebnisse wandern schneller vom Kurzzeit- ins Langzeitgedächtnis als positive. Der Neuropsychologe Dr. Rick Hanson fand heraus, dass schöne Lebensereignisse für etwa zehn Sekunden im Bewusstsein gehalten werden müssen, um vom Kurzzeit- ins Langzeitgedächtnis zu wechseln. Je mehr Sie sich darauf programmieren, positive Erlebnisse in Ihrem Leben voll auszukosten und bewusst zu fühlen, desto stärker sorgen Sie dafür, dass aus glücklichen, schönen und angenehmen Momenten neue, stärkende Gehirnstrukturen werden. Positive Erfahrungen brauchen Zeit, um ins Bewusstsein zu gelangen und Ihnen dauerhaft zur Verfügung zu stehen. Es lohnt sich also, Zeit für bewusste Dankbarkeit einzuplanen, um unser Gehirn auf das Gute im Leben auszurichten und Dankbarkeit zu trainieren. Erfolge müssen gefeiert werden! – Dieser Spruch kommt also nicht von ungefähr. Es ist immer eine gute Idee, schöne Lebensereignisse und Erfolge ausreichend zu würdigen!

Wenn es darum geht, von positiven Ereignissen nachhaltig zu profitieren, haben empfindsamere Menschen vermutlich einen natürlichen Vorteil gegenüber weniger empfindsamen. Der Grund: Sie verarbeiten grundsätzlich intensiver, was sie erleben, und brauchen

Übung: Sensibilitätsbewusstsein stärken

Wenn Sie sich Ihre Wahrnehmung und die Verarbeitung dessen, was Sie wahrnehmen, bewusst machen wollen, empfehle ich Ihnen, sich gezielt Zeit dafür zu nehmen:

- Versuchen Sie, sich in andere Menschen einzufühlen und aus ihrer Sicht zu denken. Lösen Sie sich von Ihrer Perspektive und versetzen Sie sich in die Lage Ihres Gegenübers. Es wird Ihnen so leichter fallen zu verstehen, warum ein Mensch wie handelt oder reagiert. So trainieren Sie Ihre Empathie.
- Wenn Sie regelmäßig Ihren inneren Impulsen lauschen, lernen Sie mit der Zeit, konstruktive und destruktive voneinander zu unterscheiden. So trainieren Sie nicht nur Ihre Intuition, sondern auch einen cleveren Umgang mit ihr.
- Fühlen Sie in Ihren Körper hinein, nehmen Sie Ihre Gefühle wahr – hören Sie sich öfter mal selbst zu. So trainieren Sie Ihre Selbstwahrnehmung.

Wenn Sie all das tun, ohne zu bewerten oder gar zu urteilen, schaffen Sie einen Raum, in dem zunächst einmal alles sein darf. So schärfen Sie nicht nur Ihre Sensibilität, sondern lernen auch Reize souveräner zu verarbeiten. Im Verlauf des Buches finden Sie weitere Inspirationen, Reflexionen und Praxisübungen, die Ihnen helfen, Ihr Sensibilitätsbewusstsein zu stärken.

EMPFEHLUNG FÜR HOCHSENSIBLE MENSCHEN: Wenn Sie zu den Menschen gehören, die unter ihrer hohen Sensibilität leiden, möchte ich Ihnen eine wichtige Botschaft mit auf den Weg geben: Sie können lernen, souveräner mit Ihren sensiblen Seiten umzugehen. Dazu finden Sie im zweiten und dritten Kapitel viele Impulse und praktische Übungen.

dafür deshalb länger. So nehmen sie möglicherweise automatisch mehr positive Lebensereignisse in ihr aktives Erinnerungszentrum auf als Menschen mit geringerer Sensibilität. Eine Regel gilt jedoch für alle Sensibilitätsgruppen: Je bewusster wir die schönen Momente des Lebens genießen, je detaillierter wir sie wahrnehmen und je mehr Zeit wir ihnen widmen, desto stärker prägen sie unsere Erinnerungen und unsere Realität.

Empfindlich oder empfänglich?

Sommer in Norwegen, blauer Himmel, grüne Birkenblätter und in der Ferne ein Gletscher. Als Teenager wandere ich mit meinen Eltern durch die nordische Bergwelt im Fjordland. Das Türkis der Eismassen zieht uns magisch an. Neben uns, etwas unterhalb des Pfades, ein Fluss, gefüllt mit Schmelzwasser – kristallklar und eiskalt. Wir sind gut gelaunt, auch wenn es an diesem Tag zum Wandern fast zu warm ist. Doch plötzlich verändert sich die Stimmung. Was wir nun erleben, passiert innerhalb von wenigen Sekunden. Die Vögel fliegen auf und schicken Warnrufe in den Himmel. Mir wird mulmig im Bauch und ich bleibe stehen. Auch meine Eltern halten an und schauen auf. Die Blätter der Birken fangen an zu rascheln. Wind kommt auf. Es stürmt für einen kurzen Moment und die Luft wird eisig. Ich bekomme eine Gänsehaut. Dann hören wir ein tiefes Grollen und schauen wie gebannt auf den Gletscher. Ein großes Stück bricht ab und fällt mit lautem Getöse in die Tiefe. Wir haben Glück: Wir sind weit genug entfernt, um das Schauspiel ohne Gefahr beobachten zu können. Und doch nehme ich jedes Detail wahr. Mein Körper ist alarmiert.

Unsere Wahrnehmungskanäle zeigen uns zuverlässig, welches unser nächster Schritt sein kann. Oder sie geben uns einen gesunden Impuls, stehen zu bleiben und innezuhalten, so wie ich es als Teenager auf dieser Wanderung erfahren habe. Was läuft hier in unserem Inneren ab? Unser Gehirn wertet unablässig aus, was wir wahrnehmen, und prüft dabei, in welcher Lage wir uns befinden: Sind wir in Sicherheit? Oder ist unser Leben in Gefahr? Hirnforscher sind sich einig, dass dahinter eine natürliche und evolutionär bedingte Stressreaktion des Körpers steckt, die in Urzeiten essenziell wichtig war, um unser Überleben zu sichern. Damals gab es häufig nur die Alternative zu kämpfen, zu fliehen oder zu erstarren – also sich tot zu stellen. Unsere heutigen Stressauslöser erfordern ein differenzierteres Repertoire, und die Empfindsamkeit spielt dabei eine wichtige Rolle. Sie macht uns nämlich klar, dass wir uns von Zeit zu Zeit und in besonders herausfordernden Situationen Räume schaffen müssen, in denen wir wieder zur Ruhe kommen können.

Auch wenn die literarische Epoche der Empfindsamkeit mit Beginn der Industrialisierung ihre Hochzeit bereits hinter sich hatte, so blieb doch die Sehnsucht bestehen, sich von Gefühlen und Erlebnissen berühren zu lassen. Oder auch die Sehnsucht nach mehr Menschlichkeit. Diese Ambivalenz scheint sich immer weiter zu verstärken.

Heute gibt es eine neue Entwicklung. Immer mehr Menschen lassen sich zum Speaker ausbilden, um auf der analogen oder digitalen Bühne die eigene Geschichte mit anderen zu teilen. Man darf das durchaus auch kritisch sehen, denn der Hang zur Selbstdarstellung ist bei vielen Speakern nicht zu übersehen. Allerdings treffen sie mit ihrer begeisternden Art, über ein Thema zu sprechen, bei ihren Zuhörern einen sehr empfindlichen Nerv: den des Gefühls. Da rückt das Inhaltliche oft in den Hintergrund. Manchmal genügt ein einziger Satz, der von einer Rede hängen bleibt – wenn er ins Herz geht. Wann tut er das? Wenn er von der Persönlichkeit und den Emotionen des Speakers gerahmt wird und dadurch die Kraft entwickelt, andere in ihrem tiefsten Inneren zu berühren und sie dazu zu ermuntern, Veränderungen in ihrem Leben anzustoßen, nach denen sie sich schon lange gesehnt haben.

Sie haben diese Erfahrung sicher auch schon gemacht: Etwas zu lernen, was Sie nicht begeistert, bleibt nicht im Gedächtnis, weil es Sie weder beeindruckt noch mit positiven Emotionen verknüpft ist.

Sie müssen dann die Fakten mühsam pauken und oft wiederholen, bis das Wissen sitzt. Das ist ein Problem unseres Schulsystems. Wer nicht das Glück hat, von Lehrern unterrichtet zu werden, die ihre Schüler begeistern und emotional bewegen, dessen Weg ist steinig. Was habe ich in der Schule mit trockenem und wenig vernetztem Stoff gekämpft, der im echten Leben kaum Anwendung findet. Wenn ich damals schon gewusst hätte, dass ich mit dem bewussten Einsatz meiner Emotionalität viel einfacher lernen kann, wären mir viele Stunden des unreflektierten Lernens erspart geblieben. Wie emotionales Lernen funktioniert, können Sie im dritten Kapitel lesen, in dem es darum geht, warum Emotionen pure Energie sind.

Immer mehr Menschen, egal welchen Alters, die dank Internet und Social Media schnell eine hohe Sichtbarkeit erlangen können, schreiben persönlich-emotionale Texte und Bücher, produzieren Podcasts und drehen Videos. Sie erzählen ihre Geschichte und zeigen sich der ganzen Welt. Und sie inspirieren diejenigen, die ihnen online folgen, es ihnen gleichzutun: sich mit dem, was sie ausmacht und was in ihnen schlummert, auseinanderzusetzen. Ebenso wie die Speaker treffen auch sie einen Nerv. Wir wollen uns selbst wieder spüren, wir wünschen uns intensive Begegnungen mit anderen Menschen und immer mehr von uns sehnen sich zurück in die Natur. Manche wollen reich werden, um die größtmögliche Freiheit und einen Luxus-Style leben zu können, andere wünschen sich einen guten Lebensfluss und streben das Gegenteil an: weniger Konsum und dafür Raum für das Wesentliche. Der Begriff des Reichtums ist im Wandel. Reich ist heute nicht mehr nur, wer viel Geld hat, reich sind auch all diejenigen, die sich eigene, individuelle Räume schaffen. Räume, in denen Zeit für die Begegnung mit dem tiefsten Sein oder anderen Menschen möglich ist. In denen man Qualitätszeit verbringen kann.

Übung: Was ist wirklich wichtig?

Ist Ihnen bewusst, was Ihnen in Ihrem Leben wirklich wichtig ist? Schaffen Sie einen Raum für Ihr Leben und spüren Sie nach. Fragen Sie sich:

- Welche meiner Bedürfnisse sind besonders wichtig und sollten erfüllt sein?
- Was brauche ich wirklich, damit es mir gut geht?
- Was ist mir persönlich darüber hinaus wichtig?
- Was brauche ich, um mich reich zu fühlen?
- In welchen Situationen fühle ich mich richtig wohl?

Notieren Sie Ihre Ergebnisse:

- ______________________________
- ______________________________
- ______________________________

Störfaktor? Welche Relevanz Sensibilität in der Leistungsgesellschaft hat

Was passiert mit der Sensibilität, wenn der Alltag immer schneller und hektischer wird, mit engen Zielvorgaben gearbeitet werden muss und die gesundheitlichen Risiken ausgeblendet werden? Was passiert mit den Menschen, wenn kaum Zeit für das Leben jenseits des Jobs bleibt?

Viele Menschen stehen in ihrem Arbeitsleben und privat enorm unter Druck. Den einen gelingt es besser, sich in der Leistungsgesellschaft zu positionieren, den anderen weniger gut. Wer unter welchen Voraussetzungen welche Qualitäten und Fähigkeiten in die Gesellschaft einbringen kann, hat auch etwas damit zu tun, wie intensiv seine Sensibilität ausgeprägt ist. Fest steht: Ohne unsere Empfindsamkeit verhungern wir von innen heraus. Machen wir uns bewusst, dass sowohl in unserem Privatleben als auch in der Berufswelt die Fähigkeit, sensibel zu sein, ein wertvolles Gut ist. Wie sonst könnten wir mit unseren Lieblingsmenschen schöne, nahe und harmonische Momente genießen? Und wie sonst könnten Menschen in sozialen, heilenden, pflegenden, pädagogischen, psychologischen, seelsorgerischen, musischen, künstlerischen, kreativen und gestalterischen Berufen sowie in der Führung, Beratung und Begleitung anderer gute Arbeit leisten? Nur wenn wir unsere Empfindsamkeit bewusst in unsere Persönlichkeit integrieren, kann es uns gelingen, ihr großes Potenzial voll und ganz auszuschöpfen.

Allerdings habe ich den Eindruck, dass genau dies immer mehr Menschen erkennen und einen Weg suchen, wie sie ihre zarten Seiten bewusst leben können. Ich beobachte schon länger, dass vor allem viele höher sensible Menschen einen starken Drang empfinden, von ihren Erfahrungen und Erlebnissen zu erzählen, und dass sie damit auf breites Interesse stoßen. Sie haben den Wunsch, sich mit ihrer hohen Sensibilität auszusöhnen und so einen Ausgleich für das zu schaffen, was bisher nicht nur in ihnen selbst, sondern im Bewusstsein aller zu wenig Raum erfahren hat. Das ist ein zutiefst heilsamer Prozess, der dabei hilft, die Feinfühligkeit in all ihren Facetten zu verstehen und anzunehmen – was im Übrigen die Voraussetzung dafür ist, neuen Lösungen und Lebensentwürfen auf die Spur zu kommen und ganzheitliche Wege zu gehen, die zu uns passen.

Der Spruch: »Ein Indianer kennt keinen Schmerz«, hat ausgedient.

Betrachten wir das Thema Sensibilität in Bezug auf Männer und Frauen, tut sich eine weitere Polarität auf: *Sensibilität wird eher bei*

Übung: Empfindlich oder empfänglich?

Kennen Sie das? Im Grunde genießen Sie die schönen Momente des Lebens in vollen Zügen. Manchmal aber würden Sie sich einen Knopf wünschen, mit dem Sie Ihre Wahrnehmungen und Gefühle regulieren können. Warum ist das so? Wir leben in einer Welt, in der wir mit Reizen überflutet werden, wenn wir nicht bewusst gegensteuern. Da kann die Sensibilität – je nach Ausprägung – zu einer großen Herausforderung werden. Deswegen bitte ich Sie, einen Stift und ein Blatt Papier zur Hand zu nehmen und sich zu folgenden Punkten Gedanken zu machen:

- Wann nervt mich meine Wahrnehmungsfähigkeit?
- In welchen Situationen reagiere ich empfindlich?
- Wann fühle ich mich besonders wohl?
- In welchen Situationen bin ich voll auf Empfang und kann das Leben genießen?

Haben Sie Ihre Gedanken zu Papier gebracht? Großartig! Jetzt haben Sie ein neues Steuerrad für Ihren Alltag in der Hand. Einfach ausgedrückt lautet das Kommando: Reduzieren Sie die Situationen, in denen Sie empfindlich reagieren. Erhöhen Sie die Anzahl derer, in denen Sie es lieben, auf Empfang zu sein.

Frauen als bei Männern akzeptiert.[10] Diese Einschätzung stammt aus einem Interview mit dem psychologischen Psychotherapeuten Tom Falkenstein in der Zeitschrift ›Psychologie Heute‹ zum Thema

---

10 Bisher wurde in den wissenschaftlichen Studien nur zwischen männlich und weiblich unterschieden. Immer dann, wenn in diesem Buch von Männern und Frauen die Rede ist, ist das kein bewusster Ausschluss von intersexuellen Menschen, sondern geschieht aus Mangel an Wissen über bzw. Erfahrungen mit Intersexualität.

Ja, ich weiß! Das ist leichter gesagt als getan und klingt etwas platt. Und doch bleibe ich dabei. Erfahrungen, in denen Sie es lieben, auf Empfang zu sein, schenken Ihnen Freude und Kraft und sind Nahrung für Ihr Sein. Davon dürfen Sie sich mehr wünschen und gönnen. Und das, worauf Sie empfindlich reagieren und wobei Sie sich unwohl fühlen, zeigt Ihnen, an welchen Stellschrauben Sie drehen können, um Ihr Leben angenehmer zu gestalten. Manches, was Sie stört, können Sie ohne großen Aufwand eindämmen oder ganz vermeiden. Für andere Herausforderungen können Sie sich Methoden an Bord holen, die den Umgang erleichtern. Existenzielle Lebensthemen brauchen oft mehr Zeit, Geduld, Mut und Vertrauen und können emotional herausfordernd sein. Dazu gehören neue Ideen und Konzepte für Ihre Jobsituation, zwischenmenschliche Beziehungen, Ihre Wohnsituation, Ihre Ernährung, Ihr Verhalten, Ihre Kommunikation oder Ihre Werte und Überzeugungen. Doch die Erkenntnis bleibt: Sie können etwas ändern, wenn Sie sich auf den Weg machen.

Hochsensibilität. Er hat ein Buch über und für hochsensible Männer geschrieben, nachdem in seiner Londoner Praxis immer wieder gut situierte, gut ausgebildete Männer aufgetaucht waren, die mit ihrer Männlichkeit haderten, weil sie das Gefühl hatten, seit ihrer Kindheit zu sensibel zu sein. Sie alle hatten Ausgrenzung erfahren, weil sie emotionaler waren als andere. Falkensteins Botschaft ist klar: Es muss zu einer Selbstverständlichkeit werden, dass auch Männer für sich sorgen und sich zurückziehen dürfen, wenn ein

Übermaß an äußeren Reizen sie zu überrollen droht. Und nicht nur das. Sensible, empathische Männer werden seiner Meinung nach mehr denn je gebraucht – nicht zuletzt in der Politik, wo es durchaus sinnvoll wäre, erst einmal zuzuhören und auf einer tieferen Ebene zu verstehen, bevor impulsiv drauflosgetwittert wird. Das würde helfen zu entschleunigen und die Dinge etwas abzukühlen.

Darüber hinaus appelliert Falkenstein an die Frauen, die männliche Sensibilität zu akzeptieren. Womit er recht hat. Denn genauso, wie die Männer weibliche Wut und Stärke respektieren müssen, sind es wir Frauen, die eine Offenheit für die Feinfühligkeit unserer Söhne, Brüder, Männer und Väter entwickeln sollten.

Erkenntnisräume der Sensibilität

Mit dem Hinweis auf mehr Empathie, Entschleunigung und Entspannung in politischen Belangen betreten wir einen sensiblen Raum. Burkhard Liebsch, Professor für Philosophie an der Ruhr-Universität Bochum, schreibt in der Einleitung zu seinem Buch ›Menschliche Sensibilität – Inspiration und Überforderung‹: *Wir haben mannigfaltige Formen kollektiver, eklatanter und medial spektakulär inszenierter Gewalt vor Augen, die an solcher Sensibilität (…) radikale Zweifel wecken.* Mit »solcher« Sensibilität meint Liebsch die Sensibilität, die eigentlich ganz selbstverständlich sein sollte, weil sie auf der Tatsache beruht, dass wir als Menschen alle miteinander verwandt sind und uns somit als Brüder und Schwestern verstehen, sehen und respektieren müssten. Was brauchen wir also, damit wir uns auch denen gegenüber verbunden und verpflichtet fühlen, die uns fremd (geworden) sind? Meine Gedanken zu dieser Frage möchte ich gerne mit Ihnen teilen: Ich bin mir sicher, dass wir es wesentlich leichter miteinander hätten, wenn die Verschiedenheit der Menschen als Wert in den Kulturen dieser Welt verankert wäre, und zwar nicht nur über den Verstand, sondern vor allem auch über die Emotion. Wir brauchen dringend eine höhere emotionale und seelische Kompetenz, um mit der menschlichen Diversität konstruktiv umgehen zu können. Konstruktiv sind aus meiner Sicht sowohl entspannte Begegnungen als auch heiße Diskussionen, schwierige Streitgespräche und aufwühlende Situationen – wenn sie bedeuten, dass man bereit ist, sich mit dem Fremden, Anderen auseinanderzusetzen. Rohe Gewalt und Rechthaberei hingegen sind zerstörerisch und kompromisslos.

Was das gegenseitige Verständnis betrifft, so habe ich noch eine erstaunliche Beobachtung gemacht: Der unangenehme Ton, der sich in den sozialen Medien breitmacht, findet sich leider auch in den Hochsensibilitätsforen wieder. Unter Umständen entstehen dort sogar richtige Feindbilder. Wie kann das sein? Meine Gedanken dazu sind folgende: Wer differenziert und fein wahrnimmt, geht mit einem höheren seelischen »Verletzungsrisiko« durchs Leben. Das weiß ich aus eigener Erfahrung und aus den Begegnungen mit vielen sensiblen Menschen. Die Frage ist, wie man mit Verletzlichkeit umgeht. Übt man sich in Vergebung? Stärkt man seinen Selbstwert? Und trainiert emotionale Resilienz? Oder wendet man sich gegen die Quelle der Verletzung?

Was wir in uns und in anderen Menschen finden, hängt entscheidend davon ab, ob wir uns auf das fokussieren, wofür wir dankbar sein können, oder auf das, was uns herausgefordert bzw. verletzt hat. Das gilt ausnahmslos für alle – auch für höher sensible Menschen. Es ist ihre Entscheidung, wie sie darauf reagieren – ob sie sich zur Wehr setzen oder Frieden schließen mit dem, was schwierig war in ihrem Leben.

Fakt ist: Wir werden immer wieder auf Menschen treffen, deren Sensibilität ganz anders ausgeprägt ist als unsere eigene. Wer weniger sensibel ist, verarbeitet oberflächlicher und wird sich vermutlich starke Reize suchen, um die Welt zu erleben und sich zu spüren. Das mag aus der Perspektive sensiblerer Menschen wie extremes Verhalten aussehen und bei ihnen vielleicht sogar auf Ablehnung und Verurteilung stoßen.

Genauso könnte es umgekehrt sein, dass höher sensible Menschen nicht gesehen, belächelt oder gar für verrückt erklärt werden, weil sie schon auf feinste Umgebungsreize reagieren, auch auf solche, die andere gar nicht wahrnehmen. Der Neurosensitivitätsforscher Patrice Wyrsch weist darauf hin, dass Sensibilität[11] die Fähigkeit ist, Umgebungsreize zu registrieren und zu verarbeiten. Das bedeutet: Besonders sensible Menschen können Umgebungsreize verarbeiten, die für andere weder fühl- noch sichtbar sind. Hierzu gehören beispielsweise Energiefelder, aber auch Synästhesien, bei denen sich eine neuronale Verknüpfung zwischen zwei Sinnen ergibt. Sie können Menschen dazu befähigen, Musik in Farben oder Formen zu sehen, Buchstaben zu fühlen, Worte zu schmecken oder Zahlen farbig wahrzunehmen.

Basierend auf dem aktuellsten psychologischen Forschungsstand ist es unvernünftig und irrational, wenn man glaubt, dass nur das existiert, was man selbst wahrnimmt.
Patrice Wyrsch

Wenn wir uns das immer wieder bewusst machen, können wir aufhören, unsere Energie dafür zu verschwenden, uns anzupassen, uns zu wehren, uns angegriffen zu fühlen, andere zu bewerten oder zu verurteilen oder so zu tun, als ob wir jemand ganz anderes wären, als wir sind. Stattdessen können wir unsere Energie dafür einsetzen, offen für und neugierig auf andere zu sein und ihnen wertschätzend zu begegnen. Und zwar auch dann, wenn wir deren Verhalten überhaupt nicht nachvollziehen können. Halten wir fest: Das weit verbreitete Unwissen über die Diversität von Sensibilität könnte ein wesentlicher Faktor dafür sein, warum Menschen sich oft mit einem Kopfschütteln gegenüberstehen und die Motivation

11 Patrice Wyrsch nutzt für Sensibilität den Begriff Neurosensitivität, der 2015 von Prof. Dr. Michael Pluess geprägt wurde.

des jeweils anderen verständnislos zur Kenntnis nehmen. Wie die Dinge genau liegen, wissen wir nicht. Fakt ist, dass jedes Extrem nicht nur Herausforderungen, sondern auch Stärken mit sich bringt. Und auf die sollten wir uns fokussieren!

Entweder bleiben wir im Gespräch und haben die Chance, gemeinsame Werte und Sichtweisen zu finden, oder wir gehen aus dem Kontakt, fangen an zu verurteilen und legen die Grundlage für Konflikte.

Je nachdem, aus welcher Perspektive wir auf unsere Empfindsamkeit schauen, können wir sie als Inspiration oder Überforderung erleben. Mich würde es daher sehr freuen, wenn ich mit diesem Buch dazu beitragen könnte, die Sensibilität ein Stück weit zu entmystifizieren, so dass Sie Ihre zarten Seiten als Bereicherung entdecken und als positive Kraft erfahren können. Denn sie ist die Quelle einer inneren Kraft und ein feines Messinstrument dafür, welche Entscheidungen und Lebenspfade zu Ihnen passen und wie Sie echte, stärkende und wohltuende Verbundenheit schaffen können – zu sich selbst genauso wie zu anderen Menschen.

Auf Empfang – Mit der Welt in Resonanz

Wenn wir die vielen Grautöne gesellschaftlicher Entwicklungen mal weglassen und uns kurz gestatten schwarz-weiß zu formulieren, dann fällt auf, dass die Demokratie in immer mehr Ländern einen schweren Stand hat und der Ruf nach einer starken Führung laut wird. Auf der anderen Seite gibt es immer mehr nachhaltige, soziale, ökologische und zukunftsorientierte Initiativen, die verstanden haben, dass die nationalen Grenzen nur vom Menschen gemacht sind.

Was hat das nun mit Sensibilität zu tun? Wer sensibel ist und viel spürt und aufnimmt, der ist vielleicht auch empfänglich für Veränderungen, Trends, Umbrüche und neue Tendenzen. Die Frage ist, wie man damit umgeht. Verdrängt man? Leidet man still vor sich hin? Verfällt man in eine Opferhaltung? Oder holt man sich Menschen und Methoden an Bord, die einen stärken und in die Lage versetzen, sich konstruktiv mit Vorausahnungen, Weitsicht, Visionen, Träumen oder der Fähigkeit, Fakten zu verknüpfen, auseinanderzusetzen? Mir wurde es früher schnell zu viel, wenn ich mich meinem Umfeld oder dem Weltgeschehen voll und ganz geöffnet habe. Heute kann ich hinschauen und bin offen dafür, mich über unterschiedlichste Themen zu informieren und dem Chaos zu begegnen, das mir da entgegenschlägt. Nur so kann ich meinen Weg in die Gemeinschaft der Menschen finden und ihn aktiv gestalten. Für mich ist das ein sehr wichtiger Punkt. Dazu möchte ich auch Sie animieren … Schauen Sie nicht nur hin, sondern lassen Sie sich auch auf die Gefühle ein, die entstehen. Denn es ist schon jetzt spürbar, dass ein Systemwechsel von großem Ausmaß ansteht. Die Wirtschaft wankt, das Finanzsystem kann jeden Moment aus den Fugen geraten, die Umweltprobleme sind verheerend, der Planet erhitzt sich, ein massenhaftes Artensterben hat eingesetzt, die Pole schmelzen aktuell immer schneller und die Lungen der Erde brennen. Ganz gleich, ob und wann wir als Menschheit bereit sein werden, Verantwortung zu übernehmen – unser Leben wird sich verändern. Je mehr Menschen sich auf diesen Wechsel einlassen – und zwar nicht nur sachlich, sondern vor allem auch emotional –, desto größer ist die Chance, dass mein Wunsch wahr wird. Ich wünsche mir nämlich, dass dieser Systemwechsel ohne Kampf und Krieg stattfinden darf.

Es liegt in der Natur der Sache, dass Umschwünge immer auch Turbulenzen mit sich bringen. Aber es ist unsere Entscheidung, ob wir uns von uns selbst und unseren Mitmenschen abwenden und uns verschließen oder ob wir uns – auch in Krisenzeiten – unserem ureigenen Kern und einander zuwenden und öffnen. Es liegt in unseren Händen. Sie können sich entscheiden, mit welchem Gefühl Sie sich selbst, Ihren Mitmenschen und Veränderungen begegnen – mit Furcht und Abwehr oder mit Freude und Erstaunen darüber, wie unterschiedlich Menschen, Wege und Entwicklungen sein können.

Ob Sie Ihr Leben damit verbringen, sich selbst und andere zu verurteilen, oder ob Sie beginnen, sich selbst und anderen zuzuhören – es ist Ihre Entscheidung.

Lassen Sie uns wieder auf Empfang schalten! Hören wir auf, um unser Überleben zu kämpfen, und fangen wir an, dem Zyklus des Lebens zu vertrauen. Wichtig ist allein, dass wir empfänglich dafür bleiben, wie wir unsere Lebenszeit gestalten wollen, was wir in die Welt bringen und wie wir sie unseren Kindern und Enkeln hinterlassen wollen – für uns selbst, in Gemeinschaft mit anderen und aus Respekt vor Mutter Erde.

Die neue Empfindsamkeit

Wurde in der Vergangenheit die Empfindsamkeit eher als eine herausfordernde, vielleicht sogar lästige Eigenschaft betrachtet, wird immer deutlicher, dass wir einen neuen, toleranten und wertschätzenden Umgang mit unserer Sensibilität und unseren Gefühlen brauchen. Selbst in der Wirtschaft wird händeringend nach emotionalen Führungskonzepten gesucht. Bei drei ungefähr gleich großen Sensibilitätsgruppen macht es keinen Sinn darauf zu setzen, dass sich die Menschen, die weniger oder mehr Sensibilität mitbringen, der »sensiblen Mitte« und den Erwartungen der Gesellschaft anpassen. Das hat noch nie funktioniert. Menschen lassen sich nicht verbiegen. Menschen können sich entwickeln, wenn sie das wollen und ihnen die Möglichkeiten dazu aufgezeigt werden oder sie bewusst nach Wegen suchen. Die Frage ist nur, wofür sie ihre Energie aufwenden. Wenn wir uns der offensichtlich vorhandenen Sensibilitätsdiversität verschließen, müssen sie ihre Energie dafür verschwenden, überhaupt erst einmal in ihrem So-Sein anerkannt zu werden. Wenn wir dagegen die Erkenntnisse zur Sensibilität durch unsere Herzen wirken lassen, fühlen sie sich gesehen und können direkt damit loslegen, ihre persönlichen Potenziale und Begabungen zu leben!

Das Wissen über Sensibilität muss zum Standard in der Ausbildung aller Menschen werden.

Es liegt an uns, die gesellschaftlichen Systeme so zu verändern, dass das gelingen kann. Ich bin fest davon überzeugt, dass die Zeit reif dafür ist, die Potenziale menschlicher Sensibilität genauer unter die Lupe zu nehmen. Wir müssen erkennen, dass sie in den unterschiedlichsten Bereichen von hoher Relevanz ist: in der Familie, unter Freunden und am Arbeitsplatz ebenso wie in Politik, Gesellschaft, Wirtschaft und Bildung.

Und wir müssen das Wissen über die Wahrnehmungsverarbeitung verbreiten und eine Kompetenz im Umgang mit unserer Sensibilität üben, statt sie zu unterdrücken, als lästig zu betiteln oder ihr die Qualität einer wichtigen Fähigkeit abzusprechen.

Menschen sind gleichwürdig. Aber sie sind nicht gleich. Auch nicht gleich sensibel. Und diese Unterschiede spürt jeder, der ehrlich ist mit sich und seiner inneren Welt. Jeder Mensch reagiert anders – der eine empfindsamer, der andere robuster. Mein Blick auf unsere Sensibilität ist ganz klar: Sie gehört zum Leben dazu wie das Atmen. Stellen Sie sich vor, was passieren würde, wenn Sie von heute auf morgen nichts mehr fühlen und wahrnehmen könnten? Was, wenn Sie kaum noch ein Empfinden für sich selbst oder Ihre Mitmenschen hätten? Wenn Sie die Signale Ihres Körpers nicht mehr spüren könnten – ganz gleich, ob angenehme Berührungen oder schmerzende Verletzungen? Wenn Sie weder die Schönheit der Natur wahrnehmen könnten noch den Gestank der Abgase, die jeden Tag in die Luft gepustet werden? Wenn der Anblick vermüllter Meere und vertrockneter Böden Sie kaltlassen würde? Wenn feine Gerüche, fröhliche Momente, besondere Begegnungen mit Menschen, das Mitfiebern bei Filmen, angenehme Stoffe auf der Haut, schöne Landschaften oder das gemütliche Beisammensein mit Familie und Freunden unbemerkt an Ihnen vorüberzögen? Das käme einer Vollnarkose gleich und hätte mit der Realität des Lebens nichts mehr zu tun. So gesehen ist Sensibilität sogar so etwas wie eine Lebensversicherung.

Wer Sensibilität zulässt und sich verletzlich zeigt, beweist Mut und Stärke.

»Dicht« machen kann jeder. Das ist viel einfacher, als zu zeigen, wer man wirklich ist – mit allen Stärken und Schwächen. Es braucht mehr Mut, sich mit allem, was einen ausmacht, zu öffnen, als sich zu verschließen und niemanden an sich heranzulassen. Denn wer sich öffnet, geht in Resonanz mit dem prallen Leben. Er geht sowohl das Risiko ein, selbst seelisch verletzt zu werden, als auch andere zu verletzen. Doch genau das ist der einzige Weg, wirklich Nähe und Verbindlichkeit zu erfahren und sich mit sich selbst wohl und einer Gemeinschaft zugehörig zu fühlen. Wer sich verschließt und hart macht, der verschließt sich nicht nur den Herausforderungen und den vermeintlich unangenehmen Seiten des Lebens, sondern auch der Nähe zu Menschen und all den Möglichkeiten, die uns dadurch geschenkt werden. Stellen Sie sich diese beiden Fragen: Welches sind die Potenziale Ihrer Sensibilität? Welche Möglichkeiten ergeben sich durch Ihre Wahrnehmungsfähigkeit? Mit der Übung auf Seite 59 können Sie sich auf Spurensuche begeben.

Perspektivwechsel – Warum wir ein neues Verständnis für Vielfalt brauchen

Seit Jahren wächst die Überzeugung in der Arbeitswelt, dass es sinnvoll ist, unterschiedliche Persönlichkeiten in einem Team zusammenzubringen. Diversität ist das Zauberwort. Die Praxis zeigt, dass diverse Teams besonders kreativ und produktiv sind, weil Menschen mit verschiedenen Fähigkeiten und Voraussetzungen eine Aufgabe aus vielen verschiedenen Blickwinkeln beleuchten und zu ganzheitlicheren Lösungen kommen können. Einen besonderen Beitrag leisten hierzu erwiesenermaßen höher sensible Menschen. Sie steigern sowohl das Wohlbefinden als auch die Kooperationsbereitschaft ganzer Gruppen. Begründet ist das darin, dass hochsensitive Menschen über ein ausgeprägtes Bewusstsein für Feinheiten in ihrer Umwelt verfügen, Informationen schneller verarbeiten können und einen guten Sinn für Empathie und Gerechtigkeit mitbringen. Umso wichtiger, dass man die Sensibilität als Ressource erkennt und nutzt.

Übung: Die Potenziale meiner Sensibilität

In der letzten Übung haben Sie sich Zeit genommen, sowohl die schwierigen als auch die schönen Aspekte Ihrer Sensibilität in Worte zu fassen. Lassen Sie uns einen Schritt weiter gehen und überlegen, welches Potenzial Ihre Sensibilität beruflich und privat in sich birgt – ganz gleich, wie stark sie ausgeprägt ist.

- Welchen Beitrag leistet meine Sensibilität zu meinen Stärken und Fähigkeiten?
- Welche meiner Stärken und Fähigkeiten leben von meiner Sensibilität?

Ein Beispiel aus meiner Arbeit:
Meine Feinfühligkeit ermöglicht es mir, in besonderem Maß zu spüren, wie es meinem Gegenüber geht. Wenn ich Menschen begleite, fühle ich schnell, ob das Gespräch in eine konstruktive Richtung geht und ob sich mein(e) Klient(in) wohlfühlt oder nicht. So kann ich das Gespräch bewusst führen und aktiv gestalten.

Welches Beispiel fällt Ihnen dazu ein?

- ______________________________
- ______________________________
- ______________________________
- ______________________________
- ______________________________

Patrice Wyrsch, der am Institut für Organisation und Personal der Universität Bern zu Neurosensitivität im Unternehmenskontext promoviert, formuliert mögliche Vorteile von hoher Sensitivität so: »Wir können durch unsere Studien davon ausgehen, dass Unternehmen von einer sensitivitätsdiversen Belegschaft profitieren. Es gibt auch Grund zu der Annahme, dass Hochsensitive wertvolle Führungspersonen sein können. Sie sind ein elementarer Teil von einem erfolgreichen Innovationsmanagement.« Das ist nicht verwunderlich, denn durch ihre erhöhte Wahrnehmungsfähigkeit können sie Chancen schneller erkennen und sich besser darauf einstellen. Das macht sich in Jobs, die Empathie, Kreativität und Innovationsbewusstsein fordern, besonders bemerkbar. Allerdings ist es gar nicht so einfach zu erkennen, wer im Kollegenkreis höher sensibel ist und wer nicht. In jedem Fall sind eine leichtere Erregbarkeit, eine geringere Reizschwelle und eine ästhetische Sensitivität (Wahrnehmung für das Schöne wie Kunst oder Natur) typische Merkmale.

Die aktuellen Dimensionen von Diversität sind Alter, Geschlecht bzw. geschlechtliche Identität, sexuelle Orientierung, Religion und Weltanschauung, Behinderung und ethnische Herkunft sowie Nationalität. Unterschiede bei Wahrnehmung, Verarbeitung, Emotionalität und Sensibilität, also bei der neurologischen Diversität, spielen bei der Betrachtung bisher keine Rolle. Ich halte das für ein Versäumnis.

Autisten zum Beispiel bringen durch ihre spezielle Wahrnehmungsverarbeitung bereits ganz gezielt ihre Stärken in die Wirtschaft mit ein. Unternehmen, die das verstanden haben, schauen nicht mehr defizitorientiert auf das Thema Autismus, sondern stärkenorientiert. Das Unternehmen Auticon etwa wirbt auf seiner Website mit den Worten: *Autistische Stärken für Ihre IT- und Daten-Projekte*. Es bringt damit zum Aus-

Wie wollen wir Andersartigkeit betrachten – als einen Mangel oder als eine Stärke?

druck, dass es Autismus nicht als eine angeborene, tiefgreifende Entwicklungsstörung betrachtet, sondern schlicht als ein Anders-Sein: *Autismus ist keine Störung, keine Krankheit, kein Systemfehler: Autismus ist ein anderes Betriebssystem,* heißt es bei Auticon. Hier arbeiten Menschen, die die Diagnose Autismus haben. Sie schaffen mit den Fähigkeiten, die durch ihre oft als Krankheit bezeichnete Andersartigkeit entstehen, sogar einen Mehrwert – ein Beweis für den positiven Aspekt der Vielfalt.

Es ist an der Zeit zu respektieren, dass Andersartigkeit normal ist.

Warum ist es so schwer zu erkennen, dass Andersartigkeit nicht nur menschlich, normal und natürlich, sondern auch sinnvoll ist? Wenn dem nicht so wäre, hätte die Evolution bereits dafür gesorgt, dass diese Unterschiede nicht mehr existieren.

Unter dem Begriff »Neurodiversität« entsteht bereits ein alternatives Konzept zur krankheits- und defizitorientierten Betrachtung von neurobiologischen Unterschieden. Es lehnt die pathologische[12] Betrachtung von Neuro-Minderheiten ab, versteht zum Beispiel Autismus, ADHS[13] und Co. als natürliche Formen menschlicher Diversität. Trotzdem scheint es immer mehr Schubladen zu geben, mit denen wir versuchen, Menschen zu klassifizieren. Auch Hochsensibilität ist so eine. Warum bilden wir Kategorien? Und warum prüfen immer mehr Menschen, ob sie oder ihre Kinder in eine dieser Schubladen passen? Als ich mit meinem Mann Stefan, der zum Thema Emotionen forscht, darüber gesprochen habe, fand er diese Worte: »Im Grunde ist das eine systemische Reaktion auf ein selbst gemachtes Problem unserer Gesellschaften. Je enger die Vorgaben für den idealen Lebensweg eines Menschen gesteckt werden und je weniger natürliche Unterschiede anerkannt werden, desto kleiner wird der Raum für die neurologische Diversität. Immer mehr Men-

---

12 Der Begriff pathologisch kommt aus der Medizin und bedeutet krankhaft.

13 ADHS: Aufmerksamkeits-Defizit-Hyperaktivtäts-Störung

schen fühlen sich unwohl, haben das Gefühl, nicht normal zu sein, und machen sich auf die Suche nach Antworten. Die finden sie aktuell in den vielen Konzepten, die versuchen, neurologische Diversität greifbar zu machen.«

Wir haben die Pflicht, uns auf die Potenziale der Menschen zu fokussieren, statt sie zu stigmatisieren, indem wir festlegen, wer gesund und wer krank oder gestört ist. Jenara Nerenberg, Journalistin, Produzentin, Rednerin und Gründerin von »The Neurodiversity Project«, setzt sich dafür ein, dass es genauso normal wird, über das, was uns innerlich bewegt, zu sprechen wie über das Wetter. Dann würden wir nicht mehr über Störungen sprechen, sondern über die Kraft der Vielfalt. Dann würden wir mit einer Vielfalt an Persönlichkeitsstrukturen konfrontiert, die wir nie für möglich gehalten hätten. Dann würden wir aufhören, nach einer Krankheit zu suchen, die jemand haben könnte, und stattdessen anfangen, uns wirklich zu begegnen. Menschen anders haben zu wollen, als sie sind, ist eine Sackgasse. Es wächst die Erkenntnis, dass jeder sich dann am wohlsten fühlt, wenn er – ganz gleich ob hoch, durchschnittlich oder weniger sensibel – seine jeweiligen Stärken einbringen kann und so akzeptiert wird, wie er ist.

Weitblick – Wie wichtig unsere Sensibilität für sinnvolles Handeln ist

Immer öfter stelle ich mir ernsthaft die Frage, ob der Mensch wirklich eine intelligente, fortschrittliche Spezies ist. Es scheint so, als wäre uns bei all der Begeisterung für Erfindungen und Entdeckungen die Sensibilität abhandengekommen, demütig zu sein, innezuhalten, Risiken abzuwägen und mit Weitblick in die Welt hineinzufühlen. Wie kann es sein, dass wir, obwohl wir nur 0,01 Prozent aller

Lebewesen ausmachen, einen Verlust von 83 Prozent aller Wildtiere und 50 Prozent aller Pflanzen verursacht haben? Und das ist nur einer von unzähligen Aspekten dessen, was wir Menschen auf der Erde anrichten. Die Liste der Hiobsbotschaften ließe sich noch lange weiterführen. Wir bekämpfen allerdings nicht nur die Diversität der Tiere und Pflanzen, sondern auch die innerhalb unserer Spezies – bis heute. Weil viele von uns nicht so sein dürfen, wie sie sind, und wir statt Gleichwürdigkeit verhängnisvollerweise Gleichheit voneinander erwarten.

Vielleicht werden wir eines Tages zu der Einsicht gelangen, dass die indigenen Völker die vorausschauendsten sind, weil sie ihrem Lebensraum großen Respekt zollen und in ihr Handeln mit einbeziehen. Diese Völker mahnen vor den Folgen des Raubbaus an uns selbst und der Natur. Wir könnten irgendwann einmal bitter bereuen, dass wir ihnen nicht zugehört haben. Denn mit den globalen Folgen menschlicher Arroganz und Selbstüberschätzung werden wir umgehen müssen – ganz praktisch, aber auch emotional. Wir müssen nicht nur den Fakten ins Auge sehen, sondern werden auch einen tiefen Schmerz fühlen, wenn uns bewusst wird, wie verschwenderisch wir mit der uns umgebenden Vielfalt und dem Reichtum umgehen.

Ein Beispiel aus meinem Leben: Wenn ich an meiner Lieblingsküste in Dänemark spazieren gehe, ist mir bewusst, dass nicht nur einzelne Orte, sondern der ganze Küstenstreifen im Meer verschwinden würde, wenn der Meeresspiegel nur um ein paar Meter anstiege. Gleichzeitig ist mir bewusst, dass ich mit meiner Fahrt dorthin meinen (wenn auch kleinen) Teil zur Klimaveränderung beigetragen habe. Noch kann ich Dänemark als Schreib- und Erholungsort nicht loslassen – vor allem, weil es für mich eine Art zweite Heimat ist. Aber ich bin bereits auf der Suche nach näher gelegenen Zielen, die für mich eine ähnliche Qualität haben. Das klingt vernünftig.

Doch was passiert in mir, während ich die Optionen abwäge? Immer dann, wenn ich mich mit diesen oder anderen Zwickmühlen meiner menschlichen Existenz beschäftige und dem, was ich tun und verändern kann, entsteht bei mir ein innerer Schmerz. Je öfter ich diesen Schmerz zulasse und je weniger ich meine Gefühle als etwas Schlechtes verurteile und einfach durch mich hindurchfließen lasse, desto besser lerne ich konstruktiv mit ihm umzugehen und in sinnvolles Handeln zu verwandeln. Früher war ich oft wie gelähmt, habe Themen verdrängt oder mich bewusst abgewendet. Heute gelingt es mir jeden Tag besser, mich meinen Gefühlen zu stellen, sie zu transformieren und in eine Kraft zu verwandeln, die mich motiviert, Dinge in meinem Leben zu verändern. Zunächst im Kleinen bei und mit mir selbst. Und durch das, was ich schreibe und in die Welt hinaustrage, mehr und mehr auch in der Öffentlichkeit.

Impuls: Sensibel intelligent

An welchen Punkten in Ihrem Leben sind Sie sich einer Sache bewusst geworden, die Sie gerne verändern würden, und haben dann doch wieder weggeschaut? Was war der Grund dafür, dass Sie weggeschaut haben? Meistens ist der Grund ein unangenehmes Gefühl, das wir nicht spüren wollen, mit dem wir vielleicht auch noch nicht gelernt haben umzugehen. Wenn wir beginnen, unsere Sensibilität zu leben, dann lernen wir auch den Umgang mit unserer emotionalen Welt. Und dann haben unsere Fähigkeit zu denken und unsere Sensibilität die Chance, ein starkes Team zu bilden. Probieren Sie es mal aus. Und stellen Sie sich Ihren Ängsten. Denn nur dann können Sie ihnen etwas entgegensetzen, etwas dafür tun, dass das, wovor Sie Angst haben, nicht geschieht. Ein Beispiel: Unser Lebensstil schadet unserer Umwelt massiv. Immer mehr Menschen wissen das. Aber längst nicht alle tun etwas, um das zu verändern. Warum? Bei mir ist das so: Erst wenn ich meine Gefühle zu einem Thema wirklich zulasse, wird mir das Ausmaß bewusst. Durch das Gefühl entsteht eine starke Energie. Eine Energie, die die Kraft hat, Veränderungen anzustoßen. Wenn wir ein Thema nur sachlich betrachten, kurz über seine Relevanz sprechen und dann wieder so weitermachen wie vorher, geschieht selten etwas. Wenn wir nur denken, statt auch zu fühlen, könnte es sein, dass das, was wir nicht fühlen wollen, uns in ein paar Jahren einholt, weil es Realität geworden ist. Wenn wir aber den Mut aufbringen zu fühlen, dann wird uns unsere Emotionalität die Kraft verleihen, die nötig ist, um etwas verändern zu können!

Diversität – Wieso *anders* das neue *normal* ist

Bis es so weit ist, dass in uns Menschen das Bewusstsein für die Diversität der Menschen verankert ist und wir unsere Herzen für die Vielfalt geöffnet haben, gibt uns die Wissenschaft immer wieder wichtige Studienergebnisse an die Hand, mit denen wir diesen Prozess unterstützen können.

Die Hochsensibilitätsforschung hat mit dem Wissen über die Sensibilitätsgruppen einen neuen Impuls gesetzt, wenn es darum geht zu verstehen, wer wir Menschen sind und wie wir ticken. Das zeigt, dass »menschliche Diversität« dazu anregt, Studien durchzuführen, die uns weiterbringen. Das ist großartig. Was mir an der aktuellen Debatte um das Thema Sensibilität allerdings missfällt, ist, dass einige hochsensible Menschen sich gern als Heilsbringer und Weltretter auf ein Podest heben. Es mag richtig sein, dass sie eine Art »Frühwarnsystem« der Gesellschaft sein können, wenn es um das Erkennen von Umweltbelastungen oder negativen Entwicklungen geht. Wer intensiver verarbeitet, was er wahrnimmt, kann nun einmal schneller erspüren, wenn bestimmte gesundheits- und gesellschaftsrelevante Grenzwerte überschritten sind. Hohe Sensibilität wirkt hier wie ein feines Messinstrument. Dennoch halte ich es für entscheidend, dass das nicht mit einer höheren Wertigkeit gleichgesetzt wird.

Hochsensible Menschen bringen mit ihren feinen Antennen oft Fähigkeiten mit, die für die Lösung anstehender Aufgaben nicht ganz unwichtig sind. Erarbeitet werden müssen diese Lösungen jedoch in der diversen Gemeinschaft der Menschen – sonst sind sie wertlos, weil sie nicht die Vielfalt der menschlichen Bedürfnisse berücksichtigen.

Zu wissen, wie vielschichtig Sensibilität sein kann, hilft dabei, uns selbst und unsere Mitmenschen besser zu verstehen. Dieses Wissen muss in Lehrbüchern, Zeitungen, Onlinemagazinen, Kindergärten, Schulen, Universitäten und Unternehmen Eingang finden. Doch das reicht nicht aus. Entscheidend wird sein, was wir mit diesem Wissen tun. Bauen wir Brücken? Oder reißen wir sie ein? Wenn wir Lösungen für die aktuellen Probleme finden wollen – im Kleinen in unseren Familien oder im Freundeskreis, aber auch im Großen bezüglich der Herausforderungen in unserer Gesellschaft oder gar global betrachtet –, müssen möglichst viele Menschen zusammen an einem Strang ziehen. Es geht nur gemeinsam. Wir brauchen ein tieferes Verständnis und Gespür für uns selbst und füreinander als bisher. Lassen Sie uns unsere sanften Seiten als etwas erkennen, das uns innerlich reich macht. Und fangen wir wieder an, die Liebe zu uns selbst und anderen zu spüren – mit der ganz klaren Botschaft:

Sensibilität ist eine Stärke.

WIE WIR MIT UNS SELBST UND ANDEREN IN EINKLANG KOMMEN

Endlich hatte ich »mein« Thema gefunden. Die Begeisterung war groß. Ich arbeitete viel und mit 120 Prozent Einsatz. Ich hatte etwas gefunden, das mein inneres Feuer entfachte: das Thema Hochsensibilität. Mein Ziel war es, andere Menschen an meiner Erfahrung und meinem Wissen teilhaben zu lassen, um ihnen einen neuen Umgang mit ihrer hohen Sensibilität zu ermöglichen. Doch dann ging mir nach und nach das Brennholz aus. Ich war so sehr damit beschäftigt gewesen zu brennen, dass ich vergessen hatte, neues Holz nachzulegen.

Es war ein schleichender Prozess, der vor Jahren begonnen hatte und nun in immer deutlicheren und lauteren Zeichen mündete: mangelnde Konzentrationsfähigkeit, entweder gedämpfte oder überschäumende Gefühle, Heißhungerattacken, Gefühlsschleifen, Grübeln, bröckelnder Selbstwert, zu viel Drama, Gereiztheit, dunkle Gedanken, mangelnde Fitness, hormonelle Unregelmäßigkeiten, erst Nervenzucken im Ohr und später immer mal wieder ein Drücken im Oberbauch. Ich war zwar immer in der Lage gewesen, die Arbeit zu erledigen, die gemacht werden musste, und den Alltag zu bewältigen. Aber es kostete mich über die Maßen viel Kraft. Mir fehlte zunehmend die Energie, um meine Vision in der Form weiterzuverfolgen, wie ich es bisher getan hatte. Ich bekam einen Infekt nach dem anderen, war sehr dünnhäutig und nervlich kaum belastbar. Ich stellte meine Ehe in Frage, vermied es, unangenehme Themen anzusprechen, und traute mich lange Zeit nicht, in einem wichtigen Aspekt meiner Partnerschaft für mich einzustehen. Alles war anstrengend. Obwohl ich meine Projekte nach und nach immer weiter reduzierte und anfing mich aufs Wesentliche zu konzentrieren (und das ist aus jetziger Perspektive betrachtet ein echter Gewinn), war ich an einem Punkt angekommen, an dem ich mit meiner positiven Einstellung zum Leben nicht mehr weiterkam.

Mein Lieblingssatz in dieser Zeit war: »Mir ist das alles zu viel.« Das kratzte an meinem Selbstbild. Denn ich war lange davon überzeugt gewesen, dass ich auf einem guten Weg war und es nur ein paar innere Blockaden gab, die es aufzulösen galt. Nun musste ich feststellen, dass ich immer noch unbewusst das Schema bediente, das vermeintlich zur Persönlichkeitsentwicklung dazugehört: Durchhalten. Dranbleiben. Kämpfen. Weitermachen. Immer. Um jeden Preis. Auch wenn es dir schon lange nicht mehr gut geht. Sonst wird aus dir nichts. Nun, nachdem ich mit der Hochsensibilität, dem Schreiben, dem Coaching, den Vorträgen, den Workshops, Seminaren und Lesungen »mein Thema« gefunden hatte, wollte ich alles geben. Und ich war der Meinung, dass ich – so gut es eben ging – für mich sorgte: die täglichen Spaziergänge mit unserem Hund, ein MBSR-Kurs[14] während der heißen Vorbereitungsphase des Kongresses für Hochsensibilität – da müsste doch alles in bester Ordnung sein, oder? Doch das war es leider länger schon nicht mehr: Ich merkte, dass etwas nicht stimmte. Ich würde etwas ändern müssen.

Der Kongress begann und ich wurde krank. Ein fieser Infekt machte sich breit. Ich stellte mich trotzdem auf die Bühne, eröffnete die Veranstaltung und machte meine Moderationen nach Plan. Kaum einer merkte, wie es mir wirklich ging. Mit Disziplin lässt sich einiges bewältigen und ich hatte mich daran gewöhnt. Körperlich war ich jedoch so angegriffen, dass ich nachts zum ersten Mal in meinem Leben rohen Ingwer kaute. Das half ein bisschen. Am nächsten Tag ging es mir ein wenig besser. In den Monaten danach wurde mir aber mehr und mehr bewusst, dass ich seit dem Kongress

14 8-Wochen-Kurs, in dem die Teilnehmenden achtsamkeitsbasierte Stressreduktion nach Jon Kabat-Zinn lernen. MBSR steht für Mindfulness-Based Stress Reduction.

nicht wieder richtig auf die Beine gekommen war. Ich verstand, dass ich mich dringend um meine Gesundheit kümmern und auf mich aufpassen musste. Das Jahresziel für 2018 war gesetzt, doch meine Gefühle versteckten sich hinter einem seltsamen Nebel.

Der lichtete sich unerwartet acht Monate nach dem Kongress. Ich war für zwei Workshops auf einem Symposium gebucht und hatte die Reise so organisiert, dass ich schon einen Tag früher vor Ort sein konnte, um mich zu entspannen. Ich hatte mir angewöhnt, solche Gelegenheiten zu nutzen, um ein Date mit mir selbst zu machen – fernab des täglichen Allerleis. Einfach nur ich. Mein kleiner grüner Koffer war gepackt, es konnte losgehen. Dass die S-Bahn auf dem Weg zum Hauptbahnhof mitten auf der Strecke stehen blieb, war nicht gänzlich ungewöhnlich. Doch als dann die Durchsage kam, dass wir nicht weiterfahren könnten, weil der Zug vor uns eine technische Störung hatte, dachte ich spontan: »Na, dann kannst du ja gleich wieder nach Hause fahren.« Dann aber sagte ich mir: »Was für ein Nonsens! Wieso nach Hause fahren? Wenn du deinen Zug nicht bekommst, buchst du um und nimmst den nächsten.« Ein paar weitere Gedanken- und Gefühlsschleifen später setzte sich die S-Bahn überraschend schnell wieder in Bewegung. Ich würde meinen Zug also doch noch rechtzeitig erreichen – umso mehr, als der ICE noch mit einem Defekt der Türen in Hamburg-Altona stand. Als er endlich einfuhr, machte ich mich auf den Weg, suchte mein Abteil und zuckelte mit meinem kleinen grünen Koffer, der heute seltsam schwer war, zu meinem Platz. Nachdem ich es unter großer Anstrengung geschafft hatte, den Koffer auf die Ablage zu hieven, kam auch hier eine Durchsage: »Die Störung ist noch nicht behoben, wir bitten Sie noch um etwas Geduld.« Nach einiger Zeit kam die nächste Mitteilung: »Da wir die Türstörung nicht beheben können, setzen wir diesen Zug aus. Bitte warten Sie an der Tür Ihres Abteils. Die

Wer nicht in die Welt passt, der ist immer nahe daran, sich selbst zu finden.
Hermann Hesse

Türen müssen einzeln geöffnet werden.« Das hatte ich noch nie erlebt. Nun musste ich tatsächlich umbuchen. Gerade noch rechtzeitig bekam ich einen der letzten Sitzplätze im nächsten ICE.

Als der Zug einfuhr, ratterten die Wagen an mir vorbei und ich versuchte die passende Wagennummer zu erspähen. Doch die war nicht dabei. Innere Unruhe machte sich breit und fing an die Regie zu übernehmen. Ich brauchte einen Halm, an dem ich mich festhalten konnte. Der Halm war mein Wagen mit dem reservierten Platz. Mir kam nicht in den Sinn, dass ich vielleicht auch ohne Reservierung einen Platz gefunden hätte. Mein Körper und meine Seele übernahmen die Führung, denn die wussten bereits, dass ich keine Kraft für diese Reise haben würde – ganz gleich unter welchen Bedingungen. Nur in meinem Bewusstsein war das noch nicht angekommen. Die Gelassenheit, die ich durch meine Achtsamkeitspraxis kennengelernt hatte, war nicht abrufbar. Mein Vertrauen ins Leben auch nicht. Ich war auf meinen Sitzplatz fixiert. Dann hörte ich noch, wie die Frau auf dem Bahnsteig sagte: »Ach, dieser Wagen wird erst in Hannover angehängt. Das ist ein Fehler im System beim Reisezentrum. Das passiert immer wieder.« Dann wurde mein Blick trüb.

Ich drehte mich um und die Welt schwamm fort. Meine Augen füllten sich mit Tränen. Nicht langsam, sondern schnell und schneller. Es waren so viele Tränen, wie ich es lange nicht mehr erlebt hatte. Und ich hatte in diesem Moment keine Chance, sie zu bremsen. Und irgendwie wollte ich das auch nicht. Weinend lief ich durch die Wandelhalle, weinend stieg ich in die S-Bahn und in der S-Bahn liefen mir immer noch die Tränen über die Wangen. Langsam drang in mein Bewusstsein, wie erschöpft und kraftlos ich war. Und doch machte ich mir immer noch Druck. Meine Gedanken rasten: »Du musst umbuchen auf morgen. Und morgen fährst du da hin. Du musst da hin. Wie sieht das denn aus, wenn die Referentin absagt?« Ich hatte Angst davor, die Erwartungen, die ich an mich selbst hatte, nicht erfüllen zu können. Angekommen in dem kleinen Reisezentrum am Rande Hamburgs muss ich ein verstörendes Bild abgegeben haben. Verheult fuchtelte ich mit den Armen, erzählte davon, dass ich meinen Zug nicht bekommen und es in dem anderen Zug keinen Platz für mich gegeben hatte. Dass das für mich »zu viel« war und ich unbedingt – natürlich kostenfrei – auf morgen umbuchen muss. Da die Frau am Schalter mit meinen heftigen Gefühlen genauso überfordert war wie ich selbst, buchte sie mich tatsächlich kostenfrei auf den nächsten Tag um. Ich verließ das Reisezentrum. In mir wurde es etwas ruhiger. Ich rief meinen Mann an, der gerade mit seinem Geschäftspartner die Zukunft seines Unternehmens plante. Da stieg plötzlich ein Gefühl auf, das ich lange nicht mehr empfunden hatte: Scham. Ich schämte mich, dass ich die beiden unterbrechen musste, statt zu tun, was ich geplant hatte. Ich schämte mich dafür, keine Kraft für die Erfüllung meines Auftrages zu haben. Wieder fing ich an zu weinen.

Mein Mann versuchte mich zu beruhigen und sagte, dass ich erst mal nach Hause kommen solle. Dort stolperte ich in seine Arme. Als er seine Umarmung nach einer Weile löste, lehnte ich mich mit dem Rücken an die Haustür und sank zusammen. Meine Knie gaben nach. Eine Szene, die es so in meinem Leben noch nicht gegeben hatte.

Nach und nach kam ich zur Ruhe und wurde wieder etwas klarer. Ich setzte meine Gedanken und Gefühle so gut es ging wieder zusammen und ging in mein Büro, um noch an der Präsentation zu feilen. Mein Entschluss, am nächsten Tag loszufahren, stand. Noch immer konnte ich mir nicht eingestehen, dass meine Gesundheit wichtiger war als mein Job. Weiter im Takt. Doch in welchem Takt eigentlich? Ich war ja offensichtlich schon längere Zeit nicht mehr in einem Rhythmus unterwegs gewesen, der zu mir gepasst hatte. Hatte ich meinen Rhythmus überhaupt jemals gekannt …?

Als meine Mutter die Kinder am Nachmittag zu uns nach Hause

brachte, schaute sie mich kritisch an. Sie hatte sofort verstanden, was Sache war, und brachte mich dazu, den einzig richtigen Schritt zu gehen: Ich schrieb eine E-Mail an den Veranstalter und erklärte, dass ich aufgrund von Krankheit verhindert sei.

Was für eine Niederlage! Aber da war noch ein anderes Gefühl, das so gar nicht zu meiner Zielstrebigkeit passte: Erleichterung. Erleichterung und Dankbarkeit. Dankbarkeit dafür, dass ich eine Pause machen konnte.

Eine Untersuchung ergab, dass eine unerkannte Stoffwechselstörung der Grund für meine Infektanfälligkeit, Kraftlosigkeit, fehlende Fitness und zu guter Letzt auch für meine extremen Gefühlsausbrüche war. Ich begriff, dass es noch wichtiger war, als ich dachte, neben den psychischen Belangen auch meinen Körper einzubeziehen und wiederkehrende Signale nicht nur als vorübergehende Stresssymptome zu deuten. Meine Sicht wurde ganzheitlicher. Dennoch war es nicht leicht, die neuen Erkenntnisse in mein Leben zu integrieren und zu verstehen, wie ich sie fachlich einordnen und mit meinem Wissen über Hochsensibilität in Einklang bringen konnte. Ich brauchte Zeit, um alles zu verdauen, wieder in meine Mitte zu kommen und einen neuen Rhythmus zu finden. Meinen Rhythmus. Es hat ein paar Monate gedauert, bis ich akzeptieren konnte, dass mein Körper Bedürfnisse hat, von denen ich bisher noch nichts wusste, und dass zumindest die Möglichkeit besteht, dass ich immer mal ein bisschen aus dem Takt komme.

Erst als ich wirklich bereit war, diese Dissonanz in meinem Leben anzunehmen und als Chance zu begreifen, konnte die konstruktive Veränderung beginnen. Jetzt fokussierte ich meine Energie und Aufmerksamkeit darauf, konstruktiv mit meinen Bedürfnissen umzugehen und mein Potenzial gesund und nachhaltig zu entfalten – ohne befürchten zu müssen, dass danach der nächste körperliche oder psychische Absturz kommt.

Zunächst einmal drosselte ich weiter mein Tempo und begann

über die Themen zu sprechen, die ich lange gemieden hatte. So begann ein Entgiftungsprozess auf körperlicher und seelischer Ebene. Heute geht es mir wieder gut. Ich kann voller Dankbarkeit auf diese Zeit blicken, denn sie hat mir Türen geöffnet, von denen ich gar nicht wusste, dass es sie gibt. Ich konzentriere mich immer mehr auf das, was für mich, meine Familie, für meine Freunde, mein Netzwerk und für den Erhalt meines Lebensraumes wesentlich ist, und lasse immer gnadenloser alles weg, was nicht passt – ohne etwas zu vermissen. Im Gegenteil, ich habe das Gefühl, etwas zu gewinnen. Und ich entwickle den Mut, die Wege zu gehen, von denen ich schon länger träume.

Wer stark sein will, muss aufhören, gegen seine Schwächen zu kämpfen.

Ich bin mir heute bewusster denn je, wer ich bin und warum ich hier bin. Ich stehe für mich und meine Bedürfnisse ein wie nie zuvor. Und genau das gibt mir Kraft. Mein Weg geht weiter. Ein Gewinn – für mich selbst genauso wie für meine Lieblingsmenschen, mit denen ich zusammenlebe und die mein Leben reich machen.

Defizite anschauen, Unvollkommenheit akzeptieren und verstehen, dass es menschlich ist, schwach und verletzlich zu sein – das erfordert Mut. Aber Mut ist nicht alles: Wenn Sie Ihren ureigenen Rhythmus finden wollen, müssen Sie den unterschiedlichen Klängen und Dissonanzen lauschen – im Innen wie im Außen. Spätestens, wenn das Orchester wild durcheinanderspielt oder verstummt und Sie als Dirigent machtlos sind, ist es Zeit, der Frage nachzugehen, warum Körper und Seele nicht mehr im Einklang sind. Kümmern Sie sich um Ihren Körper und Ihre Seele und hören Sie ihnen zu. Das ist die Voraussetzung dafür, bisherige Denkweisen, körperliche Probleme und emotionale Muster zu entlarven und sich für neue Sichtweisen zu öffnen.

Wenn ich mich weiter gegen die Zeichen meines Körpers und meiner Seele gestemmt und alles, was mir an Herausforderungen begegnete, mit meiner Hochsensibilität hätte erklären wollen, wäre ich schwach und schwächer und mit großer Wahrscheinlichkeit richtig krank geworden. Es war an der Zeit, mich den Fragen zu widmen, die das Leben an mich stellte, und neue Antworten zu finden.

Impuls: Die Botschaft der Dissonanz

Spielen die einzelnen Instrumente Ihres Orchesters gerade harmonisch zusammen? Oder gibt es Dissonanzen? Wenn ja: Welche Frage stellt Ihnen Ihre innere Dissonanz? Welche Botschaft hält sie für Sie bereit? Wenn das Leben Ihnen schon länger immer wieder dieselbe Frage stellt oder es, um im Bild zu bleiben, immer wieder an der gleichen Stelle schief klingt, dann habe ich eine Bitte an Sie: Halten Sie inne, hören Sie sich selbst oder anderen zu, die Ihnen wichtige Hinweise geben, und finden Sie die Antwort. Schauen Sie mutig hin und weiten Sie Ihren Blick. Auch, wenn es wehtut. So paradox es sich anhört: Wenn Sie das Gefühl haben, dass alles *zu viel* ist, ist vielleicht von etwas *zu wenig* da. Fragen Sie sich: »Was fehlt mir?« Schicken Sie Ihre alten Überzeugungen auf eine lange Reise und suchen Sie sich neue Weggefährten.

Kompass für Körper und Seele

Das Leben ist nicht statisch, sondern im Gegenteil sehr lebendig. Wenn wir glauben, dass wir in einem sicheren Hafen an Land gehen können, sollten wir uns nicht zu früh in Sicherheit wiegen. Kurz bevor wir mit unserem Schiff die Mole erreichen, kann ein Sturm aufziehen, der uns wieder aufs offene Meer hinaustreibt, und der Hafen, den wir angepeilt hatten, verschwindet in weiter Ferne. Wir brauchen ein neues Ziel: Dann ist es gut, wenn wir vertrauensvoll auf Empfang schalten und unsere Sensibilität als Kompass nutzen können. Den Gebrauch dieses wertvollen Kompasses haben wir nicht in der Schule gelernt. Im Gegenteil. Dort lernt man eher, dass Sensibilität hinderlich ist, wenn man sich mit seinen Wünschen durchsetzen will. Schon in der Schule geht es darum, im Sinne der vorgegebenen Struktur zu funktionieren. Allerdings gibt es Anlass zur Hoffnung: Heute integrieren immer mehr Schulen neue Konzepte. Sie lehren Inhalte wie »Glück«, »Achtsamkeit«, »Entspannung« oder »Meditation«, bieten offene Formate an, minimieren den Wettbewerb unter den Schülern und stärken die Gemeinschaft. Das ist eine schöne Entwicklung. Denn so dürfen Kinder sie selbst sein und erleben, wie sie ihre körperlichen und emotionalen Bedürfnisse wahrnehmen und konstruktiv mit ihnen umgehen können. Es ist wichtig, dass wir diese Zeichen zu deuten wissen und sie nicht als Signale persönlicher Schwäche interpretieren. Ich weiß inzwischen sehr zu schätzen, dass meine Sensibilität mir als Kompass für Körper und Seele dient.

Sobald Sie die Antwort gefunden haben, ändert das Leben die Frage.

Wie ist das bei Ihnen und Ihrem inneren Kompass? Wann haben Sie sich zum letzten Mal zugehört und in sich hineingespürt? Die Übung auf Seite 76 lädt Sie ein, innezuhalten und auf die Zeichen aus Ihrem Inneren zu achten. Sie können sich eine Tasse Tee zubereiten und sich eine kleine, wertvolle Auszeit gönnen. Und wenn Sie mögen, schreiben Sie wieder auf, was Ihnen begegnet. Ich wünsche Ihnen eine gute Zeit beim Reflektieren.

Oft ist der erste Schritt in die richtige Richtung ausschlaggebend dafür, ob wir in der Lage sind, unsere Schwächen als Partner anzuerkennen, mit deren Hilfe wir neue Lösungen für alte Herausforderungen finden können. Doch wo findet dieser erste Schritt statt? In Gedanken? In Form einer sachlichen Analyse? Oder ist ihm etwas vorgeschaltet, das mit unserem Gespür zu tun hat?

Übung: Kompass für Körper und Seele

In welcher Richtung sind Sie gerade unterwegs? Was sagt Ihr innerer Kompass? Geht es Ihnen gut? Ist alles in Ordnung? Oder gibt es etwas, das Ihre Aufmerksamkeit braucht? Zum Beispiel körperliche Symptome, die Sie schon länger beiseiteschieben? Wenn ja, wann tauchen diese Symptome auf? Haben Sie eine Erklärung dafür, warum Sie ihnen keine Beachtung schenken? Und wäre es vielleicht an der Zeit, nach einer Fachfrau oder einem Fachmann zu suchen, die/der Sie bei der Deutung dieser Symptome und dem Finden der Ursache unterstützen kann? Gibt es Gedanken und Gefühle, die Ihnen unangenehm sind? Wann nehmen Sie diese wahr? Welches Thema, das dringend nach einer Lösung ruft, schleppen Sie schon lange mit sich herum? Gibt es einen Wunsch, der einfach zu erfüllen wäre, für den Sie aber meinen keine Zeit zu haben? Welches Gespräch müssten Sie schon längst geführt haben? Gibt es in Zeitungen, Zeitschriften und sozialen Medien ein Thema, über das Sie aktuell immer wieder stolpern, weil es im Grunde genommen *Ihr* Thema ist?

Das, was mir aus dem Inneren heraus als Wegweiser dient, nenne ich Herzgedanken. Wenn ich ihnen vertraue und folge, stelle ich im Nachhinein immer wieder fest, dass es sich dabei nicht um einen einzigen Impuls handelt, sondern um einen Pfad, auf dem ich mich mal bewusst, mal unbewusst fortbewege. So ist es mir auch ergangen, als ich beschlossen habe, mir meine körperlichen und psychischen Schwächen noch einmal aus einer anderen Perspektive anzuschauen. Tief in meinem Inneren hatte ich schon längst verstanden, dass ich mich um meine Gesundheit kümmern muss. Ich war auf Empfang, meine inneren Stimmen wurden lauter und ich ließ mich

Schreiben Sie spontan alles auf, was Ihnen einfällt. Bleiben Sie ehrlich mit sich selbst und lassen Sie nichts aus.

- ____________________
- ____________________
- ____________________
- ____________________
- ____________________

Haben Sie mehrere Punkte aufgeschrieben? Wenn ja, schauen Sie sich den, der Ihnen als Erstes eingefallen ist, besonders genau an. Er war nämlich in Ihrem Bewusstsein schon weit nach oben gerutscht und dürfte damit eine hohe Relevanz haben. Das könnte ein Hinweis darauf sein, welche Richtung Ihnen Ihr innerer Kompass empfiehlt. Nehmen Sie sich Zeit, ein Thema nach dem anderen anzugehen – in dem Tempo, das für Sie und Ihre Lebensrealität passt. Gehen Sie in Ruhe einen Schritt nach dem anderen.

darauf ein, ihnen nachzugehen. Als ich dann in einer Facebook-Gruppe zum Thema Hochsensibilität in einem Kommentar »zufällig« über das Thema HPU (Stoffwechselstörung) stolperte, war ich plötzlich sehr aufmerksam. Die Info stach aus der Masse der Informationen hervor. Ich las zunächst nur kurz nach, worum es ging, nahm mir aber vor, mich im neuen Jahr genauer mit dem Thema auseinanderzusetzen. So konnte ich einerseits die Dinge zu Ende führen, mit denen ich mich aktuell gerade beschäftigte, und andererseits meine innere Welt darauf vorbereiten, dass Neues auf mich zukam, was mein Leben verändern würde. Meist spüre ich sehr genau, wenn eine Veränderung ansteht oder eine Sache für mich eine hohe Relevanz haben wird. Dennoch brauche ich Zeit und den Mut, meinen damit verbundenen Ängsten und inneren Mustern zu begegnen, bevor ich den ersten Schritt in unbekanntes Gebiet setze und mich auf einen neuen Prozess einlasse. Das ideale Ergebnis kann ich mir vor meinem inneren Auge ausmalen. Aber ich weiß nicht, was mir auf dem Weg dorthin alles begegnen wird.

Ich wünsche Ihnen von Herzen, dass auch Sie den Mut haben, neue Wege zu gehen, auch wenn Sie heute noch nicht absehen können, was Ihnen dabei begegnen wird. Sie werden es aber auch nicht erfahren, wenn Sie nicht den ersten Schritt wagen.

Frieden schließen: Sich selbst und andere annehmen

Disziplin und Durchhaltevermögen sind zwei Eigenschaften, die wir brauchen, um gut durchs Leben zu kommen. Die entscheidende Frage dabei ist, ob wir wohlwollend mit uns umgehen oder uns eher bekämpfen. Beide Eigenschaften können nur dann ihre Kraft entfalten, wenn sie nicht in Konkurrenz zu den Bedürfnissen, der inneren Stimme sowie dem System eines Menschen stehen. Wenn ich von Bedürfnissen spreche, meine ich keine Fluchten und Süchte wie Shoppingrausch, Medienwahnsinn, Genussmittelabhängigkeit und Größenwahnsinn, sondern Bewegung, körperliche Fitness, ausgewogene Ernährung, Schlaf, Pausen, Stille, Liebe, Lachen, Freude, Geborgenheit, Gemeinschaft, tiefe Verbindungen mit anderen Menschen, Aufenthalte in der Natur und Räume, in denen man Neues entdecken kann. Ich meine die Zeit, in der wir zur Ruhe kommen und verarbeiten können, was wir erlebt haben. In der wir loslassen, ankommen und schauen können, was wir brauchen. Und ob das, was wir brauchen, auch im Einklang steht mit der Situation und den Menschen, mit denen wir zusammenleben, die wir lieben und mit denen wir eine Gemeinschaft bilden. Wenn Sie Ihre Willenskraft dafür einsetzen, etwas zu tun, was Sie im Grunde Ihres Herzens nicht wollen, müssen Sie sowohl den Widerstand in sich selbst als auch den im Außen überwinden. Und das kostet richtig viel Energie. Dann können Sie jeden Tag schieben und drücken, ohne dass sich groß etwas nach vorne bewegt. Dann purzeln immer mal wieder Steine mitten auf Ihren Weg. Und die Türen, durch die Sie gehen möchten, lassen sich nur schwer oder gar nicht öffnen. Leichter geht es, wenn Sie nicht mehr »müssen«.

Veränderung kann nur geschehen, wenn wir den Schritt ins Ungewisse wagen.

Ich weiß, wovon ich spreche. Denn ich werde auch heute noch manchmal von dem fiesen »Müssen-Virus« infiziert, der dann hartnäckig den Zugang zu meiner inneren Stimme blockiert. Erst wenn er besiegt ist, kann aus dem Müssen ein Machen werden. Und das fühlt sich viel leichter und klarer an. Im Frieden mit uns selbst und der Welt zu sein bedeutet nicht, aufzuhören uns beharrlich, entschlossen und verantwortungsvoll für uns selbst, die Kinder, die Partnerschaft, die Freunde und die Themen, die uns wichtig sind, zu engagieren. Es bedeutet nur, nicht ständig gegen uns selbst und die Welt anzukämpfen und wertvolle Ressourcen zu verpulvern.

Doch warum kämpfen wir eigentlich so viel? Warum schieben wir unsere innere Stimme immer wieder beiseite? Vielleicht weil uns der Mut fehlt, unserem inneren Team zu vertrauen? Oder weil wir Angst vor unser ureigenen Dynamik haben – der Urkraft in uns, die das Leben, das wir führen, in Frage stellen könnte? Ich habe noch eine andere Theorie: Wir haben alle schon einmal gespürt, was passiert, wenn wir lange nicht nach innen gelauscht haben. Dann staut sich nämlich etwas auf, das irgendwann völlig unkontrolliert in unser Leben platzt. Bei genauerer Betrachtung stellen wir fest, dass dieses »Etwas« unsere innere Stimme ist, die einfach nur mit Macht versucht hat, sich einen Weg zu bahnen. Und das ist in der Tat eine sehr unangenehme Erfahrung.

Wenn wir unsere inneren Impulse und Bedürfnisse zu lange übergehen oder missachten, fangen Seele und Körper an zu rebellieren.

Heute weiß ich, dass diese Stimme und meine hohe Sensibilität die Quellen meiner Kreativität und Kraft sind. Dass sie mir etwas über meine Bedürfnisse erzählen. Dass sie mich daran erinnern, wer ich bin und was ich tun muss, um erfüllt zu sein und meinen Platz in der Gesellschaft einnehmen zu können. Eine Erkenntnis, die ich mir für jeden Menschen wünsche, der im Frieden mit sich selbst leben möchte.

In privaten Angelegenheiten fiel es mir immer schon relativ leicht, auf mein Herz zu hören. Doch in beruflicher Hinsicht zögerte ich oft und wartete eher auf Impulse von außen, als dass ich umsetzte, was sich in mir schon längst gezeigt hatte. Warum? Vielleicht, weil ich schon so viel versucht hatte und immer wieder an meine Grenzen gestoßen war, was meinem Selbstwert nicht sonderlich gutgetan hatte. Vielleicht, weil ich nicht wusste, wie ich Kinder und Karriere unter »meinen« Hut bringen kann und meine Ressourcen am besten verteile. Vielleicht auch, weil Teile meiner Familie mir von Zeit zu Zeit vermittelten, dass ich nicht das aus meinem Leben gemacht hatte, was ich daraus hätte machen können.

Wenn wir im Frieden mit uns selbst leben, können wir auch im Frieden mit anderen sein.

Meine Zweifel daran, ob ich meiner inneren Stimme vertrauen kann, führten mich oft in die Irre. Und in dem Bestreben, die Leistung zu erbringen, die ich meinte erbringen zu müssen, forderte ich mir ein Tempo ab, das nicht meines war.

Heute weiß ich, dass mein Inneres sich im Außen zeigen möchte und muss. Und dass Erlebnisse, die ich im Außen mache, Raum brauchen, damit ich sie im Inneren verarbeiten kann.

Je mehr ich mit mir im Einklang bin, je freundlicher ich zu mir selbst bin und je mehr Wertschätzung ich mir selbst entgegenbringe, desto liebevoller, friedvoller und wertschätzender bin ich auch im Umgang mit anderen Menschen.

Intuition – Warum wir unserer inneren Stimme zuhören sollten

Sie haben sicher schon einmal erlebt, dass Sie intuitiv wussten, was richtig ist. Oder dass etwas, was Sie von sich erzählen, anderen weiterhilft. Wissen und Erfahrungen sind nicht nur dann wertvoll, wenn sie neu oder wissenschaftlich fundiert sind. Oft sind es spontane Inspirationen, die uns wichtige Impulse geben können. Auch uralte Weisheiten berühren uns oft in unserem tiefsten Sein. Sie werden uns als Aphorismen auf Postkarten und Kalendern angeboten, und wir finden sie zuhauf im Netz. Offenbar treffen sie einen Nerv. In einer Zeit, in der schon Kinder in der Schule so unter Druck stehen, dass sie Erschöpfungszustände haben, und immer mehr Menschen nach beruflichen Alternativen suchen, die ihnen Luft zum Atmen lassen, wäre es schön, wenn wissenschaftliche Erkenntnisse, praktische Erfahrungen und altes Wissen ineinanderfließen würden.

Die Grenzen der Wissenschaft

Nehmen wir an, Sie hätten den Wunsch, sich probeweise eine Woche lang zu ungewohnter Stunde aus dem Alltag zu verabschieden und frühzeitig zu Bett zu gehen: Bräuchten Sie da erst einen wissenschaftlichen Nachweis dafür, welcher Schlaftyp Sie sind? Müssten Sie erst eine Studie darüber lesen, welche Auswirkungen es haben kann, wenn Familienrituale kurzfristig geändert werden? Müssten Sie Angst haben, dass Sie zu einem egoistischen Narzissten mutieren? Oder Freunde verlieren, weil Sie Termine absagen? Nein. Sie könnten einfach Ihrem Bedürfnis nachgeben. Und am Ende der Woche feststellen: Sie sind ausgeschlafen. Sie fühlen sich besser. Sie sind gesund, weil sie eine nahende Erkältung einfach weggeschlafen haben. Die Kinder, wenn Sie welche haben, sind ein Stück selbständiger und flexibler geworden. Und es macht Ihnen wieder

Freude, Termine wahrzunehmen, die Sie zuvor pflichtschuldig absolviert haben.

Immer wieder hört man von Wissenschaftlern, die sich im Lauf ihrer Forschungsarbeit für spirituelle Ansätze öffnen. Weil sie mit Dingen konfrontiert wurden, die sie sich nicht anders erklären konnten, als dass es da noch etwas geben muss, das mit dem Verstand allein nicht greifbar ist. Etwas, das alles umspannt. Mich inspiriert das sehr. Es wird Zeit, dass wir die Mysterien des Lebens wieder bestaunen, auf die eigene Wahrnehmung vertrauen und demütig anerkennen, dass es in unserem Universum mehr gibt als das, was Menschen beweisen können. Es wird Zeit zu akzeptieren, dass wir vieles zwar noch nicht wissen, aber sehr wohl mit unserer natürlichen Sensibilität erahnen können. Würden wir alles streichen, was spürbar und erfahrbar, aber nicht belegbar ist, ginge uns viel verloren.

Oft ist das, was wir nur fühlen, schwer zu kommunizieren. Patienten, die Organe von anderen Menschen transplantiert bekommen haben, berichten von Wesensveränderungen oder haben das tiefe Bedürfnis zu erfahren, wer ihnen das Organ gespendet hat. Andere Menschen haben Vorahnungen und spüren, dass jemand stirbt, manchmal sogar dann, wenn sie gar keine enge Verbindung zu ihm haben. Das hatte immer schon etwas Unheimliches an sich. Noch heute sprechen Menschen, die diese Gabe besitzen, gar nicht erst über ihre Wahrnehmungen – aus Angst, sie könnten ausgegrenzt oder für verrückt erklärt werden. Es gibt Mütter, die aus dem Schlaf hochschrecken, weil sie spüren, dass ihrem Kind etwas Schreckliches widerfährt – selbst wenn viele Kilometer zwischen ihnen liegen.

Realität ist mehr als das, was unsere Sinne wahrnehmen.
Ines Bargholz

Doch wenn wir ehrlich sind, wissen wir schon lange, dass es mehr zwischen Himmel und Erde gibt, als wir bisher erforschen und zu »gesichertem Wissen« machen konnten – was auch immer gesichertes Wissen denn nun sein mag. Für viele Phänomene gibt es bisher keine einheitliche Sprache. Uns fehlen sozusagen die Worte für das, was nicht jeder sieht, spürt oder hört. Dennoch dürfen wir nicht den Fehler machen, uns vor diesen Dingen zu verschließen, nur weil wir sie uns bisher nicht erklären können oder uns die Souveränität fehlt, um uns mit ihnen auseinanderzusetzen.

Fest steht: Wir brauchen einen guten Kontakt mit der weisen Stimme in uns. Einer Stimme, die in jedem von uns steckt, die uns stärkt und Orientierung schenken kann. Über die menschliche Intuition wissen wir, dass sie mit zunehmender Lebenserfahrung, steigendem Bewusstsein und gezieltem Training zu einem Werkzeug wird, auf das wir uns mit jeder neuen Erfahrung besser und besser verlassen können. Ich meine damit nicht die inneren Saboteure und Schweinehunde, die uns davon abhalten, unser Leben vorwärts zu leben, sondern die inneren Impulse, die uns sehr genau sagen können, welches die nächsten Schritte sind und wohin unser Weg uns führt. Intuitive Impulse können so kraftvoll sein, dass sie uns Respekt einflößen. Und manchmal müssen wir viel Mut aufbringen, um ihnen zu folgen. Erstens, weil wir es uns angewöhnt haben, eher rationalen Analysen als der Intuition zu vertrauen. Und zweitens, weil unsere Intuition uns daran erinnert, dass viel mehr machbar ist oder auch ganz andere Wege möglich sind, als wir herbeidenken können. Unsere Intuition schenkt uns Inspiration, wo der Verstand uns bezwingt, kleinhält oder gar versagt. Was also hindert uns daran, uns gezielt mit unserer inneren Stimme vertraut zu machen, unser inneres Informationsnetzwerk zu stärken und die intuitive Kommunikation zwischen der inneren und der äußeren Welt zu trainieren?

Übung: Die innere Stimme trainieren

Unsere innere Stimme hat die unterschiedlichsten Namen: innerer Beobachter, Intuition, Bauchgefühl, sechster Sinn, Gespür, ein guter Riecher oder auch Instinkt. Sie schenkt uns (Vor-)Ahnungen, Bewusstsein, Herzgedanken, Geistesblitze, Impulse, Vorhersagen, Fantasie, Eingebungen, Wahrheiten, Hinweise und wertvolle Einsichten, Erkenntnisse sowie starke emotionale Energie. Obwohl diese Stimme von großer Bedeutung ist, nehmen wir sie oft nicht wahr oder schieben ihre Botschaften beiseite. Es kommt vor, dass die Impulse aus unserem Inneren im Konflikt mit unseren Überzeugungen und Werten stehen oder wir sie rational betrachtet für falsch oder unsinnig halten. Unsere Intuition kann uns auch viel Mut abverlangen, weil sie dazu einlädt, Neuland zu betreten und Pfade zu beschreiten, die wir noch nie gegangen sind. Wenn Sie die Verbindung zu Ihrer inneren Welt vernachlässigen, verlernen Sie, die Botschaften, die Sie bekommen, zu entschlüsseln und richtig einzuordnen. Machen Sie sich aber regelmäßig mit Ihren inneren Gedanken und Eingebungen vertraut und bleiben Sie mit ihnen in Kontakt, lernen Sie zwischen positiven Impulsen, die Sie weiterbringen, und negativen Innerer-Schweinehund-Saboteuren, die Sie in Ihrer Entwicklung eher hemmen, zu unterscheiden. Schließen Sie Freundschaft mit Ihrer inneren Stimme und öffnen Sie sich für ihre Empfehlungen und Hinweise. Je öfter Sie ihr lauschen, desto sicherer werden Sie darin, die Botschaften zu deuten. Vertrauen Sie darauf, dass Ihre innere Stimme ein starker Partner ist. Was dabei helfen kann:

- Führen Sie ein Intuitionstagebuch oder schreiben Sie sich einzelne innere Impulse auf.
- Reflektieren Sie einerseits, wie sich die Dinge entwickeln, wenn Sie einem inneren Impuls folgen.
- Beobachten Sie andererseits, was passiert, wenn Sie eine Entscheidung auf rationaler Basis treffen.

»Ach, wäre ich doch nur meinem Impuls von vorhin gefolgt!« Kennen Sie solche Gedanken? Mir passiert es immer mal wieder, dass ich zu spät merke, dass da ein Hinweis durch mich hindurchgeflossen ist, dem ich hätte folgen können, um in einem guten Flow an mein Ziel zu kommen – weil ich zu gestresst war, weil ich abgelenkt war, weil ich den Fokus zu sehr im Außen oder im Verstand hatte, statt in mir zu ruhen und meiner inneren Welt Gehör zu schenken.

Je besser Sie mit Ihrer inneren Stimme in Kontakt kommen, sich Ihre Körperreaktionen und Gefühle bewusst machen und diese lernen zu deuten, desto leichter können Sie Entscheidungen treffen und die gewünschten Ergebnisse erzielen. Mit etwas Übung werden Sie sicher im Umgang mit Ihrer inneren Stimme, beziehen die Impulse Ihrer inneren Welt automatisch mit ein und können sich im Leben besser orientieren.

Gab es Situationen, in denen Ihre Intuition Ihnen einen wertvollen, vielleicht sogar lebensverändernden Impuls gegeben hat? Schreiben Sie spontan auf, was Ihnen einfällt.

▶ ______________________________

▶ ______________________________

▶ ______________________________

▶ ______________________________

▶ ______________________________

▶ ______________________________

Intuition bei der Arbeit

Bei der Arbeit bilden Intuition und Planung übrigens ein geniales Team. In meinem Arbeitsalltag nutze ich beides bewusst. Denn Planung hin oder her: Wenn es um Arbeit geht, können wir mit einiger Gewissheit davon ausgehen, dass wir nie wirklich fertig werden. Kaum ist eine Aufgabe erledigt, sind die nächsten bereits auf dem Tisch. Oder wir sorgen selbst dafür, dass wir unablässig neue Projekte an Land ziehen. Um da den Durchblick zu bewahren, reicht ein guter Plan oft nicht aus. Zum einen wird die Arbeitswelt immer kommunikationsintensiver und komplexer. Zum anderen steigen die Chancen, Arbeit aktiv mitzugestalten – nicht nur als Selbständige, Freiberufler oder Unternehmer. Auch immer mehr Angestellte sind durch den digitalen Wandel, größere Mobilität und agiles Arbeiten mit neuen Strukturen und Arbeitsweisen konfrontiert. Sie sind gezwungen umzudenken, sich neu zu organisieren, dazuzulernen und Fähigkeiten zu nutzen, die bisher nicht explizit gefragt waren.

Dabei stellen sich immer wieder die gleichen Fragen: Wie teile ich mir meine Zeit ein? Wann ist der richtige Zeitpunkt, eine Aufgabe zu erledigen? Was ist heute wichtig, was diese Woche? Gibt es etwas, das ich diesen Monat erreichen möchte oder muss? Wie gehe ich damit um, wenn etwas Dringendes dazwischenkommt und mein Plan nicht aufgeht? Hier kommt die Intuition ins Spiel. Der Plan steht für die Ebene des Verstandes, die Intuition steht für die Kraft der Emotionen. In der Intuition verbinden sich Erfahrungen, Körperwahrnehmungen und Gefühle. Dieses Powerteam gibt uns Impulse. Das können innere Bilder sein oder Gedanken, die sich plötzlich und überraschend klar und deutlich zeigen, ohne dass sie aus einer logischen Kette von Gedanken entstanden sind.

Auch auf die Zeichen Ihres Körpers können Sie achten. In wichtigen Situationen sind diese Zeichen oft gar nicht so fein, sondern geben Ihnen vielmehr ein sehr deutliches Feedback: tiefe innere Freude, das Gefühl, angekommen zu sein, ein Energieschub, Kribbeln im Bauch, plötzliche positive Aufregung, Tränen der Erleichterung, ein unkontrollierbares Grinsen im Gesicht, unbändige Neugier, das Gefühl, dass alles ganz richtig und schon Realität ist, obwohl Sie sich gerade eben erst für etwas entschieden haben, oder den Eindruck, dass Sie jemanden schon ewig kennen, obwohl Sie ihm erst vor fünf Minuten begegnet sind.

Umgekehrt läuft es natürlich genauso: Grummeln im Bauch, plötzliche Übelkeit, Enge in der Brust oder im Oberbauch, spontane Müdigkeit oder Energieverlust, das Bedürfnis, sich setzen zu müssen, diffuse Schmerzen im Körper, die Sehnsucht, woanders sein zu wollen, innere Abwehr und Gefühle des Ekels, Stirnrunzeln, nicht mehr klar denken können. All das sind Zeichen, die im Grunde sehr deutlich zeigen, was Sache ist.

Doch Achtung! Unangenehme Zeichen des Körpers sind nicht immer auch Zeichen dafür, dass wir etwas vermeiden sollten. Manchmal sind es auch genau diese Botschaften des Körpers, die es zu durchleben gilt, wenn wir neue Wege gehen oder Dinge tun, die wir noch nie getan haben. Es ist sehr wahrscheinlich, dass Sie Schritte, die für Ihren Lebensweg sinnvoll gewesen wären, nicht gegangen sind, weil emotionale Blockaden und Körperreaktionen Sie daran gehindert haben. Jetzt gilt es hinzuspüren und eine weise Entscheidung zu treffen: Handelt es sich um ein gesundes »Achtung« meines Körpers? Oder ist es an der Zeit, durch unangenehme Empfindungen hindurchzugehen, alte emotionale Muster sowie ihre Wirkung auf den Körper aufzulösen und so die innere Sperre zu transformieren? Damit Sie ein sicheres Gespür dafür bekommen, wann Sie wie mit welchen inneren Zeichen umgehen sollen, ist es wichtig, sich mit Ihrer inneren Welt und Ihren Emotionen vertraut zu machen. Und immer auch, sich mit Menschen darüber auszutauschen.

Ihre Intuition kann Ihnen dann Orientierung geben, wenn sie mit Ihrem Verstand nicht weiterkommen. Außerdem ist sie schneller als der Verstand. Ich empfinde meine Intuition jedenfalls als eine echte Kompetenz und nutze sie immer öfter bewusst. Ein Beispiel:

Bei einer Kundin schlummerte ein Projekt, das noch nicht ganz ausgereift war. Ich hatte mich schon länger nicht mehr bei ihr gemeldet, und nun stand eine Sommerpause an. Es waren viele Dinge liegengeblieben und zu erledigen. Wir waren gerade umgezogen und die Kinder hatten schon Ferien. Mein Plan war schon seit längerem aus dem Takt. Kurz gesagt: Es war gerade eine herausfordernde Zeit. Als ich den Laptop schon zuklappen wollte, entschied ich mich spontan, meiner Kundin in genau diesem Moment eine E-Mail zu schreiben. Das klingt erst einmal nach keinem großen Ding. Aber als ich am nächsten Tag ihre Antwort las, wusste ich, dass ich dank meiner Intuition den richtigen Zeitpunkt erwischt hatte. Denn meine Kundin schrieb: »Hallo Kathrin, wie schön, von Dir zu lesen. Ich bin schon auf dem Sprung in den Urlaub. Bin in drei Wochen wieder da. Freue mich schon, dann mit Dir zu telefonieren.« So hatte sie vor ihrem Urlaub noch einmal von mir gehört und ich wusste, wann ich sie wieder erreichen kann, und setzte mir direkt eine Wiedervorlage.

Planung allein reicht nicht aus und wird immer öfter gestört in unserer schnelllebigen, reizintensiven Welt voller Unterbrecher. Aber sie leistet gute Dienste als Basis, die den Rahmen schafft und uns fokussiert: Wo will ich hin? Was ist wichtig? Welche Aufgaben sind zu erledigen? Wie ist die Timeline?

Ohne Planung und Fokussierung könnte Ihnen Ihre Intuition bei der Arbeit keine zielgerichteten Impulse und bei unvorhergesehenen Störungen keine Orientierung geben. Und ohne klare Impulse aus Ihrem Inneren würden Sie häufig vermeintlich wichtige Dinge tun, die Sie eigentlich gar nicht tun möchten und die Sie unnötig viel Energie und damit auch Zeit kosten. Planung und Intuition ergänzen sich also wunderbar.

Anders formuliert: Ohne gute Planung und ohne Aufgaben- und Terminmanagement wäre ich aufgeschmissen. Ohne meine Intuition bei der Fülle der Anforderungen allerdings auch. Die Mischung macht's!

Vergebung – Wie wir Werte wandeln und Wandel leben können

Im Frieden mit sich und der Welt sein – das ist leichter gesagt als getan. Doch warum ist das so? Warum fällt es uns oft schwerer, als uns lieb sein kann, das Wissen über konstruktive Lebensführung umzusetzen und in der Tiefe zu integrieren? Warum wenden wir uns so oft gegen unsere innere Stimme, obwohl wir den Weg im Grunde schon kennen? Warum sträuben wir uns gegen unsere innere Weisheit?

Mir ist in den letzten Monaten bewusst geworden, dass es vor allem unsere eigenen Werte oder die Werte anderer sind, die uns im Weg stehen. Und wenn es um Werte geht, spielen sowohl unsere familiäre Prägung als auch die gesellschaftliche Sicht darauf, was richtig und rechtens ist, eine große Rolle.

Familienbande – das Erbe unserer Vorfahren

Viele Schritte, die ich in meiner Herkunftsfamilie als Erwachsene selbstbestimmt gemacht habe, stießen auf Widerstand. Zwar fühlte ich mich jedes Mal, wenn ich mich durchgesetzt hatte, ein Stück freier, doch es weckte in mir auch das Bedürfnis, verstehen zu wollen, woher ich kam. Ich spürte, dass ich das nicht nur wissen, sondern auch emotional integrieren musste, um meine Familiengeschichte annehmen zu können.

Der ständige Kampf mit uns und der Welt steckt nicht nur in unseren Genen, sondern auch in unseren Werten.

Meinen Großeltern väterlicherseits bin ich als Kind, als Jugendliche und als Erwachsene immer wieder begegnet. Beide sind noch Urgroßeltern geworden – auch wenn mein Opa ein paar Monate nach der Geburt meiner großen Tochter gestorben ist. Das Verhältnis zu meinen Großeltern war als Kind gut. Ab und an habe ich meine Ferien in dem kleinen alten Haus in der niedersächsischen Provinz verbracht. Ein Haus mit Kartoffelkeller und einem Klo, auf dem es immer zu kalt war. Und einem Anbau mit einem viel zu kleinen Stall, in dem mein Opa ein Pferd hielt. Es gab einen Kutschwagen und eine kleine Weide und irgendwann gab es auch eine Nachbarin, die mir das Reiten beibrachte. Das war eine schöne Zeit, die ich sehr genossen habe, zumal es in meiner Herkunftsfamilie keine weiteren Kinder gab. Systemisch betrachtet war das eine ungute Situation – alle Aufmerksamkeit fokussierte sich auf mich. Auf Familienfesten war ich sehr oft das einzige Kind und immer mit älteren Menschen zusammen.

Als Jugendliche wurde das Verhältnis schwieriger, denn ich hörte von meinem Vater nichts Gutes über meine Großeltern. Körperliche Züchtigungen und ein rauer Ton waren an der Tagesordnung gewesen. Wer daran nicht verzweifeln wollte, musste sich innerlich hart machen können. Und so habe auch ich gelernt: »Nur die Harten kommen in den Garten.« Heute weiß ich, auf welcher Basis meine strenge Erziehung fußt und warum meine Großeltern oder Eltern meinen Empfindungen manchmal nicht gerecht werden konnten. Das hat mir geholfen, ihnen trotz meiner Verletzungen vergeben zu können. Geholfen hat mir auch, dass ich sowohl meinen Opa als auch meine Oma kurz vor ihrem Tod noch einmal besucht habe. Mein Opa lag auf der Palliativstation und ist zwei Tage später gestorben. In keinem einzigen Moment war ich ihm näher gewesen als in der kurzen Zeit, in der ich an seinem Sterbebett gesessen und ihm seine Hand gehalten habe. Die Härte des Lebens war von ihm abgefallen. Diese Begegnung war für mich eine besondere Erfahrung. Ein paar Wochen vorher hatte es ein Familientreffen gegeben, auf dem er meinem Mann seine Lebensgeschichte in Kurzversion erzählte. Geschichten von Krieg, Vertreibung, Flucht, Mangel, Hunger und viel harter Arbeit. Mein Opa hat sein Leben nicht genießen können und war auch am Ende nicht glücklich. Die Sehnsucht nach seiner Heimat Pommern ließ ihn nie los. Mein Mann hatte den Eindruck, dass es meinem Opa ein tiefes Bedürfnis war, sich all das von der Seele zu reden. Vermutlich hat er da schon gespürt, dass sich sein Leben dem Ende zuneigt. Es ist wichtig, über Gefühle zu sprechen und sich verletzlich zeigen zu dürfen. Gerade für Menschen, die sich so massiv gegen ihre hohe Sensibilität stemmen mussten, um zu überleben.

Wenn wir den Mut haben, den Raum der Verletzlichkeit zu öffnen, werden Begegnungen wahr, die wir uns immer gewünscht, aber nicht für möglich gehalten hätten.

Die letzte Begegnung mit meiner Oma war ebenso besonders. Als ich sie zwei Monate, bevor sie starb, mit meinem Mann und meinen zwei Töchtern im Pflegeheim besuchte, sprachen wir über das Abschiednehmen vom Leben. Es gab Raum für Tränen, ich habe ihre Hand gehalten, ihre Wange gestreichelt und ihr zugehört. Sie hat ihre Urenkel noch einmal sehen können und zwei Stunden Zeit mit uns verbracht. Das Zusammensein hat ihr gutgetan. Mehr als das. Ich erinnere mich noch genau daran, wie oft sie sich bedankt hat, dass wir uns alle auf den Weg zu ihr gemacht hatten: »Dass ich das noch erleben darf, mein Kind. Es ist so schön, dass ihr da seid.« Das sind die letzten Worte, die mir von ihr in Erinnerung geblieben sind.

Auch für uns war der Besuch bei meiner Oma wichtig – vor allem für meine Kinder. Während meine Eltern mich von dem Thema Tod bewusst ferngehalten haben, wird meinen beiden Mädchen diese Erfahrung helfen, ein natürlicheres Verhältnis zum Lebensende zu bekommen. Für sie ist der Tod kein Tabu, sondern gehört zum Leben dazu. Als meine Oma beerdigt wurde, haben sie einen Strauß mit Sommerblumen und einen Sommerblütenkranz – eigentlich ein Kopfschmuck – an das Grab gelegt. Ich habe ihn extra binden lassen – als Symbol für all die Sehnsüchte der jungen Frau, die meine Oma einmal gewesen war, und all ihre Mädchenträume, die nicht in Erfüllung gehen konnten.

Genauso, wie der Tod zum Leben gehört, lässt sich die Tatsache, dass das Leben unserer Vorfahren für uns eine Rolle spielt, nicht mehr wegdiskutieren. So zeigt beispielsweise die Forschung zur Epigenetik,[15] dass Traumata von einer Generation an die nächste weitergegeben werden können. Die Studien machen uns bewusst, dass in unseren Genen auch die Erfahrungen unserer Ahnen stecken und somit auch unser Leben beeinflussen.

Nur was uns bewusst ist, können wir verändern.

Es lohnt sich also, sowohl einen Blick in die Vergangenheit Ihrer Vorfahren zu werfen als auch in Ihre eigene. Was wissen Sie über Ihre Familiengeschichte? Was haben Ihre Eltern, Ihre Großeltern und Ihre Urgroßeltern erlebt? Die folgende Anregung zur Selbstreflexion gibt Ihnen einige Leitfragen an die Hand, die Sie bei Ihren Nachforschungen und Ihrer Innenschau begleiten und unterstützen.

15 Epigenetik befasst sich mit der Frage, welche Faktoren die Aktivität eines Gens und damit die Entwicklung der Zelle zeitweilig festlegen. Es geht unter anderem darum, inwiefern Umweltfaktoren außerhalb der DNA Veränderungen im genetischen Ausdruck beeinflussen.

Übung: Die Sensibilität meiner Ahnen

Jeder Mensch ist in ein Familiensystem hineingeboren, das ihm seine ganz spezielle Prägung verliehen hat. Nehmen Sie sich die Zeit, sich Ihre Herkunft genau anzuschauen und sich ein paar Fragen zu den Menschen zu stellen, zu denen Sie in Ihrer Kindheit engen Kontakt hatten. Setzen Sie sich an Ihren Lieblingsplatz, nehmen Sie Papier und Schreibzeug zur Hand und überlegen Sie:

- Wem in der Familie bin ich ähnlich? Mutter, Vater, Geschwistern, Oma, Opa, Tante oder Onkel?
- Gibt es Menschen, die zwar nicht zur Familie gehören, aber eine große Bedeutung für mich haben?
- Zu wem habe oder hatte ich eine besondere Verbindung?
- Welche Familienmitglieder waren eher unsensibel, welche eher sensibel?
- Wer hat sein wahres Gesicht nie gezeigt?
- Mit welchem Menschen verbinde ich schöne Begegnungen?
- An wen oder an welche Erlebnisse erinnere ich mich nur ungern?
- Welchen Gefahren oder schwierigen Situationen waren meine Vorfahren ausgesetzt? Und wie haben die Ereignisse die Persönlichkeit und das Verhalten meiner Ahnen geprägt?
- Welchen Einfluss haben die Lebenswege meiner Ahnen auf mich?

Machen Sie sich Notizen und sprechen Sie auch mit Ihrem Partner, mit Freunden oder Familienmitgliedern darüber, was Sie bewegt. Wenn Sie die Lebenswege Ihrer Vorfahren nicht kennen, dann fragen Sie sie – wenn möglich – direkt oder bitten Sie andere Verwandte, Ihnen zu erzählen, was sie wissen. Sollten Sie bei Ihrer Recherche mit Erinnerungen, Gefühlen oder Traumata konfrontiert werden, bei denen Sie sich psychologische oder therapeutische Begleitung wünschen, dann sorgen Sie gut für sich und holen Sie sich die Unterstützung, die Sie brauchen.

Mit dem Wissen, was die Menschen unserer Herkunftsfamilien und somit auch uns bewegt und geprägt hat, bekommen wir kein Rezept für sofortige Vergebung eventueller Verletzungen an die Hand. Das, was wir als ungerecht und entwürdigend empfunden haben, verschwindet nicht von heute auf morgen aus unserer Geschichte, sondern wird immer ein Teil von uns bleiben. Aber es wird einfacher, auch die schwierigen Zeiten zu akzeptieren und wertzuschätzen. Wir können lernen, zu uns selbst und zu anderen milder zu sein, weil unser Bewusstsein für den Zusammenhang zwischen den Generationen steigt. Machen wir das Beste daraus!

Einen Hinweis möchte ich Ihnen unbedingt noch mit auf den Weg geben, wenn Sie sich Ihre Familiengeschichte anschauen: Machen Sie sich immer wieder bewusst, dass Sie allein die Verantwortung für sich tragen und jederzeit entscheiden können, wie Sie die Erkenntnisse für sich nutzen. Ja, es gibt Phasen, in denen wir verletzt und wütend sein dürfen, in denen das innere Kind so richtig durch die Gegend tobt und sich kaum noch beruhigen will oder im Tal der Trauer oder Verzweiflung versinkt. Wichtig ist, dass wir diese Phase überwinden und unser »kleines Ich« irgendwann liebevoll in den Arm nehmen und beschützen. Nur dann können wir in einen nachhaltigen Prozess der Vergebung kommen, um neue Türen für unsere Entwicklung zu öffnen. Sollte Sie ein traumatisches Erlebnis oder ein Entwicklungstrauma immer wieder aus der Balance bringen, empfehle ich Ihnen von Herzen, sich fachliche Hilfe von außen zu holen und auch mit anderen Menschen, denen Sie vertrauen, darüber zu sprechen. Denn Verbundenheit heilt …

Jeder, der schon einmal die Erfahrung gemacht hat, dass er mit dem, was ihn beschäftigt, gehört wird, weiß, wie wichtig es ist, sich mit Empathie auf seinen Gesprächspartner einzustellen und es auszuhalten, dass er eine andere Meinung hat (die vielleicht sogar schmerzt). Besonders herausfordernd ist dies, wenn unser Wertesystem betroffen ist. Leider fehlt in der Breite der Gesellschaft die emotionale Kompetenz, mit der zunehmenden Radikalisierung umzugehen. Viele Menschen lassen sich sehr leicht provozieren und reagieren auf radikale Statements und Verhaltensweisen oft ebenfalls radikal. Sie verurteilen, schimpfen, hetzen und zetern und verhärten damit die Fronten. So werden wir jedoch niemals weiterkommen!

Stattdessen müssen wir schauen, wo die Wurzel der Radikalisierung steckt. Dort müssen wir ansetzen, wenn wir ein Umdenken in die Wege leiten wollen. Denn die Voraussetzung dafür, dass Menschen bereit sind, einen neuen Blick auf ihre Überzeugungen zu werfen oder sie zumindest zu überdenken, ist, dass sie sich anerkannt und gesehen fühlen. Erst danach ist der Weg frei für Reflexion. Solange wir darauf beharren, dass unsere Meinung die einzig richtige ist, befeuern wir Konflikte und verschließen uns automatisch vor Menschen, die andere Werte haben. Oder wir empfinden diejenigen als Bedrohung, die nicht in unsere Wertewelt passen. Wir versuchen viel zu oft, unser Gegenüber von unserer »Welt« zu überzeugen, statt ihm zuzuhören und zu versuchen ihn zu verstehen. Es ist unsere Aufgabe, die Überforderung im Umgang mit Sensibilität, Gefühlen und Werten gleich welcher Couleur aufzulösen und die fehlenden Kompetenzen wieder zu erlernen!

Weil Systeme von Menschen gemacht sind, können Menschen sie auch verändern.

Einer der Gründe, warum wir uns so oft im Kampf mit uns selbst und anderen befinden, steckt natürlich im System. Im System der Konkurrenz. Im System der Angst. Jeder, der den Krieg in sich selbst beendet, stiftet Frieden. Das erfordert zuallererst den Mut, sich die eigenen Schatten anzuschauen – und zwar nicht nur die, die wir selbst auf unser Leben geworfen haben, sondern auch die, die unsere Ahnen uns mitgegeben haben. Wir müssen unser Denken, unsere Glaubenssätze und unsere Werte hinterfragen und notfalls auf den Kopf stellen, unsere emotionale Welt bewusst integrieren, die Fähigkeit unseres Körpers (zum Beispiel zu Selbstheilung und Energielenkung) wiederentdecken, Verantwortung für uns selbst übernehmen und lernen, all das bewusst miteinander zu verknüpfen. Dann kann sich die Welt verändern – im Kleinen und im Großen. Dort, wo das heute schon passiert, entstehen faire und ökologische Arbeitsprozesse, starke Gemeinschaften, soziale Projekte, Lernwelten und Modelle, die neue und ganzheitliche Perspektiven schaffen.

Neue Werte setzen

Wie wir unser Leben als Einzelne, als Familien, als Organisation oder als Gesellschaft gestalten, hängt davon ab, welche Überzeugungen und Werte wir in uns tragen – wobei es keine Rolle spielt, ob wir sie quasi selbst entwickelt oder von anderen übernommen haben. Sie bestimmen uns selbst dann, wenn sie uns gar nicht bewusst sind, ja sogar, wenn sie nicht zu unseren Bedürfnissen passen. Das ist beispielsweise dann der Fall, wenn wir uns dem Mainstream anschließen, ohne zu reflektieren, was für uns und unser Leben wichtig und richtig wäre.

Die Ersten, von denen wir unhinterfragt Werte übernehmen, sind natürlich unsere Eltern. Später übernehmen wir vielleicht die von Freunden, zu deren Gruppe wir gehören wollen. Diese beiden Wertewelten gehen oft weit auseinander, und es gehört zur Persönlichkeitsentwicklung dazu, sich auf der einen oder anderen Seite (oder auch zwischendrin) zu positionieren – und gegebenenfalls zu rebellieren. Je intensiver die Eltern das Gespräch mit ihren Kindern suchen, je besser es ihnen gelingt, sich in ihre Lebenswelt einzufühlen, desto größer ist die Chance, dauerhaft in einem guten Kontakt zu bleiben. Dieses Muster lässt sich auf alle Konfliktsituationen anwenden. Auch ich, die ich mit diesem Buch ein Plädoyer für die menschliche Sensibilität schreibe, möchte offen bleiben für das, was anderen Menschen wichtig ist, wie sie zu diesem Thema stehen und welche möglichen Einwände sie haben. Je wertschätzender andere Meinungen an mich herangetragen werden, desto leichter fällt es mir, mich zu öffnen und zuzuhören. Es ist ganz einfach: Bevor Menschen sich aufeinander zubewegen können, müssen sie sich angenommen fühlen – so, wie sie gerade sind. Erst dann kann ein Prozess der Veränderung angestoßen werden, bei dem konstruktive und gemeinsame Wertewelten und Erfahrungsräume entstehen.

Werfen wir doch einmal einen Blick auf den Status quo unserer Wertewelt. Welche Personen und welche Erfahrungen haben dazu

Übung: Werte und Glaubenssätze gestern und heute

Ist es für Sie in Ordnung, auch mal schwach zu sein? Welche Erwartungen haben Sie an Ihre Leistung? Worüber definieren Sie Ihren Selbstwert? Gehen Sie offen mit Gefühlen um? Können Sie darüber sprechen? Welche Herausforderungen begegnen Ihnen in Ihrem Leben immer wieder? Die Antworten, die Sie auf diese Fragen geben, basieren nicht zuletzt auf Ihren Erfahrungen. Wenn Sie Ihr inneres System verändern und auch im Außen einen Wandel bewirken möchten, sollten Sie ganz bewusst hinschauen, was Sie prägt.

Eine Übersicht mit möglichen Werten finden Sie in der Tabelle rechts. Fehlt ein für Sie wichtiger Wert, ergänzen Sie ihn einfach. Wenn Sie Zeit und Lust haben, können Sie jeden Wert auf eine Karteikarte schreiben, damit Sie etwas in der Hand haben, womit Sie »spielen« können. Spielen ist ohnehin ein gutes Stichwort. Es geht nicht um ernste Arbeit, sondern darum, zu fühlen und zu entdecken, was Sie antreibt und was Ihnen wichtig ist. Die Karten können Sie immer wieder nutzen, wenn Sie eine »Standortbestimmung« machen wollen. Denn nichts bleibt, wie es ist, und Sie werden immer wieder merken, dass sich Ihre Werte und Erfahrungsräume wandeln (wollen).

beigetragen, dass sie so ist, wie sie ist? Wollen wir daran festhalten? Oder sehen wir bei dem einen oder anderen Punkt Änderungsbedarf? Falls ja: Welche unserer Werte müssten wir überdenken, damit wir unser Leben so verändern könnten, wie wir es uns wünschen? Mit den Anregungen zur Selbstreflexion auf den Seiten 98 bis 102 können Sie einen Raum für Ihre Wertewelt, Ihre Erfahrungsräume und Ihre Überzeugungen öffnen. Ein Tipp: Sie brauchen dafür Ruhe, Zeit und die Bereitschaft, Ihren Erlebnissen, Zielen und Wünschen vor allem emotional zu begegnen. Ich wünsche Ihnen von Herzen eine erkenntnisreiche Zeit.

Abenteuer	Abwechslung	Achtsamkeit	Akzeptanz
Authentizität	Balance	Beharrlichkeit	Bescheidenheit
Bewusstsein	Dankbarkeit	Demut	Disziplin
Ehrlichkeit	Einfachheit	Emotionalität	Empathie
Engagement	Entspannung	Erfolg	Erkenntnis
Familie	Fitness	Flexibilität	Freiheit
Freundschaft	Frieden	Gelassenheit	Geld
Gemeinschaft	Genügsamkeit	Genuss	Gerechtigkeit
Gesundheit	Glaube	Gleichwertigkeit	Großzügigkeit
Hilfsbereitschaft	Hingabe	Humor	Integrität
Kooperation	Kreativität	Leidenschaft	Leistung
Liebe	Loyalität	Macht	Mobilität
Nachhaltigkeit	Natürlichkeit	Natur	Neugier
Offenheit	Ordnung	Realismus	Ruhe
Ruhm	Schönheit	Selbständigkeit	Sensibilität
Sicherheit	Sinn	Spaß	Spiritualität
Stabilität	Stärke	Stille	Toleranz
Transparenz	Treue	Unabhängigkeit	Ursprünglichkeit
Verantwortung	Verbundenheit	Verlässlichkeit	Vertrauen
Weisheit	Wertschätzung	Wissen	Wohlstand

1. Werte aus Kindheit und Jugend

Im ersten Schritt geht es um Ihre Kindheit und Jugend. Die Fragen, die Sie sich dazu stellen können, sind diese hier:

- Welche Werte haben mich in der Kindheit geprägt?
- Was habe ich von meinen Eltern oder anderen wichtigen Bezugspersonen gelernt oder übernommen?
- Was habe ich in meiner Kindheit erlebt?
- Schreiben Sie alle Werte, die Ihnen aus Ihrer Kindheit und Jugend vertraut sind, auf eine Karte. Wenn Sie fertig sind, kommt der zweite Schritt: Filtern Sie drei bis sieben Werte heraus, die Sie am stärksten geprägt haben und auch heute noch beeinflussen – ganz gleich ob positiv oder negativ.

Wenn Ihnen während der Fokussierung Episoden aus Ihrem Leben oder prägende Sätze in den Sinn kommen, schreiben Sie diese ebenfalls auf. Es kann sich um Glaubenssätze oder Schlüsselsituationen handeln, die einen großen Effekt auf Ihren weiteren Lebensweg hatten. Sie können auch erst in Ruhe die Werte auswählen und sich anschließend Gedanken über Glaubenssätze und Erwartungen machen, die mit Ihren Werten zusammenhängen. Schreiben Sie diese Glaubenssätze auf.

2. Jetzt-Werte

Nachdem Sie sich mit den Werten aus Ihrer Kindheit beschäftigt haben, öffnen Sie einen neuen Raum für folgende Fragen:

- Welche Werte prägen meine Gegenwart?
- Welche Fragen haben mich dahingebracht, wo ich heute stehe?

Suchen Sie nun wieder alle Werte zusammen. Wenn die Werte aus Ihrer Kindheit auch jetzt noch eine große Rolle spielen, dann brauchen Sie zwei Karteikarten oder schreiben den Wert erneut auf. Reduzieren Sie dann wieder auf drei bis sieben Kernwerte. Achten Sie auch hier wieder auf Erlebnisse oder Kernsätze, die währenddessen auftauchen, und schreiben Sie diese auf.

Sie haben nun die fünf Kernwerte der Gegenwart ausgewählt. Auch die Werte aus Ihrer Kindheit stehen auf Ihrem Zettel bzw. liegen vor Ihnen. Sie dürfen sich jetzt befreien:

- Welche Werte tun mir nicht gut?
- Welche Werte passen nicht zu mir?
- Welche Werte bringen mich immer wieder in Konflikte mit mir selbst, mit anderen oder meinem Umfeld?
- Von welchen Werten möchte ich mich trennen?

Geben Sie sich die Erlaubnis, Altes loszulassen und Platz für Neues zu machen! Werfen Sie die Werte symbolisch oder in Form der Karten über Ihre Schultern hinter sich und schütteln Sie sich aus. Streifen Sie mit Ihren Händen über Ihren Körper und lassen Sie die alten Werte abtropfen. Wenn es Ihnen guttut, können Sie auch duschen gehen oder einen Spaziergang machen. Werte, die sie sehr belastet haben, können Sie als Karte in einer Feuerschale verbrennen oder symbolisch in Form von Steinen, Tannenzapfen, Stöcken oder Blättern in einen Bach, in einen Fluss oder ins Meer werfen. Machen Sie sich frei!

3. Zukunftswerte

Jetzt geht es um Ihre Zukunft – mit diesen Fragen:

- Welche Werte sind mir wichtig, wenn ich an meine Zukunft denke?
- Welche Werte möchte ich meinen Kindern, Enkeln, Nichten und Neffen oder Patenkindern mitgeben?
- Welche meiner bisherigen Werte bleiben bestehen?
- Gibt es Werte, die mir wichtig sind, die ich bisher aber noch nicht zur Grundlage meines Lebens machen konnte?

Überlegen Sie, wo Sie hinwollen und welche Wertebasis Sie dafür brauchen. Beziehen Sie dabei Ihre Art der Sensibilität mit ein. Je nachdem, wie Sie vorher ausgerichtet waren, kann es passieren, dass Ihnen plötzlich Dinge wichtig sind, für die Sie andere in der Vergangenheit verurteilt haben. Wenn zum Beispiel *Leistung* und *Disziplin* in Ihrem Leben eine große Rolle gespielt haben und jetzt *Natur* und *Kreativität* in den Vordergrund rücken, mischen Sie die Karten im wahrsten Sinn des Wortes neu. Dann gilt es, über den eigenen Schatten zu springen und sich für eine neue Perspektive zu öffnen.

Schauen Sie alle Werte noch einmal durch und notieren Sie die, die Ihnen wichtig sind. Fokussieren Sie am Ende wieder drei bis sieben Kernwerte. Vor Ihnen liegt nun die Basis, auf die Sie Ihre weiteren Schritte aufbauen wollen.
Schauen Sie sich nun die Glaubenssätze an, die Sie sich notiert haben. Welche passen in Ihr inneres Team? Und welche stören Ihr inneres Team bei der Arbeit? Für alle Überzeugungen, die Sie bisher begrenzt haben, können Sie neue Formulierungen finden. Zum Beispiel so:
Alter Glaubenssatz: Erfolgreich kann ich nur sein, wenn ich viel leiste und diszipliniert bin.
Neuer Glaubenssatz: Ich bin erfolgreich, wenn ich regelmäßig in der Natur bin und meiner Kreativität Raum gebe.

Empfehlung! Sprechen Sie laut aus, was Ihnen wichtig ist. Achten Sie darauf, was Sie dabei fühlen, und spüren Sie, ob die Energie der Werte und dessen, was Sie formulieren, für Sie stimmig ist. Sie möchten die Übung mit jemandem gemeinsam machen? Dann suchen Sie sich einen Menschen Ihres Vertrauens, der Lust hat, zusammen mit Ihnen auf die Reise zu gehen, und teilen Sie Ihre Erfahrungen mit ihm.

Ich wünsche Ihnen von Herzen einen großartigen Prozess!
Und denken Sie immer daran: Es geht in diesem Prozess
nicht nur um Ihre Werte, sondern auch um den Wert,
den Sie sich selbst geben!

Die Kraft sensibler Werte

Wenn wir uns in der Welt umschauen – vor allem auch fern des medialen Mainstreams –, dann finden wir immer mehr Menschen und Organisationen, die sich für die wichtigen Themen unserer Zeit sensibel zeigen. Sie gehen nicht nur mit wachen Augen und zukunftsfähigen Werten durch die Welt, sondern tun auch etwas, um andere zu mobilisieren und eine Veränderung zu bewirken, sprechen darüber und werden laut – so wie die vielen Kinder, Jugendlichen, Studenten und Wissenschaftler, die sich für das Klima und noch viel mehr engagieren.

Es entsteht ein Kreislauf der Veränderung. Unsere bisherigen Konzepte werden verblassen, wenn die nachfolgenden Generationen ihnen nicht mehr folgen. Als ich Studentin war, war es noch möglich, die Augen vor den Konsequenzen unseres allzu sorglosen Handelns zu verschließen. Noch war nicht mit Händen zu greifen, wohin das Prinzip des Höher, Schneller, Weiter führt. Das ist jetzt anders – und ich glaube und hoffe, dass diese Veränderung rasch an Fahrt aufnehmen wird. Der Umdenkprozess ist nicht mehr zu stoppen. Die Studentin Franziska Hainisch, die auch Mitglied im Jugendrat der Generationen Stiftung ist, formuliert das so: »Die Klimakrise ist ein Symptom eines pathologischen Systems. Es schafft ein Mehr an Angebot, bis wir im Konsum ersticken. Es erzeugt Armut und soziale Ungleichheit. In meiner Generation kommen immer mehr zu der Erkenntnis.«

Je mehr wir jetzt über neue Werte sprechen, desto mehr Menschen bekommen eine Idee davon, dass es so wie bisher nicht weitergehen kann – dank des Engagements von Journalisten oder Dokumentarfilmern, die wichtige Themen aufgreifen, NGO's, unzähligen Bloggern oder Einzel-Initiativen, die sich für ihr Herzensthema einsetzen. Sie alle fangen einfach an, Missstände aufzuzeigen und damit ihre und die Realität anderer Menschen positiv zu verändern.

Sensible Werte wirken. Arbeiten Sie Ihre Erfahrungen und Überzeugungen auf und wählen Sie Ihre Werte weise. Machen Sie sich bewusst, worauf Sie Ihren Fokus richten. Es macht einen großen Unterschied, ob Sie *gegen* Hass und Gewalt kämpfen oder Ihre Energie *für* Frieden und Liebe einsetzen.

Empathie – Warum Kooperation besser ist als Konkurrenz

Was macht uns Menschen zu Menschen? Dieser Frage widmen sich Forscher verschiedenster Fachrichtungen immer wieder. Einer der wichtigsten Aspekte des Menschseins ist sicherlich die Fähigkeit, sich in einen anderen Menschen hineinversetzen zu können – eine Stärke, die unsere soziale Kompetenz beschreibt und uns befähigt, einander zu verstehen und anzunehmen. Wer empathisch ist, nimmt wahr, ob es seinem Gegenüber gut oder schlecht geht, er kann sich mit anderen freuen oder trauern, hört zu, fördert faires Verhalten und ist meist in der Lage, Konflikte friedlich zu lösen. Unsere Empathie ist das Tor, durch das wir gehen, wenn wir das tiefe Bedürfnis jedes Menschen, gesehen und verstanden zu werden, befriedigen wollen.

Auf der Welt gibt es nichts, was weicher und dünner ist als Wasser. Doch um Hartes und Starres zu bezwingen, kommt nichts diesem gleich. Dass das Schwache das Starke besiegt, das Harte dem Weichen unterliegt, jeder weiß es, doch keiner handelt danach.
Laotse

Aber wollen wir das überhaupt? In einer Gesellschaft, die so sehr auf Leistung ausgerichtet ist wie die unsere, gilt zunächst einmal das Prinzip der Konkurrenz. Wo wir auch hinschauen – überall geht es darum, wer die meisten Punkte hat. Wettkampf so weit das Auge reicht. Wer ist der Beste? Die Schnellste? Der Schönste? Die Reichste? Wer steht bei der Siegerehrung oben auf dem Podest? Wer hält den Pokal in der Hand? Mit Empathie lassen sich keine Pokale gewinnen. Weil es um ein

Miteinander geht, nicht um ein Gegeneinander. Darum, mit sich selbst im Reinen zu sein, sich selbst mit Empathie zu begegnen. Wer danach strebt, seinen Lebensweg in Einklang mit seinen ganzheitlich-menschlichen Bedürfnissen zu bringen, und sich für sich selbst einsetzt, übernimmt nämlich in hohem Maße Verantwortung. Alles andere ist auf Dauer ungesund und belastet nicht nur uns selbst und unsere Familie, sondern auch die Solidargemeinschaft. Es macht also absolut Sinn, den »weichen Faktoren« des Lebens den ihnen gebührenden Raum zu geben und uns auf sie einzulassen. Dann fällt der Schritt, auch auf andere mit Empathie zuzugehen, leicht. Was bedeutet er konkret? Empathisch zu sein heißt mitzufühlen, nicht mitzuleiden. Neigen wir dazu, die Probleme anderer zu unseren eigenen zu machen, kann das sogar zum Burnout führen. Was zählt ist also, dass wir unser Mitgefühl stärken. Dr. Olga Klimecki, Neurowissenschaftlerin an der Universität Genf, stellte sogar fest, dass ein »Mitgefühlstraining« die eigene Widerstandskraft fördert. In Sachen Empathie haben wir also die Wahl: Konzentrieren wir uns auf das Leid anderer, überfordern wir uns auf Dauer emotional. Fokussieren wir uns dagegen auf konstruktives Mitgefühl, wachsen unser persönliches Wohlbefinden und unsere innere Stärke. Wer darin geübt ist, mitfühlend auf persönliche Themen, die Probleme anderer oder die Herausforderungen auf unserem Planeten zu schauen, verfällt nicht in Katastrophenstimmung, sondern kann dazu beitragen, Konflikte zu klären und Lösungen zu finden. Und er sorgt dafür, dass wir dem Traum vieler Menschen von einem friedlichen, kooperativen Zusammenleben ein Stück näherkommen.

Jeder ist fähig, etwas zu tun – in seinem Inneren und in der Folge auch im Außen. Empathisch und kooperativ zu sein heißt aber nicht, zu allem Ja und Amen zu sagen und Harmonie zum höchsten Ziel zu erklären. Ganz im Gegenteil: Es bedeutet, emotional kompetent Position zu beziehen und sich aus einer inne-

Wir müssen lernen zu streiten, ohne gegeneinander zu kämpfen.

ren Balance heraus mit Respekt vor uns selbst, vor anderen und vor der Natur für das einzusetzen, was wichtig ist.

Natürlich geht es dabei auch darum, an den richtigen Stellen Grenzen zu setzen, uns nicht von jemandem oder einer Sache vereinnahmen zu lassen und innere Klarheit zu bewahren. Doch wenn wir lernen wollen zu streiten, ohne zu kämpfen, kommen wir nicht umhin, unsere Empathie zu trainieren und bewusst zu nutzen.

Wenn Empathie zum Problem wird

Wir können es mit der Empathie allerdings auch übertreiben. Menschen, die durch ihre hohe Sensibilität ihre Erlebnisse intensiv verarbeiten, bekommen viel mit: Gestik, Mimik, Zwischentöne und Formulierungen – all das saugen sie auf wie ein Schwamm. Für sie ist es einfach zu spüren, wie es ihrem Gegenüber gerade geht und was er oder sie braucht, um sich wohlzufühlen. Sie sind schon ohne viel Training sehr empathisch – quasi ganz von selbst. Vorsicht! In solchen Fällen werden die eigenen Bedürfnisse schnell hintangestellt, weil man emotional und gedanklich mehr bei den anderen ist als bei sich selbst. Das ist wie ein Programm, das automatisch abläuft. Mit Konsequenzen:

Wenn Menschen sich ihrer hohen Empathie nicht bewusst sind und ihr Selbstwertgefühl wenig ausgeprägt ist, erwarten sie von ihren Mitmenschen meist ebenfalls eine hohe Empathie – und werden nicht selten enttäuscht. Dann besteht Verletzungsgefahr für die Seele. Und wer verletzt wird, spricht schnell ein Urteil über den, der ihn verletzt hat. Es kommt zu Stress und Streit. Was eigentlich eine Stärke ist, wird nun zur Schwäche – paradox, aber wahr und gar nicht so unüblich. Balance ist in vielen Zusammenhängen des Lebens und so auch hier die Zauberformel.

Wer von Natur aus sehr empathisch ist, neigt dazu, von anderen zu viel zu erwarten.

Übung: Empathie trainieren

Wenn Sie in den nächsten Stunden oder Tagen mit einer Situation konfrontiert sind, in der Sie Ihr Gegenüber nicht verstehen, dann halten Sie inne und gehen Sie wie folgt vor:

- Vermeiden Sie schnelle Urteile und Streitereien.
- Treten Sie innerlich einen Schritt zurück oder schauen Sie von oben auf die Situation. Sie werden sehen, dass zwei Menschen lediglich ihre Ansichten vertreten.
- Was den einen Menschen bewegt, wissen Sie. Das sind Sie selbst. Aber was bewegt den anderen Menschen? Können Sie sich in den anderen hineinversetzen? Wissen Sie, wie er sich fühlt? Welchen Hintergrund hat er? Was hat er gerade erlebt? Und was hat das mit Ihnen zu tun?
- Kommen Sie mit Ihrem Gegenüber ins Gespräch und finden Sie etwas über seine Beweggründe heraus. Woher rührt seine Meinung? Woher sein Verhalten? Welchen Hintergrund hat das?
- Behalten Sie das Ziel des Gesprächs im Auge. Es geht nicht darum, wer recht hat, sondern darum, sich zu verstehen und gemeinsame Lösungen zu finden: raus aus der Konkurrenz, rein in die Kooperation.

Sie können diese Schritte immer wieder üben. Fangen Sie am besten mit einem Menschen an, dem Sie grundsätzlich wohlgesinnt sind. Auch mit Personen, die uns nahestehen, kann es zu Meinungsverschiedenheiten kommen. Und wenn es da gut funktioniert, können Sie die nächste Schwierigkeitsstufe wählen. Folgen Sie Ihrer Intuition, zeigen Sie Mut, sorgen Sie gut für sich und nehmen Sie sich selbst und Ihr Gegenüber nicht zu ernst. Sollte es Ihnen einmal nicht gelingen, die Brücke zu schlagen, dann kann eine Prise Humor Wunder wirken. Ich wünsche Ihnen viele schöne Erlebnisse bei Ihrem Empathie-Training!

Impuls: Empathie in Balance

Aus einer Überidentifikation mit der Empathie auszusteigen ist möglich und ein Erkenntnis- und Transformationsprozess. Und der geht so:

Wenn Sie sich von dem Anspruch überhöhter Empathie befreien wollen, werden Sie vermutlich über Ihre eigenen Urteile stolpern. Urteile, die Sie über andere Menschen gesprochen haben, weil Sie mehr Empathie erwartet hatten.

1. Um die Empathie wieder auf einem gesunden Level einzupendeln, ist es erforderlich, den Menschen, die uns verletzt haben, zu vergeben. Das gelingt, wenn wir die Urteile, die wir über sie gesprochen haben, revidieren.
2. Revidieren bedeutet anzuerkennen, dass nicht in erster Linie die anderen verantwortlich für unsere Verletzungen sind, sondern wir selbst. Genauer gesagt unsere überhöhten Erwartungen.
3. Wenn Sie das erkannt haben, könnte es sein, dass Sie sich – aus alter Gewohnheit – selbst für Ihr Fehlverhalten verurteilen. Dann revidieren Sie bitte auch gleich dieses Urteil und vergeben Sie sich selbst.
4. **Empfehlung!** Bleiben Sie bitte achtsam mit sich: Es geht in diesem Prozess nicht um richtig oder falsch, besser oder schlechter, Schuld oder Unschuld. Es geht einfach darum, emotional zu verarbeiten, dass Ihre Empathie über das Ziel hinausgeschossen ist.

Sie haben es sicher schon bemerkt – ich spreche aus Erfahrung. Bei mir war es tatsächlich erforderlich, nicht nur anderen zu vergeben, sondern auch mir selbst. Bei mir waren auch ein paar Befreiungstränen nötig, um der Empathiefalle zu entkommen. Heute bin ich sehr dankbar, dass ich nicht mehr ständig unter dem Druck stehe mitzubekommen, wie es anderen geht. Wie mir das gelungen ist, habe ich in dem beschriebenen Transformationsprozess zusammengefasst. Anfangs war es ein komisches Gefühl, nicht immer empathisch auf Empfang zu sein. Es fühlte sich falsch an – manchmal auch heute noch. Doch Schritt für Schritt verstärkt sich die Gewissheit, dass die richtige Dosis Empathie und ein starkes Selbstwertgefühl die Voraussetzungen dafür sind, einander entspannt begegnen zu können und wertschätzende Verbindungen zu knüpfen.

Selbstfürsorge lernen: Wie wir eine gute Basis schaffen

Es war kurz vor Weihnachten. Das Jahr war erfolgreich, anstrengend und wegweisend zugleich gewesen. Aber es war auch das Jahr, in dem ich bereits merkte, dass es mir nicht sonderlich gut ging. Erst kurz zuvor hatte ich entschieden, mich mehr um meine Gesundheit zu kümmern. Aber nicht gerade jetzt! Schließlich gab es noch viel zu organisieren für Familie, Arbeit und Freunde. Dabei wünschte ich mir nichts sehnlicher, als zur Ruhe zu kommen, Zeit mit meinem Mann und den Kindern zu verbringen, ausgedehnte Spaziergänge zu machen oder mich einfach mal wieder einen Abend auf der Couch einzukuscheln und eine Naturdokumentation oder einen Liebesfilm anzuschauen.

Stattdessen stand die Weihnachtsfeier vor der Tür – in unserem Zuhause und damaligen Home-Office. Der Anlass war zwar geschäftlich, dennoch waren alle, die eingeladen waren, uns in Freundschaft verbunden. Insofern war es ein schöner und entspannter Anlass. Dennoch blickte ich der Feier mit gemischten Gefühlen entgegen, weil ich müde war. Ich wollte nicht den ganzen Abend Gespräche führen und zwischen Gästen und Küche hin- und herlaufen, damit jeder gut mit Getränken versorgt ist. Ich spürte, wie Stress aufkam. Ich wurde immer müder und mein Kopf fing an zu brummen.

Statt wie früher unter dem Druck, den ich mir selbst machte, in Tränen auszubrechen, sprach ich dieses Mal meinen Mann an und erzählte ihm, wie es mir geht. Eine Lösung war schnell gefunden. Wir entschieden, die Getränke und die Gläser so bereitzustellen, dass unsere Gäste sich selbst bedienen konnten. Das Essen war ohnehin als Büfett geplant und wurde geliefert. Die Gäste trudelten ein, wir genossen das Essen und ich erlaubte mir, mich zwischendurch immer mal wieder in mein Büro zurückzuziehen oder auf dem Balkon ein paarmal tief durchzuatmen. Mit einer Partylöwin und engagierten Gastgeberin hatte ich an diesem Abend nicht viel gemeinsam, aber das tat der guten Laune der anderen keinen Abbruch. Und so hatte ich es geschafft, erfolgreich für mich selbst zu sorgen – ohne vorher ein Drama zu produzieren. Ich hatte mich nicht darauf fokussiert, was gerade nicht ging, sondern auf das, was ich tun konnte, um den Abend für mich und die anderen so entspannt wie möglich zu gestalten.

Eine Weihnachtsfeier? Eine müde Gastgeberin? Luft raus am Jahresende? Kurz mal sagen, dass es einem nicht gut geht? Ein bisschen umorganisieren? Klingt alles eigentlich ganz einfach, oder? Ja, aber manches ist leichter gesagt als getan, vor allem, wenn alte emotionale Muster dahinterstecken. Dann ist es schon allein deshalb schwierig, weil starke emotionale Erregung unser Denken kurzfristig blockiert.

Aber auch ohne emotionale Erregung bleibt es eine Aufgabe, Dinge anders zu machen als sonst. Es will gelernt sein, Distanz zu den eigenen Ansprüchen oder den Erwartungen anderer aufzubauen, einfach mal andere Wege zu gehen, ein lautes, klares »Nein« in die Welt zu posaunen und sich kurz mal neu zu positionieren. Wie kann es also gelingen, regelmäßig in sich hineinzuhorchen und möglichst gut für sich zu sorgen? Schließlich sind wir es eher gewohnt uns durchzubeißen, Gefühle zu unterdrücken und uns durch die Situation hindurchzumogeln. Dass wir so mittel- bis langfristig unsere Gesundheit aufs Spiel setzen, ist uns dabei häufig noch nicht einmal bewusst.

Höchste Zeit, auf die Bremse zu treten – auf die Perfektionismus-Bremse.

Wenn Sie spüren, dass Sie gerade dringend Zeit für sich bräuchten, aber Verpflichtungen haben, zu denen Sie – so wie ich bei der Weihnachtsfeier – nicht Nein sagen können und wollen, gibt es viele »Escape-Möglichkeiten«, auf die wir nur nicht kommen, weil wir schwarz-weiß denken. Entweder wir schaffen etwas oder wir schaffen es nicht. Entweder sind wir fit oder nicht. Entweder sind wir sensibel oder wir sind unsensibel. Entweder ist etwas gut oder schlecht. Wir bewegen uns mit unseren Erwartungen und Bewertungen unbewusst oft zwischen zwei Extremen und übersehen die vielen bunten Farben, die das Leben zu bieten hat.

Bei der Weihnachtsfeier habe ich einen neuen Weg gewählt und mit meinem Mann darüber gesprochen, wie es mir geht. So wusste er, woran er ist, und hatte eine Erklärung dafür, warum ich mich während der Feier ab und an zurückzog. Indem ich mich ernst nahm und über meine Bedürfnisse sprach, konnte ich meinen Mann mit ins Boot holen. Wo nach altem Muster vielleicht ein Drama entstanden wäre, gab es eine Lösung. Und ich konnte den Abend sogar auf meine müde Art genießen.

Prävention – Wie wir vorsorgen können, statt fahrlässig zu sein

Burnout, Erschöpfungsdepression, Herz-Kreislauf-Erkrankungen und Co. sind allgegenwärtig. Zweierlei lässt sich daran ablesen: zum einen, dass hierzulande hart gearbeitet wird und wir bereit sind, uns auf Biegen und Brechen durchzubeißen, zum anderen, dass wir mit unseren Bedürfnissen nicht sensibel umgehen und Leistung bei uns eine höhere Relevanz hat als nachhaltige Gesundheit. Das ist paradox. Denn wenn wir mehr auf unsere Gesundheit achten würden, wären wir am Ende sogar produktiver.

Und doch definieren wir uns so häufig über Leistung und Arbeit. Interessanterweise steht selbst bei dem Begriff Work-Life-Balance

»Work« am Anfang. Das zeigt sehr deutlich, worauf wir unseren Fokus richten – die Arbeit. Schon in der Schule werden wir darauf getrimmt, dass wir nur genug lernen müssen, damit wir alles richtig machen und die erwartete Leistung bringen können. Etwas falsch zu machen ist keine Wahl. Kein Wunder, dass die Zahl derer, die – zumindest zeitweise – psychosomatische Beschwerden entwickeln, immer weiter ansteigt. Die Zahl der Krankentage wegen psychischer Probleme hat sich in Deutschland innerhalb von zehn Jahren mehr als verdoppelt: von 48 Millionen im Jahr 2007 auf 107 Millionen im Jahr 2017. Auch die Renteneintritte wegen verminderter Erwerbsfähigkeit aufgrund psychischer Probleme nahmen im gleichen Zeitraum rasant zu: von rund 53 900 auf 71 300. Selbst bei Kindern und Jugendlichen ist diese Entwicklung zu beobachten. Studien zufolge entstehen etwa 50 Prozent aller psychischen Erkrankungen bereits vor dem 14. Lebensjahr. Bis zu einem Alter von 18 Jahren steigt dieser Anteil auf 74 Prozent an. Weltweit sollen rund 20 Prozent aller Kinder und Jugendlichen psychische Auffälligkeiten haben.

Solche Studien erfassen zunächst einmal Phänomene, die aus klassischer Sicht als Krankheiten eingestuft werden. Als krank gelten Menschen in unserer Gesellschaft aber immer öfter auch dann, wenn sie im Sinne des Systems nicht richtig »funktionieren«. Sie »stören« die anderen Rädchen im Getriebe. In den letzten Jahren werden immer mehr Krankheitsbilder erfasst, die auf gelbe Scheine geschrieben werden können, obwohl Körper und Seele einfach nur melden, dass sie eine Pause brauchen. Wie wäre es, wenn wir den Spieß einfach mal umdrehen und die Fakten aus einem anderen Blickwinkel betrachten würden: Es gibt immer mehr Erwachsene, Jugendliche und Kinder, die sich in diesem System nicht wohlfühlen und deren Körper und Seelen streiken. Liegt das wirklich

Wenn wir unsere Bedürfnisse nicht ernst nehmen, tun es andere auch nicht.
Marshall B. Rosenberg

daran, dass wir nicht richtig funktionieren? Oder ist es nicht vielmehr so, dass wir tiefgreifende gesellschaftliche Probleme haben, weil unser System nicht mehr richtig funktioniert und erkrankt ist?

Unserer Gesellschaft liegt aktuell noch immer ein Fundament an Werten zugrunde, das von uns ein hohes Tempo fordert. Ein Tempo, das wir auf Dauer nicht halten können und das uns im ungünstigsten Fall unsere Gesundheit raubt. Da bleibt es nicht aus, dass in Zeiten von Beschleunigung, Arbeitsverdichtung, Zeitdruck, erhöhter Aufgabenkomplexität und Kommunikationsoverflow immer mehr Menschen die Erfahrung machen, dass Körper und Seele streiken. Doch das nehmen wir billigend in Kauf. Und kümmern uns fleißig um die Symptome, statt das Problem an der Wurzel zu packen. Vor lauter Fleiß vergessen wir etwas Wesentliches: Jeder Einzelne von uns ist so viel mehr als das, was er jeden Tag leistet.

Fakt ist: Wir stecken mittendrin im System und müssen einen Weg finden, damit umzugehen. Bei uns zu Hause sieht er so aus: Wer eine Auszeit braucht, bekommt sie, wenn wir es irgendwie einrichten können. Selbst wenn es um die Schule geht. Prävention statt warten, bis jemand krank wird. Meine Mädels wissen, dass sie nicht immer funktionieren müssen, und allein das nimmt ihnen schon den Druck. Insgesamt bemühen wir uns als Familie darum, nicht unnötig Gas zu geben. Wir sorgen lieber vor als nach – was allerdings nicht immer gelingt, wenn man die Entscheidung trifft, im System zu bleiben, statt komplett auszusteigen.

Es ist unsere Pflicht, uns zu erinnern, wer wir sind: Wir sind keine Arbeits-Maschinen. Wir sind Menschen.

Ich kann mir vorstellen, dass diese Art zu denken und zu leben auf viele Menschen provokativ wirkt. Wer seit Jahren gewohnt ist, seine sensiblen Seiten zu verdrängen, ganz tapfer die Zähne aufeinanderzubeißen, den Allerwertesten zusammenzukneifen und dabei bewusst oder unbewusst das Risiko, krank zu werden, in Kauf nimmt, für den ist das ein Affront. Aber vielleicht ein bedenkenswerter.

Langsam geht's schneller

Wenn wir weiter durchs Leben hetzen, uns immer weiter optimieren wollen und von uns erwarten, dass wir, ohne Luft zu holen, mehr und mehr erreichen, verlieren wir die Balance aus Anspannung und Entspannung. Wir erwarten von uns, größer und stärker zu sein, als wir tatsächlich sind, und nehmen uns einen Teil unserer Würde, indem wir lieber fahrlässig aufs Gaspedal treten und gegen unsere eigene Geschwindigkeitsbegrenzung verstoßen, statt sinnvoll und weitsichtig mit unseren Ressourcen umzugehen – das gilt übrigens für einzelne Menschen genauso wie für die gesamte Menschheit. Wenn wir dauerhaft ohne Tankstopp unterwegs sind, geht uns der Kraftstoff aus. Wir werden die Erfahrung machen, dass wir so, wie wir sind, nicht genügen. Dass wir die technischen Anforderungen nicht erfüllen. Dass unser »Tank« oder »Akku« nicht groß genug ist. Dass das, was wir können und wer wir sind, nicht ausreicht. Dass wir immer schlechtere Karten im Quartett des Lebens haben. Und weil wir damit nicht allein sein wollen, fangen wir an, uns mit anderen zu vergleichen. Um uns nicht klein zu fühlen, erwarten wir auch von unseren Mitmenschen, dass sie sich ihrer Würde berauben.

Wir brauchen neue Konzepte für das Mensch-Sein.

Zwischen Schmerz und Betäubung

Es ist nur eine Frage der Zeit, bis sich immer mehr Menschen nach weniger Funktionieren-Müssen und mehr Sein-Dürfen sehnen. Weil sie keine Entspannung mehr finden. Weil ihnen die Kraft fehlt, die sie brauchen, um ihren Alltag zu bewältigen. Weil sie in Konkurrenz zu Kollegen stehen und wissen, dass sie ersetzbar sind, wenn sie nicht mehr ihr Soll erfüllen. Weil sie nicht mehr schlafen können. Weil sie immer öfter krank werden. Weil sie Schmerzen haben.

Was passieren kann, wenn der Fokus dauerhaft auf Leistung und Selbstoptimierung liegt, kann man in den USA beobachten. Dort nimmt jeder Dritte täglich Schmerzmittel ein. Viele Menschen sind süchtig nach opioidhaltigen Medikamenten. Jeden Tag sterben knapp hundert Menschen an einer Überdosis. Unter ihnen sind bestimmt auch viele, die sich hart gemacht hatten für den amerikanischen Traum und darüber ihre tiefen inneren Bedürfnisse vergessen haben. Doch das scheint nicht nur auf der anderen Seite des Atlantiks ein Thema zu sein. Denn auch hier in Deutschland greifen immer mehr Menschen täglich zu Tabletten. Circa 15 bis 20 Millionen Menschen in Deutschland leben mit chronischen Schmerzen. Fünf Millionen davon sind dadurch stark beeinträchtigt. Darüber hinaus schätzt die deutsche Hauptstelle für Suchtfragen, dass bis zu neun Millionen Bundesbürger Arzneimittel missbrauchen. Der Missbrauch von Medikamenten ist gegeben, wenn Medikamente zu lange, in zu hoher Dosierung oder ohne medizinische Notwendigkeit eingenommen werden – zum Beispiel, um leistungsfähiger oder »besser drauf« zu sein. Zwischen 1,5 und 1,9 Millionen Deutsche sind von Medikamenten abhängig. Damit nimmt die Medikamentenabhängigkeit in Deutschland Platz 2 auf der Liste der Süchte ein und steht noch vor der Alkoholsucht.

Wer dauerhaft durchrockt, nimmt beim Leben einen Kredit auf, den er später zurückzahlen muss.
Stefan Sohst

Doch was können wir tun für weniger Tabletten und mehr Wohlgefühl? Vielleicht sollten wir wieder lernen, Vertrauen zu uns selbst herzustellen. Vielleicht brauchen wir den Mut, uns mit unserem ureigenen Sensibilitätslevel zu befassen – in jeder Lebensphase. Und vielleicht werden die Situationen, in denen Schmerzen unser Leben dominieren, seltener, wenn wir uns regelmäßig Zeit für uns selbst und unsere zarten Seiten nehmen.

Es ist wichtig hinzuspüren, wenn sich etwas unangenehm anfühlt, und nach der Ursache zu forschen. Symptome zu betäuben und zu verdrängen ist kein heilsamer Weg. Gerade dann, wenn Träume platzen und wir Plan B oder C brauchen, kommt es darauf an, wie gut wir uns selbst kennen. Dann ist es relevant, ob wir wissen, wie wir ticken, wenn es uns gerade nicht besonders gut geht. Oder wie wir mit Schmerzen umgehen und was wir tun können, wenn wir in schwierigen Situationen mit unseren sensiblen Seiten konfrontiert sind. Wie wir mit Krisen umgehen und ob wir am Ende gestärkt oder geschwächt aus ihnen hervorgehen, hängt auch davon ab, wie vertraut wir mit persönlichen Schwächen und herausfordernden Gefühlen sind. Also im Grunde davon, ob wir uns selbst (ver)trauen können. Ob wir uns schon einmal in der Tiefe begegnet sind. Und ob wir Situationen, in denen das Leben uns gerade einen Streich gespielt hat, zum Üben genutzt haben.

Achten wir zu selten auf die Zeichen unseres Körpers und unserer Seele, ist die Wahrscheinlichkeit groß, dass wir den Zugang zu unserer inneren Stimme verlieren. Irgendwann jedoch werden die Zeichen, mit denen Körper und Seele auf sich aufmerksam machen, lauter. Je länger wir sie nicht sehen wollten, desto stärker zeigen sie sich. Das kann eine Erfahrung sein, die sich existenziell bedrohlich anfühlt. Auf den ersten Blick mag es so aussehen, als seien wir zu sensibel für diese Welt, als hätten unsere Gefühle etwas Zerstörerisches an sich. Doch das ist ein großer Irrtum! Es ist genau umgekehrt: Wenn wir die Signale unseres Körper und unserer Gefühle zu lange verdrängen, zeigen sie sich irgendwann so vehement, dass wir sie nicht mehr ignorieren können. Doch das tun sie nicht, um uns zu zerstören, sondern um uns zu retten!

Körperliche und emotionale Warnsignale sind die Hüter unserer Gesundheit.

Körper und Seele übernehmen die Führung, wenn wir uns selbst aus der Balance gebracht haben oder wenn es etwas gibt, worauf wir achten müssen, um gesund zu bleiben oder zu werden. Aus der Leistungsperspektive heraus verstehen wir diese Reaktion unseres Systems zunächst als Schwäche. Doch in Wahrheit ist sie oft ein subtiles, wohlmeinendes Warnsignal, das uns mahnt, besser auf uns aufzupassen.

Körper und Seele kooperieren mit uns, machen uns ein Angebot zur Güte und zeigen uns, wo wir anfangen können, um wieder ganz und heil zu werden. Das ist wahre Stärke! Körper, Geist und Seele sind hervorragende Kooperationspartner, keine Konkurrenten. Sie bilden ein super Team. Wichtig ist, dass wir allen dreien immer mal wieder unsere Aufmerksamkeit schenken und bereits bei der Erziehung unserer Kinder damit ansetzen. Relevant sind nicht nur körperliche Fitness und kognitive Fähigkeiten. Auch ihre emotionale Kraft und die seelischen Begabungen wollen gesehen, trainiert und reflektiert werden. Lassen wir Körper, Geist und Seele also mitmachen beim Spiel des Lebens. Dann können auch sie zu guten und verlässlichen Ratgebern werden.

Arbeit und Leistung im Wandel

Die Arbeitswelt steht jetzt schon Kopf und wird bereits in zehn Jahren nicht mehr die sein, die wir heute kennen. Wir haben große Umwälzungen vor uns. Immer mehr Jobs, die heute noch von Menschen gemacht werden, wird es bald nicht mehr geben. Immer mehr Menschen wollen weniger arbeiten und mehr Zeit mit ihrer Familie verbringen, sich für ökologische oder soziale Projekte engagieren, sich ein zweites Standbein aufbauen oder in die Selbständigkeit gehen. Und immer mehr Menschen wachen auf und begreifen, dass nicht sie verkehrt sind, sondern das verkehrt ist, was wir uns abverlangen. Diese Erkenntnis ist ein guter erster Schritt, um gemeinsam die Richtung zu ändern. Machen wir uns bewusst, dass Selbstfürsorge die beste Prävention ist. Wichtig: Es geht nicht darum, am Ende noch leistungsfähiger zu sein. Es geht darum, sich selbst als wertvoll zu empfinden – so, wie man gerade ist. Es geht darum, sich zu sensibilisieren für das, was wirklich zählt. Und es geht darum, unsere gesellschaftlichen Systeme wieder menschenfreundlicher zu machen. Die Arbeitswelt erfindet sich nach und nach neu.

Es wäre gut, wenn wir in diesem Zuge das Bildungssystem gleich mit anpacken würden. Wir könnten lernen und lehren, dass hinter dem, was nach dem jetzigen Verständnis wie eine Schwäche aussehen mag, oft eine große Stärke steckt. Immer mehr Menschen, die an einem Tiefpunkt in ihrem Leben einen Richtungswechsel vollzogen haben, lassen andere an ihrer Geschichte teilhaben, um ihnen Mut zu machen und sie zu stärken. Es geht um Selbstannahme, um Selbstwert, um eine neue Einstellung zum Leben und um mehr Gemeinschaft. Das Interesse an diesen authentischen Geschichten und Erfahrungen, die einen so ganz anderen Blick auf das Leben werfen, scheint ungebrochen. Auf diesem Wege fällt es Menschen leicht zu lernen. Geschichten anderer Menschen bringen uns voran und entschleunigen, weil sie uns mit uns selbst in Kontakt bringen.

Wenn Du es eilig hast, gehe langsam.
Konfuzius

Richten wir den Fokus also nicht auf die Defizite, sondern orientieren wir uns an unseren Potenzialen und Ressourcen. Schauen wir hin, was ein Mensch gut kann und wie er aufgestellt ist, statt ihn an die Masse angleichen zu wollen, in die Anpassung zu zwingen und in vorgefertigte Stellenbeschreibungen oder Rollenbilder zu pressen: Jeder Mensch ist anders. Und zwar nicht, um zu stören, sondern weil die Natur ihn genau so gewollt hat. Ob Starkfühler, Vieldenker, Finetuner oder Hartliner – jeder ist richtig so, wie er ist. Jeder bringt seine persönlichen Ressourcen mit in diese Welt. Und damit wir uns in dieser Welt immer mal wieder ausrichten, Kraft schöpfen und in uns hineinlauschen können, braucht es eine Geschwindigkeitsbegrenzung, um nicht zu sagen: Langsamkeit.

Wollen Sie wirklich weiterhin durchs Leben sprinten? Dann werden Sie wohl die meisten Zeichen, die Ihr System Ihnen schickt, übersehen, weil sie an Ihrem Bewusstsein vorbeifliegen. Wenn Sie aber bei sich und Ihren Bedürfnissen ankommen und innere Impulse empfangen möchten, halten Sie inne. Fühlen Sie nach, horchen Sie in sich hinein, nehmen Sie sich Zeit. Riskieren Sie, dass ein Gefühl von Unproduktivität aufkommt – und genießen Sie es, nichts zu schaffen. Denn in diesem Nichts schlummern oft die wichtigsten Lebensimpulse. Sie müssen nicht ständig aus der Puste und ins Schwitzen kommen. Wenn es Ihnen gelingt, immer mal wieder das Tempo zu reduzieren, haben Sie allen Grund, sich zu gratulieren. Denn dann sind Sie in der Lage, in Ruhe wahrzunehmen und zu verarbeiten, was Sie erleben. Dann kommen Sie bei sich an. Dann sind Sie im Jetzt gelandet. In dem einzigen Moment Ihres Lebens, der real ist …

Entspannung – Warum Pausen, Stille und Achtsamkeit an Relevanz gewinnen

Wir leben in einer unentspannten, überreizten Welt. Immer mehr Menschen kommen an die Grenzen dessen, was sie verarbeiten können, an die Grenzen ihrer Belastbarkeit.

Dabei hängt von einer guten Balance aus Anspannung und Entspannung ab, wie wir den Alltag erleben. Ob wir empfindlich sind und unsere Sensibilität als begrenzend wahrnehmen oder ob wir gerne auf »Empfang« sind und wertschätzen können, wie vielfältig und facettenreich das Leben sein kann – beides prägt unsere Realität. Regelmäßig nach innen zu spüren kann neue Räume öffnen, um Stress zu reduzieren und unsere Realität entspannter und dankbarer zu gestalten.

Dauerstress macht empfindlich.

Übung: Ankommen im Jetzt

Wenn Sie in der Langsamkeit angekommen sind, sind Sie im Jetzt angekommen – ein echtes Geschenk! Denn nur so können Sie wahrnehmen, was gerade ist. Atmen Sie ein paarmal tief durch, spüren Sie in sich hinein und fragen Sie sich:

- Was ist in mir? Habe ich Hunger? Oder Durst? Ist mir warm oder kalt? Oder ist gerade alles gut, so, wie es ist?
- Was nehme ich um mich herum wahr? Was höre ich? Was rieche ich? Was sehe ich? Was spüre ich?
- Welche Wünsche, Ideen, Personen oder Aufgaben tauchen auf?

Nehmen Sie sich immer mal wieder Zeit, um zu entschleunigen, und machen Sie sich so bewusst, welche Bedürfnisse, Signale, Gedanken und Gefühle Ihnen Ihr Inneres zeigt. Es können wertvolle Hinweise dafür sein, was für Sie in Ihrem Leben gerade wichtig ist, welche Themen Priorität haben und welches der nächste sinnvolle Schritt für Sie sein könnte – im Kleinen genauso wie im Großen.

Wenn ein neues Buch entsteht, durchlaufe ich verschiedene Phasen. Am Anfang sind Begeisterung und Neugier fast übermächtig. Ich freue mich auf die Arbeit, spreche darüber, lese, schaue Dokumentationen an und sauge alles auf, was mir begegnet. Alles, was ich sehe, höre, fühle, denke und entdecke, läuft durch meinen Buch-Filter. Ich sammle, recherchiere und schreibe immer wieder Gedanken auf. Irgendwann kommt der Punkt, an dem ich erst einmal aufhören muss, zu sammeln und zu recherchieren. Denn dann ist es Zeit, um tief Luft zu holen und dem Buch mit den richtigen Wortketten Leben einzuhauchen. Ihm meinen Atem zu schenken und einen Teil meiner Entwicklung zu widmen. Anzunehmen, dass mein

»Jetzt« das Schreiben ist. Dafür brauche ich viel Ruhe, Offenheit und Anfängergeist. Und ich brauche den Mut zu schreiben, was ich schreiben möchte, ohne meine Worte ständig zu beurteilen oder mir zu überlegen, wie andere darüber denken könnten. Wenn ich es schaffe, mir selbst gegenüber freundlich zu sein und den Moment zu nutzen, dann fließt es.

Für das Schreiben brauche ich eine Pause vom Alltag. Und für den Alltag brauche ich eine Pause vom Schreiben. Und manchmal brauche ich die achtsame Stille, in der weder Alltag noch Schreiben ihren Platz haben und ich mir nichts Konkretes vornehme. Das sind die Zeiten, in denen ich abtauche und mit neuem Bewusstsein wieder auftauche. Denn wenn ich es genau betrachte, brauche ich die Stille und das Innehalten, um mich selbst zu hören, mir meiner selbst und auch der Menschen um mich herum wieder bewusster zu werden und neue Kraft zu tanken. Es ist ein steter Wechsel zwischen Außen und Innen, zwischen Arbeit und Pause, zwischen Schreiben und Reflektieren, zwischen Präsenz und Rückzug, zwischen Gemeinschaft und Alleinsein. Dieser stete Wechsel trägt mich und sorgt für Ausgeglichenheit.

Wer regelmäßig innehält und über sich selbst und andere reflektiert, schafft Raum für Bewusstsein und entwickelt sich weiter. Und er sorgt ganz nebenbei noch für den Erhalt seiner Kraft. Durchatmen, ein Glas Wasser trinken, am offenen Fenster frische Luft schnappen und den Blick schweifen lassen, meditieren oder in der Pause zehn Minuten im Park spazieren gehen sorgen dafür, dass wir uns danach umso besser konzentrieren können und nicht nur ausgeglichener, sondern auch produktiver sind. Wobei sich mir, ehrlich gesagt, immer öfter die Frage stellt, warum es eigentlich so wichtig ist, immer produktiv sein zu müssen. Was ist verkehrt daran, sich im Nichtstun zu üben und in die Stille zu gehen – ganz ohne die Absicht, sich selbst zu optimieren, sondern einfach nur so, weil es sich gerade gut anfühlt? Die Antwort lautet: Daran ist nichts verkehrt. Es ist sogar wichtig, dass wir Pausen einfach Pausen sein lassen. Denn wenn wir sogar unsere Pausen instrumentalisieren, um uns zu optimieren, machen wir keine echte Pause. Dann tun wir nur so, als würden wir Pause machen.

Wenn ich bei meiner Arbeit gerade müde werde, gelingt es mir nach einer langen Zeit des Übens tatsächlich immer öfter, intuitiv eine Pause zu machen, durchzuatmen und neue Energie zu schöpfen, statt mich festzubeißen. In der Pause habe ich dann oft einen zündenden Gedanken und weiß plötzlich, was als Nächstes zu tun oder zu schreiben ist. Eine schöne Erfahrung, die zu einer guten Gewohnheit werden kann.

Die Sängerin Judith Holofernes schrieb einen Song über das Nichtstun, denn sie hatte ihre ganz spezielle Erfahrung damit gemacht. Nach einer ihrer Tourneen, so berichtete sie, sei sie mit einem Bein im Burnout gestanden – kaum ansprechbar und immer müde – und es sei ihre Rettung gewesen, sich dem Nichtstun hinzugeben. Sie beschloss, sich aufs Sofa zu setzen, sitzen zu bleiben und alles anzunehmen, was in und mit ihr passieren würde. Vier Stunden lang saß sie so da – mit zuckenden Beinen, zuckenden Händen und zuckendem Gehirn. Das auszuhalten und auf diese Erfahrung keine neue Aktivität draufzusetzen, so Holofernes, sei ein Segen. Jetzt hat sie Pausen und Entschleunigung in ihren Alltag integriert. Und nutzt sie, um mit sich selbst befreundet zu sein und das anzunehmen, was da gerade ist – ganz egal, ob es erfreulich ist oder nicht. Meistens, so die Sängerin, werde es nach einer Weile sowieso erfreulich.

Die Kunst des Ausruhens ist ein Teil der Kunst des Arbeitens.
John Ernst Steinbeck

Nachdem sie immer häufiger krank und am Ende völlig ausgebrannt war und spürte, dass sie so wie in den letzten Jahren nicht weitermachen konnte, erklärte die Politikerin Sahra Wagenknecht ihren Rückzug vom Fraktionsvorsitz der Partei »Die Linke« der Presse offen mit den Worten: »So will ich nicht mehr leben.« Sie hatte eine Entscheidung treffen müssen, die ihr keinesfalls leichtgefallen ist: Sie musste die politische Karriere zugunsten ihrer Gesundheit hintanstellen. Es ist erfrischend, wie ehrlich und transparent sie von sich und ihren Erfahrungen erzählt und ihre kritischen Reflexionen zur politischen Szene, die sie als Hamsterrad von Dauerstress und Grabenkämpfen beschreibt, mit einfließen lässt. Auch TV-Koch Tim Mälzer, Skispringer Sven Hannawald, Politiker Matthias Platzeck, Bestsellerautor Frank Schätzing, Chefredakteurin der Wirtschaftswoche Miriam Meckel, Ex-Fußball-Nationalspieler Florian Deisler und BMW-Chef Harald Krüger haben in der Vergangenheit offen über ihre gesundheitlichen Probleme gesprochen. Nicht nur sie, sondern auch viele andere Menschen haben Kreislaufkollaps, Burnout, Hörsturz, Verzweiflung, Kraftlosigkeit, Tränen, Nervenzusammenbruch oder Depression kennengelernt. Ganz gleich, ob prominent oder nicht – die meisten Menschen arbeiten gerne. Es macht ihnen Freude, etwas zu leisten. Und das ist gut so. Aber wir wissen auch, dass Arbeit und Leistung als Gegengewicht Ausgleich und Ruhe brauchen. Und weil entspannen so wichtig ist, habe ich die Übung auf der nächsten Seite für Sie vorbereitet.

Wenn Sie sie gemacht haben, liegt jetzt die Liste mit Ihren persönlichen Entspannungsfavoriten vor Ihnen. Überlegen Sie, wann Sie diese Strategien zum letzten Mal bewusst für sich genutzt haben. Was haben Sie bereits ausprobiert? Was noch nicht? Haben Sie ein Lieblingsritual? Ist es notwendig, alles umzusetzen, was Sie aufgeschrieben haben, oder würde das in »Entspannungs-Stress« münden? Wenn Sie bereits regelmäßig entspannen, gratuliere ich Ihnen! Es ist großartig, wenn Sie gut für sich sorgen!

Vielleicht wird Ihnen in diesem Moment aber auch bewusst, dass

Übung: Stress reduzieren

Nehmen Sie sich einen Moment Zeit und überlegen Sie, was Sie normalerweise tun, wenn Sie Stress reduzieren wollen. Denken Sie sowohl über kurzfristige Methoden wie tiefe Atemzüge oder ein Glas Wasser nach als auch über Aktivitäten, die mehr Zeit brauchen, wie ein Spaziergang im Wald, eine Yogaeinheit oder ein Treffen mit guten Freunden. Hier ein paar hilfreiche Fragen:

- Was tut mir gut?
- Wobei kann ich mich richtig gut entspannen?
- Welche Entspannungsmethode wollte ich immer schon mal ausprobieren?

Schreiben Sie auf, was Ihnen einfällt.

- ______________________________
- ______________________________
- ______________________________
- ______________________________
- ______________________________

Sie oft nur darüber nachdenken, dass Sie sich eine Tasse Tee kochen, ein Bad nehmen oder zehn Minuten meditieren könnten, statt es wirklich zu tun. Das ging auch mir so, bis ich anfing, das, was mein Wohlbefinden stärkt, immer öfter zu praktizieren. Ich weiß nur allzu gut, dass zwischen Wissen und Umsetzen im Alltag häufig ein paar Hürden lauern, von der jede einzelne wichtiger zu sein scheint als eine kleine Auszeit – sei es die nächste E-Mail, der Abgabetermin für die Präsentation, die Hausaufgaben der Kinder, der Einkauf oder was

Übung: Bewusst entspannen

Wenn Sie vom Wissen ins Tun kommen wollen, ist es wichtig, dass Sie es sich erlauben, das loszulassen, was Sie gerade machen, und neugierig werden wie ein Kind! Schauen Sie sich die Liste mit Ihren Entspannungsfavoriten an, suchen Sie sich aus dem Bauch heraus einen aus und fangen Sie einfach an. Setzen Sie sich nicht unter Druck, sondern begegnen Sie sich selbst freundlich. Freuen Sie sich über jeden kleinen Schritt. Wenn Sie ein oder zwei Lieblingsentspannungsübungen in Ihren Alltag integrieren, die Ihnen richtig guttun, dann ist das viel besser, als wenn Sie zehn wertvolle Tipps aufzählen, aber nicht umsetzen. Wenn Sie wissen, was Sie wollen, fangen Sie an. Das Zauberwort heißt »Fokus«. Fokus hat etwas damit zu tun, sich die Erlaubnis zu geben, alles andere stehen und liegen zu lassen und sich auf eine einzige Sache zu konzentrieren.

Haben Sie Ihre Wahl getroffen? Dann können Sie sich jetzt ein realistisches Ziel setzen. Hier ein Beispiel:

Wissen: Mein Stresslevel sinkt sofort, wenn ich mir Zeit nehme, an die frische Luft zu gehen, ein paarmal tief ein- und auszuatmen und ganz im Hier und Jetzt zu sein.

auch immer sich gerade zwischen Wollen und Machen schiebt. Mit ein bisschen Übung und einer starken Vision von einem entspannteren Leben lassen sich diese Hürden aber überwinden.

Ich mache gute Erfahrungen, wenn ich Veränderungen Schritt für Schritt angehe und sie als emotionalen Prozess betrachte, in dem alles sein darf, was dazugehört: Offenheit für meine Gefühle, Zeit zum Üben, Geduld mit mir selbst, Vertrauen, Gespräche mit anderen Menschen und meiner Familie. Genauso wichtig ist auch das Wissen, dass neue Erkenntnisse, Werte und Glaubenssätze Zeit

Tun: Wenn mir bewusst wird, dass meine Konzentrationsfähigkeit nachlässt oder dass ich mich unter Druck setze, stehe ich auf, öffne die Terrassentür, atme tief durch und verweile im Hier und Jetzt.
So, und jetzt sind Sie dran!

Wissen

___

___

Tun

___

___

Etwas handschriftlich zu notieren kann Ihnen helfen, in die Umsetzung zu kommen. Aber so einfach mache ich es Ihnen nicht! Klappen Sie das Buch jetzt zu und machen Sie genau das, was Sie gerade aufgeschrieben haben. Ich wünsche Ihnen gute Entspannung und warte hier so lange auf Sie. Bis gleich!

brauchen, bis sie emotional wirken und ich nachhaltig etwas verändern kann. So integriere ich nach und nach in meinem eigenen Tempo ein neues Verhalten in meinen Alltag und nehme im besten Falle auch meine Lieblingsmenschen mit auf den Weg. Ändern wir unsere Gewohnheiten, betrifft das nie nur uns selbst. Es verändert das gesamte System, in dem wir leben. Wenn Sie sich mehr Entspannung wünschen, dann finden Sie in der Übung auf dieser Doppelseite meine Anregungen dazu.

Nicht schummeln!
Tun Sie nicht nur so,
als würden Sie entspannen!
Entspannen Sie!

Und? Wie geht es Ihnen jetzt? Sind Sie ein bisschen ruhiger als vorhin?

Neben der Entspannung geben uns Gefühle sowie körperliche und echte Nähe Nahrung für die Seele. Das Bedürfnis nach regelmäßiger Entschleunigung sowie einem guten Kontakt zu uns selbst und anderen ist aus einem einfachen Grund völlig normal: All das ist gesund. Instinktiv wissen wir, dass wir nur so unsere sensible Seite in unser Leben integrieren und in Verbindung mit der Natur – unserer eigenen und der, die uns umgibt – bleiben können. Denn wenn wir von uns selbst oder von unserem Lebensraum getrennt sind, hat das fatale Folgen: Wir verlieren aus dem Blick, was wirklich wichtig ist.

Jedes Mal, wenn ich versucht habe, mich meiner Sensibilität zu entziehen und sie zu verleugnen, hat sie mich über kurz oder lang wieder eingeholt. Jedes Mal, wenn ich meine zarten Seiten missachtet und mit Füßen getreten habe, versteckte sich meine Energie früher oder später vor mir selbst. Wenn sich mein Verstand nicht entscheiden konnte, Pause zu machen, gaben mein Körper und meine Seele den Ton an und sagten, was wann zu tun ist – und zwar ziemlich laut! Schlimmstenfalls schenkte mir mein System dann eine Zwangspause. Kennen Sie das?

Doch was ist zu tun, wenn Ihnen gerade keine andere Wahl bleibt als durchzuhalten, sich durchzubeißen und Ihre Grenzen zu überschreiten? Dann ist es gut, wenn Sie sich bewusst machen, was da gerade passiert. Bleiben Sie offen für sich selbst und lernen Sie, Ihre Kraft auch in fordernden Zeiten klug zu dosieren.

Ich selbst komme am besten durch »harte Zeiten«, wenn ich mir währenddessen immer wieder vor Augen führe, dass es danach auch wieder langsamer, ruhiger und behutsamer zugehen wird. Oder – frei nach dem Motto »Jetzt erst recht!« – trotz hoher Arbeitsintensität bewusst immer wieder kleine Auszeiten einplane und im Jetzt verweile. Wenn bei mir eine belastungsintensive Phase vorbei ist, dann weiß ich, dass ich Zeit brauche, um mich wieder zu entlasten. Zeit, in der ich bewusst fühlen, lachen, mit anderen Menschen zusammen sein, Gedanken zu Ende denken, Erlebtes verarbeiten, weinen, durchatmen, hinaus in die Natur gehen und mehr schlafen kann. Tatsächlich habe ich festgestellt, dass meine innere Stärke und meine Regenerationsfähigkeit steigen, je bewusster ich durch schwierige Zeiten hindurchgehe. Meine Kraft wächst und ich bin gesünder und stabiler. Weil ich um meine Bedürfnisse weiß und – so gut es mir gerade möglich ist – für mich sorge.

Die größten Ereignisse – das sind nicht unsere lautesten, sondern unsere stillsten Stunden.
Friedrich Wilhelm Nietzsche

Der Kanal der Stille

Stille bedeutet Erholung für unser Gehirn und unseren Körper. Sie reduziert die Stresshormone, fördert die physische Gesundheit, gibt uns Raum für Selbstreflexion, erhöht unsere Auffassungsgabe und steigert die Konzentration und Kreativität.

Stille ist mittlerweile schwer zu finden – sowohl in unserem Alltag als auch in uns selbst. Wir haben uns die Stille abgewöhnt und verpassen damit das, was unser Leben sein könnte. Aber statt an jeder Ecke stille Oasen zu etablieren, schafft man mehr und mehr Großraumbüros, in denen wir von Computern und Smartphones umgeben sind, die jedes Mal geräuschvoll signalisieren, dass eine neue Nachricht eingegangen ist. Ob in den Städten oder auf den Straßen – überall wird gebaut und der Lärm der schweren Baufahrzeuge dröhnt in unseren Ohren. Selbst Kinder sind bereits überreizt und wären dringend darauf angewiesen, dass wir ihnen zeigen, wie sie in die Ruhe finden und in die Stille eintauchen können, wenn ihnen danach ist.

Wir organisieren uns über Apps, die uns sagen, wann wir trinken sollen, ob wir genug Schritte gemacht haben oder wie tief wir geschlafen haben. Statt in uns hineinzuhorchen und mit uns selbst in Resonanz zu gehen, sind wir der Technik hörig. Wir reden immer seltener miteinander und schicken uns immer mehr Kurznachrichten oder Voicemails. Pling! Wir laufen Gefahr, selbst zu Maschinen zu werden, die nur noch reagieren, statt unser Leben selbstbestimmt zu gestalten und aus unserem Inneren zu schöpfen. Hat das Smartphone eine Nachricht für uns, lassen wir uns jederzeit unterbrechen. Wenn uns dagegen unser Inneres eine Botschaft sendet, geht sie im Lärm des Alltags unter. Wir sind zu beschäftigt, um Menschen, die unsere Aufmerksamkeit brauchen, zuzuhören. Während wir die digitale Kommunikation perfektionieren und mit immer mehr Kommunikationskanälen jonglieren, gerät ein Kanal immer weiter in Vergessenheit: der Kanal der Stille. Dabei ist die Stille das Tor zur Kommunikation mit unserem Inneren. Wenn wir das Tor schließen, verlernen wir, uns mit uns selbst wohlzufühlen, innere Signale wahrzunehmen und sie zu deuten. Je komplexer und reizintensiver das Außen wird, desto wichtiger wird es innezuhalten, in die Stille zu gehen und sich immer mal wieder von allem abzukoppeln. Grundsätzlich gilt das für alle Sensibilitätsgruppen, für höher sensible Menschen aber in besonderem Maße. Denn wenn wir es nicht tun, gehen wir das Risiko ein, von außen gesteuert zu werden und unseren inneren Kompass komplett aus dem Blick zu verlieren.

Achtsamkeit: Die Offenheit für den Augenblick

Achtsamkeit hilft dabei, den Kanal der Stille zu pflegen und so einen guten Draht zu unserem inneren Kompass zu haben. Grundsätzlich meint Achtsamkeit nach Jon Kabat-Zinn unsere Fähigkeit, das, was wir erleben, bewusst wahrzunehmen, es zu akzeptieren und freundlich mit uns selbst zu sein.

Achtsamkeit schult aber nicht nur die Wahrnehmung selbst, sondern vor allem auch den Umgang mit ihr – eine wertvolle Erkenntnis für alle, die durch ihre intensive Verarbeitung von Reizen mit Eindrücken überfrachtet sind und denen es nur selten gelingt, bei sich selbst anzukommen.

2017 hat das Zukunftsinstitut, das von Zukunftsforscher und Visionär Matthias Horx gegründet wurde, eine Studie veröffentlicht, in der Achtsamkeit sogar als eine Haltung verstanden wird, mit der wir den meisten Herausforderungen unserer Zeit begegnen können – ganz gleich, ob es um zunehmende Komplexität, Digitalisierung oder wachsende Unsicherheit in den verschiedensten Lebensbereichen geht. Was genau hat es also mit der Achtsamkeit auf sich?

Obwohl jeder Mensch die Fähigkeit zur Achtsamkeit in sich trägt, ist es aus der Mode gekommen, im Augenblick zu leben, offen zu sein und nicht alles zu bewerten, was uns begegnet. Wir sind darauf getrimmt, ständig Entscheidungen zu treffen, eine Vielzahl von Reizen aus verschiedensten Kommunikationskanälen zu verarbeiten und das, was wir erfahren, in eine Schublade zu stecken, damit wir schnell weitermachen können. Zeit, um uns dessen, was auf uns einströmt, bewusst zu werden, über uns und unser Leben nachzudenken oder in uns zu spüren, was uns bewegt, nehmen wir uns selten. Selbstreflexion? Fehlanzeige! Stattdessen ist unser Leben durchgetaktet: schnell weiter zum nächsten Punkt auf der Agenda. Doch was passiert, wenn Menschen sich plötzlich in einem Moment wiederfinden, in dem sie mit sich selbst konfrontiert sind? Wenn es äußerlich still wird, aber in unserem Inneren das ganze Chaos aus Gedanken und Gefühlen laut auf uns einprasselt? Mein Eindruck ist, dass viele von uns diesen Zustand nur schwer aushal-

Achtsam sein heißt, sich zu entkoppeln, um sich wieder verbinden zu können.

ten, weil er ihnen Angst macht. Ein Gefühl, mit dem nur wenige von uns gelernt haben umzugehen.

Aus Mangel an emotionaler Kompetenz schauen wir nicht gerne hin, was uns in unserem tiefsten Sein beschäftigt. Lieber flüchten wir in allerlei willkommene Ablenkungen, wie Fernsehen, Spielekonsolen, Smartphone und Social Media. Neuerdings setzen wir uns auch noch seltsam große Brillen auf, um in eine andere, eine virtuelle Realität zu verschwinden. Aus meiner Perspektive ist das viel verrückter, als nach Wegen zu suchen, wie wir von innen heraus stark werden, um mit uns selbst in Kontakt zu sein und klar und kraftvoll in die Welt hineinwirken zu können. Ein solcher Weg ist beispielsweise die Meditation. Mit ihr lassen sich Mangelerscheinungen ausgleichen, die der Psychiater Christoph André als ausgesprochen tückisch bezeichnet. Denn wenn wir meditieren, gleichen wir nicht nur den Mangel an Ruhe aus, sondern auch den Mangel an Beständigkeit und Langsamkeit. Es geht darum, aus dem Autopiloten auszusteigen und wieder bewusst durchs Leben zu gehen. Und das können wir nur, wenn wir unserem Gehirn Pausen gönnen und von innen heraus Kontinuität erzeugen.

Selfcare ist Worldcare.
Ulrike Scheuermann

Nur dann haben wir einen klaren Blick auf das, was wirklich wichtig ist, und können die Verantwortung für das Wesentliche übernehmen – in unserem Leben und für unseren Lebensraum. Dass Meditation wirkt, kann jeder Mensch ausprobieren und spüren. Sich dazu zu bekennen, dass man meditiert, war lange Zeit ein Wagnis – auch, weil der wissenschaftliche Nachweis über den »Nutzen« noch gefehlt hat. Heute weiß man, dass Meditation die Hirnstrukturen verändert, das Stressniveau reduziert, die Immunabwehr stärkt, das Entzündungsniveau im Organismus senkt, bestimmte Gene ausschaltet, die Entzündungen auslösen, die Zellalterung verlangsamt und dabei hilft, die Gefühle zu regulieren und neue Reaktionsmuster zu etablieren. Klingt gut? Dann probieren Sie es einfach jetzt gleich aus.

Übung: Achtsamkeitsmeditation

In der Achtsamkeitspraxis nach Jon Kabat-Zinn existieren verschiedene Elemente wie der Bodyscan, Yoga, die Geh- und Sitzmeditation. Das Schema der Achtsamkeitsmeditation ist folgendes:

- Den Körper entspannen und den Geist beruhigen.
- Die Aufmerksamkeit auf ein Objekt richten – z. B. den Atem.
- Sobald die Aufmerksamkeit abschweift, sie freundlich wieder zurück zum Meditationsobjekt führen.

Ich wünsche Ihnen viel Freude und eine interessante Begegnung mit sich selbst bei Ihrem Meditationsexperiment.

Vorbereitung: Schaffen Sie sich einen Raum der Stille und Langsamkeit. Schalten Sie den Ton an Ihrem Handy aus. Informieren Sie die Menschen in Ihrem Umfeld, dass Sie eine Pause machen und für sich sein wollen. Schließen Sie die Tür des Raumes, in dem Sie gerade sind, oder suchen Sie sich eine ruhige Ecke. Sie können mit drei, fünf oder zehn Minuten beginnen. Stellen Sie sich einen Timer, suchen Sie sich ein meditatives Musikstück aus und lassen Sie sich darauf ein, in der Zeit, die Sie für das Meditieren vorgesehen haben, im Jetzt zu verweilen.

Sitzen: Für die Sitzmeditation setzen Sie sich aufrecht auf einen Stuhl, im Schneidersitz auf ein Sitzkissen oder im Fersensitz auf den Boden oder eine Meditationsbank. Lehnen Sie sich nicht an und sitzen Sie möglichst aus eigener Kraft. Ihre Muskeln werden sich nach einiger Zeit daran gewöhnen. Nehmen Sie Kontakt zu sich selbst und dem Boden unter Ihnen auf. Lächeln Sie sich selbst zu. Prüfen Sie immer mal wieder, ob Sie noch aufrecht sitzen, und richten Sie sich gegebenenfalls wieder auf – so, als ob Sie in den Himmel wachsen würden. Machen Sie sich lang und öffnen Sie Ihr Herz. Wenn Sie mögen, können Sie Ihre Augen schließen.

Atmen: In der Sitzmeditation geht es darum, die Aufmerksamkeit Ihrem Atem zuzuwenden. Beobachten Sie Ihren Atem, wie er ein-

und wieder ausfließt. Wie fühlt sich der Luftzug an? Wo nehmen Sie Ihren Atem wahr? Sie brauchen Ihren Atem nicht zu beeinflussen, sondern können ihn einfach so weiterfließen lassen. So ist es gut. Nehmen Sie Ihren Atem so an, wie er gerade ist. Sobald Sie mitbekommen, dass Sie sich nicht mehr auf Ihren Atem konzentrieren, sondern Ihr Geist auf die Reise geht und sich Ihren Gedanken oder Gefühlen zuwendet, versuchen Sie, wieder zu Ihrem Atem zurückzukommen. Seien Sie neugierig auf Ihren Atemfluss. In der Achtsamkeitspraxis nennt sich diese Haltung »Anfängergeist«. Tun Sie so, als hätten Sie Ihren Atem noch nie gespürt. Seien Sie erstaunt wie ein Kind. Wie fühlt sich das Einatmen an? Was ist beim Ausatmen anders? Gibt es einen Wendepunkt zwischen dem Ein- und dem Ausatmen? Wie fühlt er sich an?

Störungen: Sie spüren den Impuls, die Meditation abzubrechen, aufzustehen und sich einen Tee zu kochen? Bleiben Sie einfach sitzen und schauen Sie, was passiert, wenn Sie den Impuls vorüberziehen lassen. Manchmal folgt auf so einen Impuls eine innere Unruhe. Nehmen Sie diese Unruhe oder die emotionalen Impulse, die in Ihr Bewusstsein drängen, einfach nur wahr und registrieren Sie, was geschieht. Widerstand, Zweifel, Trauer, Wut, Verzweiflung oder Angst sind nicht mehr und nicht weniger als das, was sie sind. Es ist gut, wenn sie sich zeigen. So bleiben sie nicht im Unbewussten, sondern werden Ihnen bewusst. Das ist die Voraussetzung dafür, konstruktiv mit ihnen umzugehen und zu differenzieren, welche Gefühle ihre Berechtigung haben und welche nur »herbeigegrübelt« sind. Nehmen Sie Ihre Gefühle mal »von oben« wahr – aus einer Art meditativen Metaebene. So haben Sie die Chance, Abstand zu erzeugen, und definieren sich nicht mehr über Ihre Gefühle, sondern gewinnen eine neue Perspektive.

Variationen: Sie können auch andere Meditationsobjekte als ihren Atem wählen: Gefühle, Gedanken, Geräusche oder Musik, ein schönes Bild oder auch die Flamme einer Kerze. Wenn Sie etwas anschauen wollen, können Sie versuchen, die Augen nicht ganz zu öffnen, sondern leicht zu schließen – so, dass Sie gerade noch etwas sehen. Probieren Sie sich aus. Ich meditiere zum Beispiel im Moment seltener im Sitzen, sondern häufig im Wald, während ich gehe. Ich richte dann meinen Blick nach unten und fokussiere mich auf das Gehen. Oder ich richte meine Aufmerksamkeit auf einen Baum, das Licht, das durch die Blätter der Bäume dringt und wunderschöne Strahlen in den Wald zaubert, das Rauschen der Bille im Sachsenwald,[16] die Stimmen der Vögel – oder nutze die Zeit, um bewusst Gedanken und Gefühle durch mich hindurchfließen zu lassen und zu verarbeiten, was verarbeitet werden will. Manchmal lehne ich mich an einen Baum, um mir den Rücken stärken zu lassen, oder suche mir einen Platz, an dem ich mich hinsetzen kann (das Sitzkissen ist oft mit dabei), schließe die Augen, lausche in die Natur hinein oder fokussiere mich auf meinen Atem.

Zwischen Reiz und Reaktion liegt ein Raum. In diesem Raum liegt unsere Macht zur Wahl unserer Reaktion. In unserer Reaktion liegen unsere Entwicklung und unsere Freiheit.
Viktor Frankl

Erfahrungen: Wie waren Ihre Meditationserfahrungen? Was hat Sie bewegt? Wie haben Sie sich vorher gefühlt? Wie fühlen Sie sich nach dem Meditieren? Was ist Ihnen aufgefallen? Wenn Sie mögen, schreiben Sie auf, was Ihnen begegnet ist:

▶ ______________________________

▶ ______________________________

▶ ______________________________

▶ ______________________________

▶ ______________________________

16 Die Bille fließt durch den Sachsenwald. Wenn Sie gemeinsam mit mir in den Wald eintauchen möchten, finden Sie alle Informationen auf www.kathrinsohst.de.

Meditation ist eine wunderbare Möglichkeit, dafür zu sorgen, dass wir uns selbst achtsamer wahrnehmen. Wenn wir uns mit der Achtsamkeit vertraut machen, können wir bewusster und freier leben und sein. Das liegt daran, dass die Arbeit unseres Gehirns, also die Produktion von Gedanken und Gefühlen, von unserem Temperament, unserer genetischen Ausrichtung und unserer Vergangenheit bestimmt wird. Je unbewusster wir leben, desto abhängiger machen wir uns von diesen Komponenten und verfallen in alte Muster oder Grübeleien. Je bewusster wir werden, desto mehr kommen unsere Fähigkeit, uns frei zu entscheiden, und bewusst gewählte Werte und Ziele zum Zuge. Wir erzeugen einen Raum zwischen Reiz und Reaktion – einen Raum, der es uns ermöglicht, bewusst zu reagieren und neue Lebenswege einzuschlagen.

Was kann Achtsamkeit und was nicht?

Bei aller Begeisterung für die Lehre der Achtsamkeit bleibt es wichtig, kritische Aspekte nicht gänzlich auszublenden. Zunächst mal muss nicht jeder die Achtsamkeitsmeditation wählen, um sich zu entspannen. Es gibt auch eine Menge anderer Möglichkeiten, um innezuhalten – sei es durch Yoga, progressive Muskelentspannung nach Jacobsen, Klopftechniken, Autogenes Training, Qigong oder Waldbaden. Vielleicht ist eine dieser Methoden viel besser für Sie geeignet.

Meditation als Pille ist schädlich und beschleunigt. *Tobias Esch*

Und aufgepasst: Achtsamkeit ist auch keine Methode zur Leistungssteigerung, sondern eher ein Weg der Freundlichkeit mit sich selbst und anderen. Meine Achtsamkeitslehrerin berichtete gleich in der ersten Stunde des MBSR-Kurses, dass ihr Lehrer während ihrer Ausbildung zur MBSR-Lehrerin mit Burnout zusammengebrochen sei. Eine Geschichte, die sich bei mir eingebrannt hat, weil ich ohne sie vielleicht sogar selbst eine Kandidatin dafür gewesen wäre, meine Achtsamkeitspraxis zur Selbstoptimierung einzusetzen.

Wenn nun bei dem Softwareunternehmen SAP Achtsamkeit praktiziert wird und Peter Bostelmann, Director of Global Mindfulness, erzählt, dass sich die Belegschaft durch die Achtsamkeitspraxis am Arbeitsplatz wohler fühle, dann ist das erst mal eine gute Nachricht. Die Zufriedenheit am Arbeitsplatz sei seit der Einführung des Programms gestiegen und die Fehlzeiten seien gesunken. Dennoch besteht vor allem in der Wirtschaft die Gefahr, dass Achtsamkeit als Methode funktionalisiert wird.

Wird die Methode den Menschen nämlich nur übergestülpt, um Symptome zu lindern oder sich als besonders innovativ zu präsentieren, ohne dass ein innerer, ehrlich gemeinter Wertewandel stattfindet, wird es kritisch. Dann kann es passieren, dass Mitarbeiter denken, sie müssten aufgrund der gewonnenen Gelassenheit in der Lage sein, noch mehr Aufgaben zu bewältigen oder mit Missständen wie Überstunden »entspannter« umzugehen. Und das würde die Geschwindigkeit im Alltag sogar noch erhöhen.

Mir persönlich ist in Sachen Achtsamkeit ein Aspekt besonders wichtig – nämlich der Umgang mit unseren Gefühlen: In der Achtsamkeitspraxis lernt man, dass man nicht ein Gefühl *ist*, sondern ein Gefühl *hat* oder *fühlt*. Also nicht: »Ich bin traurig«, sondern: »Ich fühle mich traurig«. Ein Gefühl kommt, erzählt uns etwas über uns und geht wieder. Für höher sensible Menschen, die ihre Gefühle intensiv verarbeiten und sich ihnen von Zeit zu Zeit ausgeliefert fühlen, ist das ein wertvoller, entlastender Weg, um gelassener zu werden.

Wenn wir uns für unsere Gefühle öffnen, gewinnen wir Freunde fürs Leben.

Das darf jedoch nicht dazu führen, dass wir unsere Gefühle verharmlosen und ihren Botschaften nicht lauschen! Ich halte es für eine der wichtigsten Lebenskompetenzen der Zukunft, den eigenen und den Gefühlen anderer konstruktiv begegnen zu können, ihre Qualität bewusst wahrzunehmen und mit ihnen umgehen zu lernen. Denn sie erzählen uns etwas über uns und unsere Welt. Etwas, das nur sie uns erzählen können. Wichtig ist, dass wir nicht an den Gefühlen kleben bleiben, sie an uns anhaften lassen oder in Panik verfallen. Doch das müssen wir gar nicht. Denn je mehr wir uns mit unseren Gefühlen vertraut machen und als den Ausdruck unserer emotionalen Energie in unserem Leben schätzen lernen, desto weniger werden wir sie als unangenehm empfinden.

Weniger Arbeit – mehr Glück

Die Meditation lehrt uns, dass es durchaus von Vorteil ist, wenn wir ab und zu eine Pause einlegen – auch in der Arbeitswelt. Der Achtstundenarbeitstag scheint auf der Basis des Wissens, dass auch das Gehirn Pausen braucht, nicht mehr zeitgemäß zu sein. Studien weisen darauf hin, dass viele Menschen zwar acht Stunden oder länger mit ihrem Körper bei der Arbeit sein, aber nicht acht Stunden lang konzentriert arbeiten können. Forscher fanden heraus, dass unsere kognitiven Fähigkeiten schon bei mehr als 25 Stunden Arbeit pro Woche nachlassen. Wir haben weniger gute Ideen, sind unaufmerksamer, können uns Neues schlechter merken und nicht mehr so gut argumentieren. Firmen, die die Arbeitszeit ihrer Mitarbeiterinnen und Mitarbeiter auf sechs Stunden reduzierten, zeigen, dass es auch in der Praxis funktionieren kann – mit guten Ergebnissen und steigenden Umsätzen, wie zum Beispiel in einem Werk eines Autokonzerns in Schweden und bei einer US-Firma, die sogar den Fünfstundentag eingeführt hat. Dort stieg der Umsatz um 40 Prozent. Morten Hansen, Professor an der University Berkeley, fand heraus, dass Menschen, die nur sechs Stunden am Tag arbeiten, oft motivierter und zufriedener sind und weniger oft krank werden. Wir brauchen also den Mut, Neues auszuprobieren. Aktuell wird Produktivität noch immer viel zu oft mit der Länge der Anwesenheit am

> Glücklich sein kann ich immer nur jetzt. Mache ich es mir zum Ziel, laufe ich dem Glück hinterher.
> *Ines Bargholz*

Arbeitsplatz verwechselt. Für Eltern, die angestellt sind und feste Arbeitszeiten haben, würde ein Sechsstundentag die Organisation des Alltags wesentlich vereinfachen und es gäbe jeden Tag viel mehr Zeit für die kleinen, gesundheitsfördernden Glücksmomente mit Familie und Freunden.

Glück hat übrigens auch etwas mit Achtsamkeit zu tun. Nämlich damit, dass wir wahrnehmen und genießen können, was jetzt gerade Schönes geschieht. Dafür brauchen wir nicht nur mehr Raum für das Jetzt, sondern auch die Fähigkeit, in einem Moment zu verweilen und alles andere, was nicht in diesen Moment gehört, draußen zu lassen. Herbert Grönemeyer nennt das Sekundenglück. Ein Wort, das zum Nachsinnen einlädt. Wann haben Sie in der letzten Zeit Sekundenglück erlebt? Was macht Sie glücklich? Wofür lohnt es sich, eine Pause zu machen und in die Stille einzutauchen?

Körperlichkeit – Was Bewegung, Schlaf, Ernährung und Berührungen bewirken

Nachdem mir meine Fitness mit den Schwangerschaften abhandengekommen war und es gesundheitlich in den letzten Jahren kriselte, empfinde ich es als ein echtes Abenteuer, mir meinen Körper Stück für Stück zurückzuerobern. Der erste Schritt war, ihn so anzunehmen, wie er ist, was mir bis heute in einigen Punkten besser und in anderen überhaupt nicht gelingt. So finde ich zum Beispiel borstige Behaarung an den unmöglichsten Stellen bei Frauen immer noch absolut überflüssig … Aber wo waren wir stehen geblieben? Ach ja: annehmen und nicht bewerten! In Sachen Körper hieß das für mich auch, mir in Ruhe die Veränderung innerhalb der letzten Jahre anzuschauen, um nachvollziehen zu können, wie ich an meinen jetzigen Status quo gekommen bin: Schon in den Schwangerschaften hatte ich Probleme mit den Eisenwerten, blieb aber immer zuversichtlich, dass sich das wieder einrenkt. Nach der zweiten Geburt nahm ich erst ab und dann nur noch zu und fühlte mich überhaupt nicht mehr wohl in meiner Haut. Seit einiger Zeit halte ich mein Gewicht. Das Ziel: wieder leichter werden. Heute weiß ich, dass die »Schutzschicht«, die ich mir zugelegt hatte, auch etwas damit zu tun hatte, dass ich mich in dieser Zeit in der Öffentlichkeit gezeigt habe, obwohl ich immer hinter den Kulissen bleiben wollte. Mir ist erst im Nachhinein bewusst geworden, dass dieser Schritt für mich eine viel größere Herausforderung war, als ich es mir eingestehen wollte. Weil ich gut sein wollte und dachte, dass ich dafür mehr als 100 Prozent geben und einem bestimmten Bild entsprechen müsste, liegen Jahre mit zu viel Stress und zu wenig Schlaf hinter mir. Dazu kommen die Nährstoffmängel, die zu Heißhunger, Konzentrationsstörungen und Kraftlosigkeit geführt haben. »Das wird schon wieder« – dachte ich mir viel zu lange und hielt vieles aus, was ich nicht hätte aushalten müssen. Dazu kam, dass keiner der Ärzte, die ich konsultierte, ganzheitlich auf die Dinge schaute und ich nie den Eindruck hatte, dass Medikamente mir dabei helfen würden, gesund zu werden und zu bleiben.

Mir meinen Körper zurückzuerobern und ihn wieder lieben zu lernen bedeutet mir viel. Es gilt zu akzeptieren, dass er sich verändert, dass der Wandel natürlich ist und bei jedem Menschen individuell verläuft. Dabei stört mich nicht in erster Linie, dass ich älter werde und sich langsam ein paar Fältchen zeigen, sondern vielmehr, dass sich die Signale meines Körpers verändern. Wusste ich sie eine Zeitlang gut zu deuten, ist mir das Gefühl für mich verloren gegangen. Nun lerne ich gerade neu, was mein Körper mir sagen möchte. Umso wichtiger ist mir in den letzten Monaten geworden, an diesem Thema dranzubleiben und meinem Körper meine Aufmerksamkeit zu schenken. Wenn nötig, hole ich mir auch Unterstützung von außen. Ich habe inzwischen das Standing, dabei kritisch und selbstbestimmt zu bleiben. Wenn sich Hilfe gut anfühlt und gute Ergebnisse zeigt, nehme ich sie an. Wenn ich das Gefühl habe, auf dem Holzweg zu sein, suche ich nach anderen Wegen. Darüber hinaus kann ich selbst ganz viel tun: Ich baue meine Fitness wieder auf, mache lange Spaziergänge mit unserem Hund, schlafe mehr und stelle nach und nach meine Ernährung um – Rückfälle bisher leider noch inklusive. Dennoch ist es ein gutes Gefühl, die Schrauben zu kennen, an denen ich drehen kann – gerade weil mein Körper im Wandel ist und mir nicht immer so klare Botschaften sendet, wie ich es mir wünsche.

Je digitaler unsere Welt wird und je mehr wir arbeiten, desto mehr gewöhnen wir uns daran, uns nicht viel zu bewegen, und strecken dann auch in der Freizeit alle viere von uns. Aber nicht nur die Bewegung kommt zu kurz. Das blaue Licht der Bildschirme und die elektrische Strahlung bewirken, dass wir unruhiger und weniger tief schlafen. Und statt unsere Nahrung frisch zuzubereiten, gehen wir in Kantinen und Restaurants oder lassen uns Fertignahrung nach Hause liefern. Die Dichte der Umweltgifte steigt: in den Böden durch Mikroplastik; auf den Feldern durch giftige Substanzen, die alles rund um die Pflanzen töten, die dort wachsen sollen; im Wasser durch Rückstände von Medikamenten und Plastik; auf der Straße durch den Reifenabrieb und in der Luft durch die Emissionen. Immer mehr Menschen leiden unter Schwermetallbelastungen und Vergiftungserscheinungen, aber behandelt wird meist nicht die Ursache, sondern das Symptom. Lebensmittelunverträglichkeiten, Elektrosensibilität und Allergien nehmen genauso zu wie psychische und physische Erkrankungen. Dennoch blenden viele Menschen die Zeichen, die ihnen ihr Körper sendet, aus. Es ist, als würden wir unsere natürlichen körperlichen Bedürfnisse immer mehr aus dem Blick verlieren. Während überall von der richtigen inneren

Einstellung, dem sogenannten Mindset, gesprochen wird, ist von einem gesunden Körper-Seele-Geist-Management nur sehr selten die Rede.

Wir sollten dringend ganzheitlich auf uns schauen und uns für unsere Körperlichkeit sensibilisieren. Höher sensible Menschen sind oft früher mit den Folgen einer ungesunden Lebensweise oder schädlichen Außenreizen konfrontiert als weniger sensible Menschen. Je sensibler ein Mensch ist, desto empfänglicher ist er auch für die negativen Umgebungsreize, die auf ihn einströmen.

Bewegung

Wir optimieren unseren Tagesablauf, sprinten von Aufgabe zu Aufgabe und holen alles raus aus den 24 Stunden, was möglich ist. Neben den vielen Menschen, die sich zu wenig bewegen, gibt es auch viele, die nach Feierabend weitersprinten – zum Sport. Denn nachdem wir unsere mentale Leistung optimiert haben, wollen wir unbedingt auch noch unseren Körper optimieren. Oder es läuft umgekehrt und wir sprinten schon morgens direkt nach dem Aufstehen los und erhöhen das Tempo. Verstehen Sie mich nicht falsch: Ich bin kein Sportmuffel. Für einen Ausgleich zur geistigen Beschäftigung im Sitzen zu sorgen ist gut und wichtig. Dennoch frage ich mich oft, ob sich in der Art, wie wir in unserer Gesellschaft Sport und Fitness anpreisen, der Leistungsanspruch widerspiegelt, der uns bei der Arbeit oder bei privaten Projekten als Messlatte dient. Damit das nicht nach hinten losgeht, gilt es, aufmerksam zu sein und sich bewusst zu machen, dass körperliche Fitness genauso wenig wie Achtsamkeit als Pille funktioniert. Es ist ein Irrweg zu glauben, dass es gesund sei, seinen Körper zu trainieren, um seine Leistungsfähigkeit zu erhöhen. Denn dann stehen nicht Gesundheit, Fitness oder einfach die Bewegung an sich im Vordergrund, sondern wieder einmal der Leis-

> Wer sensibel ist, spürt früher als andere, was sich langfristig auf alle Menschen auswirkt.

Übung: Bewegungsbarometer

Bewegung ist wichtig und tut gut. Machen Sie sich klar, wie oft Sie sich bewegen und bei welcher Art von Bewegung Sie sich am wohlsten fühlen. Nehmen Sie sich etwas Zeit und notieren Sie, was Ihnen einfällt, oder zeichnen Sie, was Sie »bewegt«. Sie können Ihre Notizen und Zeichnungen auch über eine Woche hinweg ergänzen – immer dann, wenn Sie mit dem Thema Bewegung in Berührung kommen. Beantworten Sie folgende Fragen:

- Wie oft bewege ich mich?
- Wie lange bewege ich mich täglich?
- Welche Art von Bewegung bereitet mir Freude?
- Welche Form der Bewegung macht mir weniger Spaß?
- Wobei fühle ich mich wohl?
- An welchen Stellen gibt mein Körper mir das Signal, Pause zu machen?
- Welche Form der Bewegung möchte ich wieder in mein Leben holen oder schon lange ausprobieren?

Wenn Sie Klarheit über Ihren Bewegungsstatus haben, können Sie sich Ziele setzen und überlegen, wie Sie diese Ziele erreichen können und was Sie dafür brauchen. Mein wichtigster Tipp: Fordern Sie sich in Ihrem Tempo, aber überfordern Sie sich nicht.

tungsaspekt. Die Gefahr, dass mit dieser Motivation auch beim Sport körperliche Signale missachtet und übergangen werden, ist groß und mündet in der Folge in Überbeanspruchung und Verletzungen. Das ist definitiv kein sinnvoller Beitrag zu nachhaltiger Gesundheit und alles andere als einfühlsam dem eigenen Körper gegenüber.

Schlaf

Einschlafen … das ist wie eine Erlösung aus der Geschäftigkeit und Schnelligkeit unseres Lebens. Ich mag es, abends im Bett zu liegen, mich auf meinen Atem zu fokussieren und in den Schlaf gleiten zu lassen.

Ausschlafen … das klingt wie zarte Musik in meinen Ohren. Daher wünschte ich mir, dass es viel öfter möglich wäre. Wer Schicht arbeitet oder einen Job hat, für den er früh aufstehen oder weit fahren muss, weiß genauso, wovon ich spreche, wie Eltern. Kleine Kinder sorgen zuverlässig dafür, dass es mit dem Ausschlafen erst einmal vorbei ist. Und nicht nur mit dem Aus-, auch mit dem Durchschlafen. Im Grunde findet man sich mit kleinen Kindern in einer komplett neuen Schlafrealität wieder. Und das bleibt fürs Erste auch so, denn auch wenn sie älter werden, haben sie oft einen anderen Schlaf-Wach-Rhythmus als ihre Eltern. Doch ungeachtet des individuellen Schlafbedürfnisses klingelt der Wecker in vielen Familien um 6 Uhr morgens.

> Jeder Tag ist ein kleines Leben – jedes Erwachen und Aufstehen eine kleine Geburt, jeder frische Morgen eine kleine Jugend, und jedes Zubettgehen und Einschlafen ein kleiner Tod.
> *Arthur Schopenhauer*

Jeder weiß, wie es sich anfühlt, wenn man morgens die Augen aufschlägt und sich wach, frisch und voller Tatendrang auf den Tag freut. Und doch ist das bei den meisten eher selten der Fall – auch bei mir. Es scheint normal geworden zu sein, mit einem Schlafdefizit zu leben: Nur sechs bis sieben Stunden schlafen die Menschen heute pro Nacht, das sind ein bis zwei Stunden weniger als noch in den 60er Jahren. Und exakt ein bis zwei Stunden weniger, als sie nachgewiesenermaßen eigentlich brauchen. Ein- oder Durchschlafprobleme sind weit verbreitet, und wer sie kennt, leidet darunter. Wenn wir uns mehr Kraft und Ausgeglichenheit wünschen, ist es durchaus sinnvoll, uns mit unserer Schlafdauer und -qualität auseinanderzusetzen und zu prüfen, ob wir etwas zum Positiven verändern können. Rituale und Regeln helfen uns dabei. Es geht aber nicht nur um unser Verhalten am Abend, sondern tatsächlich auch um unser Verhalten am Tag. Denn ob wir gut schlafen können, hat auch etwas mit unserer Körperchemie und der Produktion des Schlafhormons Melatonin zu tun.

Melatonin bildet der Körper, wenn es dunkel ist. Deswegen sind wir im Winter oft schlafbedürftiger als im Sommer. Damit der Körper sich auf einen gesunden Schlaf-Wach-Rhythmus mit erholsamen Tiefschlafphasen einstellen kann, ist es wichtig, dass wir tagsüber Tageslicht tanken. Blicken wir stattdessen stundenlang auf diverse Bildschirme – bei der Arbeit, abends vor dem Fernseher und schließlich auch noch auf den des Smartphones kurz vor dem Schlafengehen –, wird unser Organismus zusätzlich belastet. Das blaue Licht der Bildschirme hemmt die Melatoninproduktion. Sind wir auch spätabends noch online, berauben wir uns der Möglichkeit, den Tag loszulassen, unsere Sorgen und Herausforderungen auf Stumm zu schalten und uns ungestört auf den Weg in die Nacht zu begeben.

Impuls: Schlafen Sie gut?![17]

Haben Sie das Gefühl, dass Sie gut und ausreichend schlafen? Sind Sie tagsüber eher wach und fit? Oder werden Sie schnell müde und brauchen mittags immer Ihren Kaffee, um über den Tag zu kommen? Für genug guten Schlaf gibt es eine Menge Tipps, die Sie ausprobieren und für sich umsetzen können.

Tipps für den Tag: Gehen Sie am besten morgens oder vormittags ohne Sonnenbrille an die frische Luft – bei Sonne zwanzig Minuten. Auch die Mittagspause eignet sich sehr gut, um das Tageslicht

17 Zu diesem Impuls hat mich das Buch ›Selfcare – Du bist wertvoll‹ von Ulrike Scheuermann inspiriert.

zu genießen. Wenn es bewölkt ist, sind ein bis zwei Stunden ideal. Ist es Ihnen nicht möglich, nach draußen zu gehen, können Sie sich eine Tageslichtlampe zulegen, am besten mit einer Beleuchtungsstärke von 10000 Lux.

Tipps für den Abend: Schalten Sie möglichst viele Lichter aus, fahren Sie den Computer herunter, stellen Sie den Fernseher aus und legen Sie Ihr Smartphone weg. Wenn Sie Ihr Smartphone mit ins Schlafzimmer nehmen, weil Sie es als Wecker nutzen, schalten Sie den Flugmodus an. Darüber hinaus haben die meisten Computer oder Smartphones einen Nachtmodus, der die Displays auf ein wärmeres Lichtspektrum einstellt und so die Augen schont und den Körper nicht durcheinanderbringt. Damit es in Ihrem Schlafzimmer dunkel genug ist, können Sie verdunkelnde Vorhänge oder Rollos anschaffen oder eine Schlafbrille verwenden. Sorgen Sie dafür, dass es in Ihrem Schlafzimmer kühler ist als im Rest des Hauses. Im Hochsommer ist das kaum machbar, in den restlichen Wochen des Jahres schon. Essen Sie nach 19 Uhr möglichst nichts mehr, damit Ihr Körper die Möglichkeit hat, in Ruhe zu verdauen und zu regenerieren. Nehmen Sie sich Zeit für sich. Sie können sich einen beruhigenden Tee ohne Koffein kochen, ein gutes Buch lesen, mit Ihrer Partnerin oder Ihrem Partner kuscheln, sich eine Wärmflasche machen, gute Musik hören oder aufschreiben, was Sie erlebt haben und wofür Sie dankbar sind. Gönnen Sie sich eine halbe Stunde, um zur Ruhe zu kommen. Legen Sie den Tag vertrauensvoll in die Hände der Nacht. Sie wird Ihnen einen neuen Tag schenken. Wenn Sie nicht einschlafen können, hilft tatsächlich auch das Meditationstraining. Wenn man müde ist und sich im Liegen auf den Atem fokussiert, treten – zumindest mit etwas Übung – die Gedanken immer weiter in den Hintergrund. Das ist eine wunderbare Möglichkeit, sich in den Schlaf zu atmen.

Was Sie gewinnen: Wer gut schläft, ist körperlich gesünder, hat mehr Energie, ist stressresistenter, stabiler und gelassener. Es tritt weniger Heißhunger auf, die Lust auf gesunde Nahrung nimmt zu und das Übergewichtsrisiko ab. Auch das Risiko für chronische Erkrankungen wie Diabetes Typ 2, Depressionen, Alzheimer oder Demenz sinkt. Unsere Lebenserwartung dagegen steigt und wir sehen besser aus, weil auch Haut und Haare sich besser regenerieren können. Wir sind geistig klarer, können uns besser konzentrieren, lernen schneller und sind kreativer. Die Produktivität des Gehirns erhöht sich um ein Vielfaches.

Ernährung

Vegetarisch, Paleo, Vegan oder doch lieber Rohkost? Gluten und Laktose oder lieber nicht? Zucker, Zuckerersatz oder ganz ohne zusätzliche Süße? Frische Nahrung, die ökologisch nachhaltig erzeugt wurde, wenig verarbeitet ist, wenig Salz und am besten keinen raffinierten Zucker enthält, ist ideal für uns Menschen. Darüber hinaus ist es schon lange kein Geheimnis mehr, dass wir viel zu viel Fleisch essen. Das ist nicht nur schädlich für ihre Gesundheit, sondern fördert auch die Massentierhaltung, die für das Ökosystem fatale Folgen hat. Um Soja als Tierfutter anzubauen, werden in Brasilien und andernorts immer mehr Regen- und Urwälder vernichtet – die Lungen unserer Erde brennen.

Doch obwohl all das längst bekannt ist, herrscht immer noch viel Verwirrung um unser Essen. Ständig steht die Frage nach der optimalen Ernährung im Raum, die von Experten und Fachleuten oft widersprüchlich beantwortet wird. Früher war das scheinbar einfacher: An apple a day keeps the doctor away? Inzwischen ist dieser Spruch veraltet. Heute wissen wir, dass es wichtig ist, so oft wie möglich Gemüse und Obst zu essen, damit wir unseren Nährstoffbedarf decken können.

Doch das Ganze hat einen Haken. Fakt ist, dass uns für unsere Ernährung immer weniger Nutzpflanzen zur Verfügung stehen und so die Vielfalt auf unseren Tellern abnimmt. Das ist so, weil wenige große Unternehmen das Geschäft mit dem Saatgut unter sich ausmachen und hybride[18] Hochleistungspflanzen verkaufen, die ertragsoptimiert, aber auch sehr anfällig sind. Alte, samenfeste Sorten werden nur noch in Saatgutbanken aufbewahrt oder von Privatleuten auf Saatgut-Festivals oder Pflanzenmärkten getauscht, angebaut und erhalten.

Ein weiteres Problem ist der Nährstoffgehalt in landwirtschaftlichen Kulturpflanzen. Der steigende Kohlendioxid-Gehalt (CO_2) in der Luft hat nicht nur einen Effekt auf die Erwärmung der Erdatmosphäre, sondern sorgt auch dafür, dass die Nährstoffdichte in Getreide, Obst und Gemüse abnimmt. Aktuell befinden wir uns in der Situation, dass trotz der Bemühungen der Klimakonferenzen die CO_2-Konzentration in der Atmosphäre sowie der weltweite Ausstoß von CO_2 noch immer weiter ansteigen. Die Ernährungswissenschaftler Samuel Myers und Mathew Smith von der Harvard University in Massachusetts kamen zu dem Ergebnis, dass dadurch die 225 wichtigsten Nahrungspflanzen zwischen drei und 17 Prozent ihrer natürlicherweise enthaltenen Eisen-, Zink-, Protein- und Vitaminmengen verlieren könnten.

Parallel dazu nimmt die Qualität unserer Böden durch die industrielle Landwirtschaft immer mehr ab. Supermärkte in Deutschland müssen Obst und Gemüse, das in Plastik verpackt ist und nicht verkauft wurde, nicht auspacken, bevor es in die Kompostieranlage kommt. Dadurch landen Mikroplastikteilchen im Kompost und der Kompost inklusive Plastikteilchen als Dünger wieder auf den

18 Hybride Pflanzen produzieren kein Saatgut, das weiterverwendet werden kann. Samenfeste Sorten können immer wieder angebaut werden, wenn man die Samen der Pflanzen aufbewahrt.

Feldern. Forscher vermuten in unseren Böden 20 Mal mehr Plastik als in den Meeren. Auch der Abrieb von Fahrzeugreifen verschmutzt den Boden. Eine schnelle Lösung für all diese Herausforderungen gibt es nicht. Aber eine wichtige Erkenntnis: Ganz gleich, um welches Thema es geht – die Optimierung des Individuums kann nicht mehr die Maxime sein. Wir brauchen ein kollektives Bewusstsein für die Bedürfnisse unseres Ökosystems – vor allem in Sachen Ernährung. Ein sensibles Thema also.

Die Sehnsucht der Menschen, auf dem Balkon oder im Garten wieder selbst Obst und Gemüse anzubauen, wächst.

Auch wir Menschen sind ein Teil des Ökosystems, ein Teil der Nahrungskette. Wird die zu sehr gestört, wirkt sich das auch auf uns aus. Es wäre klug, wenn wir mit unserem Konsum von Lebensmitteln darauf achten würden, die Biodiversität zu erhalten und zu fördern. Wir können Gemüse beim Biobauern oder im Bioladen kaufen oder in unseren Gärten und auf unseren Balkonen selbst alte Sorten anbauen.

Ich möchte mit Ihnen nur gern ein Schlüsselerlebnis teilen, das die beiden Komponenten Körperbewusstsein und Ernährung aufs Beste miteinander in Einklang bringt:

Meine große Tochter hatte gerade eine mehrtägige Durchfallerkrankung hinter sich und war dem Essen noch etwas abgeneigt. Aber ich gab nicht auf. Von unterwegs rief ich sie an und fragte, ob sie auf etwas Spezielles Appetit habe. Erst fiel ihr nichts ein. Aber plötzlich platzte es förmlich aus ihr heraus: »Ich habe Appetit auf Pfirsiche.« Das wunderte mich, denn zum einen war gerade überhaupt keine Pfirsichzeit, zum anderen gehören Pfirsiche nicht zu ihrem bevorzugten Obst. Einem Impuls folgend recherchierte ich auf meinem Smartphone die Nährstoffe in Pfirsichen. Ein Wert fiel mir besonders auf, weil er im Verhältnis zu den anderen recht hoch war: 190 mg Kalium pro 100 Gramm Pfirsich. Ich forschte weiter und entdeckte die Information, dass der Körper nach Durchfallerkrankungen häufig unter Kaliummangel leidet, was sich in Schwindel äußern kann. Genau darüber hatte meine Maus geklagt. Nun hatte ich einen Anhaltspunkt, suchte weitere kaliumreiche Nahrungsmittel heraus und konnte ihr genau das mitbringen, was für ihren Körper gerade wichtig war. Und sie aß mit Genuss und es ging ihr schnell wieder besser.

Impuls: Anders essen

Lange Zeit haben wir in puncto Ernährung in erster Linie an uns gedacht, der Umweltaspekt blieb weitgehend außen vor. Diese Herangehensweise passt nicht mehr in die heutige Zeit. Es braucht die Bereitschaft, sich ganzheitlich mit dem Thema Ernährung zu befassen. Das lohnt sich nicht nur für uns, sondern auch für Mutter Erde. Aus meiner Sicht gibt es zwei wichtige Aspekte:

1. Ob Massentierhaltung, Monokulturen, industrielle Landwirtschaft, Pflanzenschutzmittel, (Brand-)Rodung, Genmanipulation oder Patente auf Saatgut – wir sind in der Pflicht hinzuschauen und uns mit dem Ausmaß und den Folgen der Schlemmerei in den Wohlstandsgesellschaften auseinanderzusetzen und unser Verhalten zu ändern.
2. Neben dem Wissen von Ernährungsberatern und Diätexperten können wir uns auf die Weisheit unserer Körper zurückbesinnen. Gehen Sie mit sich in Resonanz. So lernen Sie nach und nach auch in Sachen Nahrung Ihren inneren Impulsen zu vertrauen, können sanft und kraftvoll Verantwortung übernehmen und sich Schritt für Schritt bewusster ernähren.

Wir haben nicht nur die Chance, jeden Tag ein Stück bewusster einzukaufen und zu essen und einen Beitrag zum Erhalt unserer eigenen Gesundheit und des Ökosystems zu leisten – wir haben auch die Pflicht.

Berührungen

Der körperliche Kontakt zu anderen Menschen ist essenziell für unsere Gesundheit, allerdings stark von dem Kulturkreis geprägt, aus dem wir stammen. Wer sich wann wie berührt, was man darf und was nicht, kann je nach Kultur sehr unterschiedlich sein. Ich kann mich noch gut an eine Situation erinnern, die mich immer wieder zum Schmunzeln bringt: Als ich für eine Buchpromotion nach Spanien flog und mich ein Fahrer am Flughafen abholte, begrüßte er mich mit Küsschen links und Küsschen rechts. Für eine Hamburger Deern wie mich war das ungewohnt, aber nicht unangenehm. Es stellte sich heraus, dass der Fahrer so wenig Englisch und Deutsch sprach wie ich Spanisch. Aber seine Begrüßungsküsse auf meine Wangen hatten ein feine Verbindung zwischen uns hergestellt, so dass ich mich auf der Fahrt vom Flughafen zum Hotel auch ohne Gespräch wohlfühlte.

Berührungen, die im gegenseitigen Einverständnis erfolgen, sorgen dafür, dass wir uns wohlfühlen. Ob Sex oder Zärtlichkeiten, freundschaftliche Umarmungen oder Kinder, die sich vertrauensvoll an unsere Seite schmiegen – Streicheleinheiten, Kuschelzeiten und Küsse sind Nahrung für Körper und Seele. Berührungen schaffen ein Bewusstsein dafür, dass wir existent sind, und machen Verbundenheit erfahrbar. Kinder brauchen Berührungen sogar für ihr Wachstum! Das wundert mich gar nicht. Meine Kinder kommen abends am besten zur Ruhe, wenn wir das ganze K-Programm durchziehen: Kraulen, Krabbeln, Kratzen (natürlich nur ganz zart), Küssen, Knutschen und Kitzeln … Körperausdruck und Körperkontakt sind Kommunikation pur.

Ohne unseren Tastsinn wüssten wir nicht, dass wir körperlich existieren.

Wir nehmen nicht nur unsere Mitmenschen, sondern auch uns selbst über den Tastsinn wahr. Der Wahrnehmungspsychologe Martin Grunwald von der Universität Leipzig weist darauf hin, dass körperliche Berührung elementar wichtig ist, um Emotionen zu regulieren und zu entspannen. Darüber hinaus gibt es Immunreaktionen, die ausschließlich über Körperberührung angeregt werden. Berührungssensitive Rezeptoren senden ihre Signale an das Gehirn und dort wird dann zum Beispiel Oxytocin – das Bindungshormon – ausgeschüttet. Das ist nicht nur für enge Beziehungen essenziell, sondern funktioniert auch in anderen Situationen. Studien haben ergeben: Bei aufgeregten Studenten, die vor ihrer Abschlussprüfung noch einmal umarmt werden, sinken Stresslevel und Blutdruck. Und Kellnerinnen oder Kellner, die ihren Gast kurz berühren, können mit einem höheren Trinkgeld rechnen.

Natur – Was wir von den Zyklen des Lebens lernen können

Mystisch verschneite Vollmondnächte, durchtränkte Regenjacken und -hosen, Gummistiefel, das zarte Grün des Frühlings, das in der Sonne goldgrün leuchtet. Überschwemmte Wege, ausgetrocknete Bäche, Zecken, Flöhe, gefrorene Auen, vereiste Pfade, Sturmschäden, die Farben des Herbstes, kühle Waldfluchten in heißen Zeiten, verdorrte Gräser und Pflanzen, die die Köpfe und Blätter hängen lassen, buntes Laub, das zu Boden fällt, moderiger Geruch, tote Tiere, plötzliche Angst, wenn neben dem Waldweg ein großes Wildschwein steht, und hohe Aufmerksamkeit, um Rehe, Kaninchen, Eichhörnchen und Schlangen früher zu entdecken als mein vierbeiniger Gefährte. All das erlebe ich erst so detailliert, stetig und immer intensiver, seit wir einen Hund haben.

Bevor wir Sam – einen kleinen, verwirrten, unsicheren und damals 16 Monate alten Mischling – in unser Leben einluden, hatten wir keine Ahnung, was das mit uns machen würde, ja, was es überhaupt bedeutet, mit einem Hund zusammenzuleben und in einer ganz anderen Weise »draußen« zu sein, als wir das bisher waren. Denn mit Sam haben wir uns ein Stück wilde Natur in unser Leben geholt. In der Reflexion ist klar, was mit uns passiert ist: Um Sams wilder Natur wirklich begegnen zu können, mussten wir bereit sein, unserer eigenen wilden Natur zu begegnen. Und zwar in einer Ehrlichkeit und Offenheit, die mich mehr als einmal hat verzweifeln lassen. Und – so ist mein Eindruck – wir sind noch lange nicht am Ziel. Vor allem für mich verlief der Start in dieses neue Leben nicht ganz reibungslos. Obwohl ich bei der Entscheidung für einen Hund diejenige war, die den Stein ins Rollen gebracht hatte, empfand ich Sam sehr schnell als Eindringling in meinen gewohnten Alltag. Sam entpuppte sich als Wesen, dessen Sprache ich nicht verstand und der mich nicht verstehen wollte. Es hat eine Weile gedauert, bis ich die Erkenntnis zulassen konnte, dass ich mit dieser Interpretation falschlag und die Tatsache, dass das Zusammenspiel zwischen uns nicht ganz rundlief, eine Menge mit meiner Haltung zu mir selbst, zu meinem Umfeld und zu ihm zu tun hatte. Das fing schon damit an, dass mich die Verantwortung, die wir da übernommen hatten, eigentlich überforderte. Kurz: Sam verlangte mit großer Vehemenz eine Entwicklung von mir. Und er hat sie bekommen: Für ihn bin ich über mich hinausgewachsen, habe Grenzen gesprengt und meine Komfortzone verlassen. Wenn ich früher draußen war, war ich gern mit meiner Kamera unterwegs, habe mich auf Details fokussiert und manchmal alles andere um mich herum vergessen. Mit Sam ging das zunächst nicht mehr. Vielmehr musste ich nun ständig präsent sein und alles im Überblick behalten. Gleichzeitig Sicherheit und Souveränität ausstrahlen, obwohl ich mir im Umgang mit ihm in vielen Situationen alles andere als sicher war. Wer hochsensibel ist, kann vielleicht nachempfinden, wie schwer es sein kann, das zu lernen. Dazu brauchte es einiges an Training. Dazu kam, dass einem überhaupt nichts peinlich sein darf, wenn man sich einen sehr eigenwilligen Rüden aus einer Pflegefamilie holt. Auch gab es immer wieder Rückschläge. Je »besser« ich für ihn sein wollte, je mehr ich mich unter Druck setzte, desto schlimmer wurde es mit ihm. Ich musste mich von alten Verhaltensmustern verabschieden, wenn ich kein dauerhaft kläffendes Nervenbündel an meiner Seite haben wollte.

Schritt für Schritt haben wir uns einander angenähert, was nichts daran änderte, dass ich lange daran gezweifelt habe, ob unsere Familie und er wirklich zusammenpassen. Es gab Phasen, in denen ich ihn am liebsten weggegeben hätte. Doch als wir die ersten ernsthaften Interessenten hatten, konnte ich eine ganze Nacht lang kaum schlafen. Ich fühlte mich wie eine Verräterin. Und so blieb der kleine Kerl bei uns. Seitdem läuft alles besser. Der Plan, ihn loszulassen, war die Basis für einen Neuanfang. Ein Zyklus war zu Ende, ein neuer begann. So wie Sekunden, Minuten, Stunden, Tage, Monate und Jahre beginnen und enden. So wie die Natur sich jedes Jahr wieder wandelt. Das Leben verläuft nicht in einem stetigen Wachstum, sondern in Zyklen. Das gilt für uns selbst, für unsere Kinder, für Tiere und Pflanzen. Wir verstehen uns viel zu wenig als Teil der Natur, sondern fordern gern eine exponierte Stellung ein.

Mit dem Plan, ihn loszulassen, ist aber noch viel mehr passiert: Ich habe mir zugestanden, einer Situation nicht gewachsen zu sein. Ich habe mich gegen meine Familie durchgesetzt. Ich habe in Kauf genommen, dass insbesondere meine große Tochter leiden würde, wenn Sam nicht mehr bei uns wäre. Ich musste für mich und mein Bedürfnis einstehen und war bereit, dafür Abschied zu nehmen von unserem Hausgenossen. Aber seltsam: Durch diesen Abschied ist der Druck in mir gestorben, es allen recht machen und für Sam etwas sein zu müssen. So wurde der Abschied zum Neustart – ein Meilenstein. Und Sam hat meine Veränderung gespürt. Dass es bei der Entscheidung für oder gegen ihn nicht nur um ihn gegangen war, sondern um viel mehr, wurde mir erst klar, als ich den Herzgedanken hatte, meine Erfahrungen mit Sam als Symbol für das Sein in und mit der Natur für dieses Buch zu wählen. Mir wurde klar, dass Sam meine Verbindung zur Natur auf eine ganz andere Ebene gehoben hat, auch zu einem Teil meiner Natur. Eine Verbindung, die schon immer sehr intensiv war, die ich aber gerade deshalb gerne verleugnet habe. Ich betrachte es als wertvolles Geschenk, jeden Tag mit ihm rausgehen zu können und eben auch dann rauszumüssen, wenn die Zeit knapp oder das Wetter ungemütlich ist. Je mehr ich mich auf die Natur um mich herum einlasse, desto intensiver lasse ich mich auf meine eigene Natur ein. So wurde dieser kleine Hund zum Wächter meiner Natürlichkeit. Er hat mich mit den Zyklen des Lebens in Verbindung gebracht und zeigt mir täglich die Schönheit meines Lebensraumes.

Wenn wir uns die Natur anschauen und uns selbst in und als Teil von ihr wahrnehmen, sehen wir schnell, dass das Leben in Zyklen organisiert ist. Es kann nicht immer nur aufwärtsgehen, nicht alle Bäume haben immer Blätter, so wie auch Menschen nicht in jeder Phase ihres Lebens die gleichen Kraftpotenziale haben. Der weibliche Zyklus und die mit den Jahren nachlassende Fruchtbarkeit sind Aspekte des Lebens, die uns immer wieder daran erinnern, dass wir uns verändern, dass wir jeden Tag ein bisschen anders dastehen und ein Teil des stetigen Wandels in der Natur sind.

Gehet in die Wälder und werdet wieder Menschen!
Jean-Jacques Rousseau

Es nützt uns nichts, wenn wir uns vor Veränderungen verschließen und den stetigen Wandel nicht wahrhaben wollen, verleugnen oder verdrängen. Es kommt der Moment, in dem er nicht mehr zu übersehen ist. Und was machen wir dann? Aus allen Wolken fallen? Die Hände über dem Kopf zusammenschlagen? Besser wäre es, wenn wir auch dann wüssten, wo unser Platz ist. Oder die Zuversicht haben, dass wir einen neuen Platz finden. Weil wir fest verwurzelt und mit den Spielarten des Lebens vertraut sind. Wenn wir empfänglich für den Lauf der Dinge bleiben, wird verständlich, dass es zwar viel mit Mut zu tun hat, sensibel zu bleiben, aber auch ungeahnte Kräfte entfesselt. Wer Empfindsamkeit konstruktiv lebt, entwickelt die Fähigkeit, sich ganzheitlich mit neuen Entwicklungen zu konfrontieren und auch in Zeiten der Veränderung klar durch sein Leben zu navigieren. Und das zu können ist wichtig: Denn nichts ist so beständig wie der Wandel!

Die Natur – Quelle der Heilung?

Es gibt aktuell einen Trend, der auf mich eine große Faszination ausübt – einen aus der Waldmedizin namens Shinrin Yoku, was übersetzt Waldbaden heißt. Ich mache selten einen Trend mit, aber dieser hat mich voll erwischt – im Grunde schon bevor das Thema groß geworden ist. Denn die positive Wirkung des Waldes auf mich habe ich immer gespürt, mir nur zu selten gegönnt. Heute ziehe ich mir ganz bewusst die Wanderschuhe oder Trekkingsandalen an und suche ihn auf, wann immer es mir möglich ist. Zwar fühle ich mich auch an Seen und Bächen und in waldnahen, hügeligen Wiesenlandschaften wohl oder genieße den weiten Blick über das Meer. Aber der Wald schenkt mir Geborgenheit, Klarheit und Stärke, die von innen kommt.

Waldbaden ist wie eine Brücke. Indem es unsere Sinne öffnet, überbrückt es die Kluft zwischen uns und der Natur.
Qing Li

Tatsächlich zeigen Forschungen, dass Menschen offene und abwechslungsreiche Landschaften bevorzugen, dort aber auch immer Bäume oder kleine Wäldchen integriert sein müssen. So entsteht eine Situation, die Überblick und Schutz zugleich bietet. Wir mögen Bäume, die uns Schatten spenden und die so gewachsen sind, dass wir gut an ihnen hochklettern können, was Kinder auch sofort tun, wenn sie einen solchen Baum entdecken. Qing Li, Professor für

Umweltimmunologie in Japan, hat in seinen Studien nachgewiesen, dass bereits nach einer Stunde im Wald Blutdruck, Puls und Cortisol – ein Stresshormon – sinken. Die Zahl der Killerzellen steigt hingegen. Sie sind für die Abwehr von Eindringlingen in unseren Körper zuständig und sorgen dafür, dass unsere Immunabwehr stärker wird. Eine dänische Studie wiederum bestätigt, dass Menschen, die in einem grünen Umfeld aufgewachsen sind, im Laufe ihres Lebens seltener psychisch erkranken. Und es gibt Untersuchungen, denen zufolge die stressverarbeitenden Hirnareale wie die Amygdala, der sogenannte Mandelkern, bei Stadtbewohnern, die nahe am Wald wohnen, eine physiologisch gesündere Struktur aufweisen, was höchstwahrscheinlich dazu führt, dass diese besser mit Stress umgehen können. Da liegt die Frage nach der Henne und dem Ei natürlich nahe: Suchen gesunde Menschen eher die Nähe des Waldes oder wirkt sich der Wald positiv auf ihre Gesundheit aus?

Die positive Wirkung von Bäumen auf das seelische Wohlbefinden des Menschen hält länger an als kurzfristige Glücksmomente.
Qing Li

Bereits 1984 stellte der schwedische Forscher Roger Ulrich fest, dass Patienten, die ins Grüne schauten, schneller gesund wurden und mit weniger Schmerzmitteln auskamen. Bei Patienten, die in Zimmern lagen, in denen Bilder von bewaldeten Flussufern hingen, war es genauso, während Bilder mit abstrakter Malerei keinerlei positiven, gesundheitsfördernden Effekt hatten.

Die Waldmedizin-Forscher diskutieren noch, wie es zu dieser Wirkung kommt. Was sorgt für die heilenden Effekte des Waldes und der Natur? Ist es die Wirkung der Waldaromen und Terpene, der Botenstoffe der Bäume, die zum Beispiel für die Abwehr von Schädlingen zuständig sind und die wir über die Lunge und unsere Haut aufnehmen? Sind es unsere meist positiven Assoziationen mit dem Wald, weil wir dort glückliche und unbeschwerte Tage in der Kindheit verbracht haben? Ist es die genetische Ebene, weil der

Übung: Heut' mach ich mal grün!

Bevor Sie blaumachen, weil eine Erkältung naht oder Sie wider besseres Wissen am Vorabend ein wenig zu tief ins Glas geschaut haben, empfehle ich Ihnen: Machen Sie doch mal grün! Wir neigen dazu, uns zurückzuziehen und ins Bett oder auf die Couch zu legen, wenn es uns nicht gut geht, unser Immunsystem einen Frischekick braucht und oder wir dringend unseren Stresslevel senken müssen. Ich habe da noch eine andere Idee: Ziehen Sie sich der Jahreszeit entsprechend an und gehen Sie in den Wald (oder in ein Stück Natur mit Bäumen), wo Sie gerne sind. Langsam und mit offenen Sinnen. Lassen Sie Handy und Hund zu Hause und reduzieren Sie Ihr Tempo. Wenn Sie nicht gerne allein im Wald oder in der Natur sind, nehmen Sie einen Menschen mit, in dessen Gemeinschaft Sie gut entspannen können. Oder Sie bitten jemanden um Begleitung, der sich im Wald auskennt – sei es ein Kursleiter für Waldbaden oder ein Waldpädagoge. Und dann tauchen Sie ein:

- Bleiben Sie von Zeit zu Zeit stehen und machen Sie die Augen zu. Und dann schnuppern Sie Waldluft. Wie riecht der Wald? Woran erinnert Sie der Geruch?
- Schauen Sie nach oben in die Baumwipfel. Oder gehen Sie ganz nah an die Bäume heran und entdecken Sie die Strukturen der Rinde.
- Hocken Sie sich auf den Boden und beobachten, was dort alles krabbelt und lebt.
- Am Morgen und am Abend oder auch im Winter, wenn die Sonne in unseren Breiten nie hoch am Himmel steht, sind wunderschöne Licht- und Schattenspiele zu beobachten.
- Baumstümpfe eignen sich zum Pausieren. Lassen Sie sich nieder und verweilen Sie an einem schönen Platz.
- Sie haben einen Baum gefunden, der sie berührt und neugierig macht. Dann lassen Sie sich den Rücken stärken und lehnen Sie sich an seinen Stamm. Oder umarmen Sie ihn! Ja, nur zu. Schließ-

lich sind es die Bäume, die unsere Atemluft produzieren. Das darf ruhig ein Gefühl der Dankbarkeit und Verbundenheit bei Ihnen auslösen!

- Fokussieren Sie immer wieder Ihren Atem und lassen Sie die Waldluft durch Ihren ganzen Körper strömen.
- Wann haben Sie zuletzt Moos, Blätter, Grashalme, Holz, Tannenzapfen und Co. angefasst? Tasten Sie sich durch das wilde Grün und genießen Sie den Kontakt mit der Natur.
- Sie haben den Impuls, etwas zu sammeln? Machen Sie das. Manchmal findet sich auch ein Gegenstand, der Sie länger begleitet oder Ihnen etwas bedeutet. Vielleicht entsteht aus den gesammelten Gegenständen früher oder später auch ein kleines Kunstwerk oder Mandala. Ihrer Kreativität sind keine Grenzen gesetzt.
- Es gibt etwas, das Sie belastet und von dem Sie sich befreien möchten? Werfen Sie diese Sache symbolisch in Form eines Steins in einen Bach, verbuddeln Sie einen Stock oder finden Sie ganz einfach Ihren eigenen Ausdruck.

Wenn Sie die Kraft des Waldes nutzen wollen, ist es wichtig, dass Sie sich wohlfühlen und zur Ruhe kommen. Sie brauchen keine langen Strecken zurückzulegen. Es geht darum, in Kontakt zu kommen – mit Ihrer eigenen Natur und mit der Natur um Sie herum. Probieren Sie es am besten aus und spüren Sie vor und nach dem Aufenthalt im Wald in sich hinein. Hat sich etwas verändert? Wie geht es Ihnen? Ich wünsche Ihnen jedenfalls viel Freude und eine angenehme Zeit in der Natur.

Zu Ihrer Sicherheit: Bleiben Sie dem Wald bitte bei Gewitter, Sturm und ein paar Tage nach einem Sturm fern. Stellen Sie sich nicht in die Wurzelteller umgestürzter Bäume und beachten Sie Absperrungen und Verbotsschilder, die auf Forstarbeiten hinweisen.

Wald evolutionär betrachtet eine größere Rolle für uns spielt als die Stadt? Oder ist es der Achtsamkeitseffekt, der entsteht, wenn wir uns wie beim Waldbaden erlauben, durch den Wald zu schlendern, innezuhalten und mit allen Sinnen Details wahrzunehmen, wie zum Beispiel den Lichteinfall durch das Blätterdach? Wahrscheinlich ist, dass hier viele positive Effekte zusammenkommen, die dazu führen, dass sich immer mehr Menschen in Richtung »grün« orientieren und ein Bewusstsein dafür entwickeln, wie wichtig es ist, unser Ökosystem nicht nur zu nutzen, sondern auch zu erhalten.

In Japan verschreiben Ärzte ihren Patienten mehrtägige Aufenthalte im Wald. In Norwegen haben bereits zwei Hospitäler Baumhäuser mit Krankenzimmern in den Wald direkt neben dem Krankenhaus gebaut, um den Genesungsprozess der Patienten zu unterstützen. Die Natur wird zur Quelle der Heilung. Und zeigt uns den Weg zurück zu unserer menschlichen Natur.

Wenn wir mit unserer Natur in Einklang kommen, entsteht eine natürliche Balance.

WARUM EMOTIONEN PURE ENERGIE SIND

Mein Herz klopfte mir bis zum Hals. Ich lief bebend durch die Wohnung. Gestern erst war ich eingezogen. Allein in meine neue Wohnung.

Kurz vor dem Umzug hatte ich mich von meinem damaligen Partner getrennt. Mit Ende 20 hatte ich genug von Männern und war überzeugt, dass es den einen richtigen für mich nicht gibt. Das Thema Kinder hatte ich abgehakt. Doch dann war ich in der Woche vor dem Umzug bei einem Geschäftsessen einem Mann begegnet, der mich faszinierte. Wir unterhielten uns zwei Stunden lang ohne Unterbrechung. Es war so, als würden wir uns schon ewig kennen und uns nach langer Zeit endlich wiedersehen. Die Begegnung hinterließ Spuren in unseren Herzen. Wir beschlossen, in Kontakt zu bleiben.

Am Abend des Umzugs hatte ich gerade alle Kisten ausgepackt, als ich eine SMS bekam. Eine, die mir mitten ins Herz ging, die mich aufwühlte und aus meiner Komfortzone warf. Eine SMS von dem Mann, mit dem ich mich ein paar Tage zuvor beim Essen so intensiv unterhalten hatte. Wir verabredeten uns zum Skypen – mitten in der Nacht. Die erste Nacht in der neuen Wohnung gehörte somit nicht nur mir, sondern auch ihm. Als meine Mutter mich am nächsten Morgen abholte, weil wir zu einem Osterbrunch bei der Familie eingeladen waren, hatte ich kaum geschlafen und war dennoch ganz beseelt. Am Nachmittag kam die nächste SMS …

Gestern erst war ich hier eingezogen. Allein. Und jetzt erwartete ich Besuch. Ostersonntag. Ein denkwürdiges Datum – wie gemacht für einen Neuanfang. Ich war aufgewühlt und mein Atem spiegelte meine Aufregung. Es war, als wüsste mein Körper mehr als ich.

Denn ich konnte damals noch nicht ahnen, dass ich kurz davor war, die erste Nacht mit meinem zukünftigen Mann zu verbringen, mit dem ich inzwischen mehr als elf Jahre verheiratet bin, zwei gemeinsame Kinder, zwei Enkel – mein Mann hat erwachsene Kinder aus erster Ehe, die bereits Eltern sind – und eine lange, aufregende Geschichte habe. Hätten wir beide uns damals von unserem Verstand leiten lassen, gäbe es heute weder unsere Liebe noch unsere Töchter, keine Expertise zum Thema Emotionen und auch keine Bücher aus dem Hause Sohst. Unsere Gefühle füreinander aber waren so intensiv, dass wir uns gar nichts anderes vorstellen konnten, als unseren Weg gemeinsam weiterzugehen. Die Energie, die unsere Liebe mit all ihren Facetten entfaltete, gab uns die Kraft, die Herausforderungen, die wir beide mit in die Beziehung gebracht hatten, zu bewältigen. Und sie tut es immer wieder. Die Basis dafür, dass wir unsere Liebe bis heute durch alle Höhen und Tiefen hindurch weiterentwickeln, sind Mut und Vertrauen. Der Mut, auch in schwierigen Situationen aufeinander zuzugehen und miteinander selbst über das zu sprechen, wovor wir Angst haben. Und das Vertrauen, dass wir immer Wege finden können, wenn wir mit uns selbst und mit dem anderen in Verbindung bleiben – in Liebe. Sowohl der Mut als auch das Vertrauen entspringen nicht dem Denken, sondern unserer emotionalen Welt.

Wir waren elektrisiert. Wir waren emotional. Und wir zeigten uns verletzlich und sensibel. Sensibilität funktioniert nicht ohne Emotionen und Emotionen können nicht ohne Sensibilität entstehen. Sie bedingen einander. Das eine ist ohne das andere nicht vorstellbar.

Liebe kann ganz unterschiedliche Energien erzeugen. Zu Beginn, in der Phase der Verliebtheit, sind wir hin und weg von einem Menschen und die Schmetterlinge im Bauch machen, was sie wollen.

Wir sehnen uns danach, seelisch und körperlich miteinander abzuheben. Wir wollen, ja, wir müssen uns berühren. Das Denken spielt dabei eine untergeordnete Rolle. Wir schwelgen in unseren Gefühlen, schwingen auf einer Wellenlänge und begegnen uns – von Seele zu Seele. Mit den Jahren wandeln sich nicht nur unsere Persönlichkeiten und Körper, sondern auch die Liebe. Der »Entertainment-Faktor« des hormonellen Verliebtheitscocktails weicht einer wachsenden Vertrautheit. Da kann es schon auch mal zu Durststrecken kommen, die überwunden werden wollen. Es braucht eine neue Ebene der Liebe. Und sobald Kinder da sind, sind wir gefordert, ein neues »Wir-Gefühl« zu entwickeln, und damit konfrontiert, dass sich Liebe ganz anders anfühlen kann, wenn für ungestörte, wache Zweisamkeit nur noch wenig Raum bleibt und die Liebe und Fürsorge auf weitere Familienmitglieder verteilt wird. So anders, dass der Sex durchaus an Attraktivität verlieren kann, weil wir so müde sind, dass uns schon beim Zubettgehen die Augen zufallen. Kuscheln und Zärtlichkeiten hingegen sind immer möglich und aus meiner Sicht die bessere Alternative, um »in Berührung« zu bleiben, statt sich unter Druck zu setzen, weil die Anzahl der heißen Liebesnächte unter dem Durchschnitt liegt.

Liebe ist eine emotionale Welt, die Verbundenheit möglich macht.

Immer wieder sind wir gefordert, unserer Liebe einen neuen Ausdruck zu verleihen – der Liebe zu uns selbst, zu unserem Partner, zu unseren Kindern, zu unseren alternden Eltern, zu den Menschen, mit denen wir uns über das familiäre Band hinaus eng verbunden fühlen, und auch der Liebe zur Natur. Diesen Wandel immer wieder zu vollziehen ist ein wichtiges Element des Seins. Denn aus der Liebe schöpfen wir Kraft und sie gibt uns die Energie, unser Leben zu gestalten. Wenn wir uns verlieben, einem Menschen näherkommen, uns entscheiden, gemeinsam mit ihm durchs Leben zu gehen und vielleicht sogar eine Familie zu gründen, werden unglaubliche Kräfte frei. Wir arbeiten, bauen Häuser, wachen nächtelang an den Betten unserer Kinder, wenn die mal krank sind, wühlen uns durch Formulare, Anträge, Steuererklärungen und werden Tag für Tag mehreren Rollen gerecht – manchmal sogar gleichzeitig.

Was uns dazu treibt, uns all diesen Herausforderungen zu stellen, haben wir nicht in erster Linie dem Denken zu verdanken, sondern den emotionalen Kräften, die in uns wirken. Müssten wir alles, was in unserem Leben mit Beziehungen und Gemeinschaft zusammenhängt, über den Verstand regeln, würden wir mit großer Wahrscheinlichkeit scheitern, denn auf emotionaler Ebene sind wir flexibler, geschmeidiger und wendiger als auf rationaler. Würden uns unsere Emotionen abhandenkommen, verlören wir die wichtigste Kraftquelle. Eine Quelle, aus der wir schöpfen können, wenn wir unser Leben gestalten, für uns selbst oder andere einstehen oder über uns hinauswachsen.

Angst vor Gefühlen?

Nun ist es allerdings so, dass Gefühle nicht immer nur als Quell der Kraft wahrgenommen werden, denn sie haben leider nicht den besten Ruf. Wer sie öffentlich zeigt, gilt als schwach. Manche Menschen haben sogar Angst vor ihnen, obwohl Gefühle genauso kommen und auch wieder gehen wie Gedanken, Erlebnisse, Licht, Dunkel, Regen und Sonne, Tag und Nacht. Auch dann, wenn sie sehr intensiv sind. Doch weil wir starke Gefühle oft verdrängen und unterdrücken, haben wir nur wenig Übung im Umgang mit ihnen. Warum verdrängen wir sie dann? Weil es Situationen gibt, in denen Verdrängung unsere Seele schützt. Weil es uns guttut, wenn wir die Fülle der Gefühle, die mit kritischen Erfahrungen einhergehen, nicht sofort verarbeiten müssen. Entscheidend ist nur, ob wir uns das bewusst machen und wie wir ihnen

> Menschen wurden erschaffen, um geliebt zu werden. Dinge wurden erschaffen, um benutzt zu werden. Der Grund, warum sich die Welt im Chaos befindet, ist, weil Dinge geliebt und Menschen benutzt werden.
> *Dalai Lama*

langfristig begegnen. Gefühle dauerhaft zu deckeln ändert nämlich nichts daran, dass nach und nach verarbeitet und integriert werden möchte, was da in uns wirkt. Nehmen wir uns keine Zeit dafür, bilden sich emotionale Muster, die uns darauf aufmerksam machen, wohin wir unseren Blick werfen sollen. Wir bleiben quasi hängen. Unser System lässt uns in diesem Punkt so lange nicht weiterziehen, bis wir endlich bereit sind, uns dem Gefühl, in dem die Botschaft unserer emotionalen Welt steckt, zu öffnen. Es wäre hilfreich und heilsam, emotionales Energiemanagement zu betreiben, also regelmäßig bei einem »Großputz« Gefühle zu sortieren, innere Muster zu hinterfragen, alte auszumisten und in die letzten Ecken unseres emotionalen Schrankes zu schauen. Solange wir diesen Kreislauf als schwierig bewerten und die Begegnung mit uns selbst und anderen scheuen, werden wir nie die Erfahrung machen, dass in den allermeisten Fällen auch das dunkelste Gefühl ohne große Katastrophen wieder vorübergehen kann. Dabei ist genau diese Erfahrung ein unglaublich befreiendes Erlebnis!

Ohne die Bereitschaft zur Entwicklung können wir nicht wachsen.

Machen wir sie nicht, entwickeln wir immer mehr Angst vor unseren Gefühlen – und übrigens auch vor den Gefühlen anderer. Damit erlauben wir ihnen, sich so richtig schön festzubeißen. Es bleibt also die Frage: Wovor haben wir eigentlich Angst? Haben wir Angst vor uns selbst? Oder spüren wir die Energie, die in unseren Emotionen steckt, und sind mit dieser Kraft überfordert, weil wir nicht wissen, wie wir sie lenken und nutzen können? Dann sollten wir es lernen.

Trotz aller Argumente, die für eine bewusste Emotionalität sprechen, fehlt vielen von uns das Vertrauen, allein damit zurechtzukommen. Das mag mit daran liegen, dass in weiten Teilen der Gesellschaft die Meinung vorherrscht, man müsse bei diesem Vorhaben unbedingt eine »Fachfrau« oder einen »Fachmann« an der

Seite haben. Wer diese Meinung übernimmt, traut sich vielleicht tatsächlich so lange nicht an seine Gefühle heran, bis es ohne Hilfe nicht mehr geht.

In diesem Kapitel möchte ich Sie dafür begeistern, Ihre Gefühle neu zu entdecken, neue Perspektiven aufzeigen, Ihnen die Angst vor sich selbst nehmen und Ihnen die Energie Ihrer Emotionen bewusst machen. Denn ohne aus dem Vollen zu schöpfen und in die Tiefe zu gehen – wenn es sein muss, auch in den Schmerz hinein – stagnieren wir, verlieren den Kontakt zu uns selbst und zum Leben. Ein gutes Beispiel dafür sind Schwangerschaft und Geburt. Starke Gefühle und Empfindungen, auch Schmerzen, gehören zu dem Prozess der Menschwerdung dazu. Ohne geht es nicht. Wenn alle Frauen auf der Welt sich verbündeten und sich diesen starken Empfindungen verweigern würden, gäbe es in etwas über 100 Jahren keine Menschen mehr. Ebenso folgenreich wäre es, wenn wir uns den starken Gefühlen verweigern würden, die entstehen, wenn wir uns ehrlich und ernsthaft mit unserem Umgang mit dem Planeten konfrontieren. Vorausgesetzt uns ist daran gelegen, dass unsere Spezies erhalten bleibt, könnte es also durchaus Sinn machen, wenn wir uns weise auf unsere emotionale Welt einlassen und uns für das Wesentliche sensibilisieren.

Fühlen lernen: Warum positives Denken nicht ausreicht

In den letzten Jahren wurde viel davon geschrieben und gesprochen, wie man durch positives Denken glücklicher werden kann. Das ist erst einmal auch eine gute Idee, weil wiederkehrende Gedanken und Handlungen Einfluss darauf haben, wie sich die Synapsen im Gehirn verschalten und welche Nervenbahnen stärker ausgebildet werden. Konstruktiv zu denken ist hilfreich, um die eigene Haltung Schritt für Schritt zu verändern und sich durch veränderte, positive Denkmuster kognitiv zu stärken. Wenn das »Mindset« stimmt – so tönt es durch die Weiten des Internets und durch einen großen Teil der Online-Business-Community –, dann kommt der Erfolg wie von selbst.

Das, was wir Denken nennen, umfasst nur einen kleinen Teil der Möglichkeiten unseres Gehirns. Nachdenken wiederum können wir nur über das, was uns schon bekannt und bewusst ist. Doch woher kommen die neuen Gedanken, die neuen gedanklichen Impulse? Was passiert da in uns? Und was hat es mit den »Gedanken« auf sich, die uns unser System ungefragt in unser Bewusstsein schleust? Solche Gedanken nenne ich gerne Herzgedanken. Zu Herzgedanken – man könnte sie auch Eingebungen nennen – inspiriert uns unsere tiefer liegende, unbewusste emotionale Welt. Aus ihr erhalten wir Impulse. Wir denken sie nicht herbei, sondern sehen sie plötzlich auf unserem inneren Schreibtisch liegen. Diese Herzgedanken regen uns mit ihrem Auftauchen zum Weiterdenken an – weil wir herausfinden wollen, was uns unser emotionales Energiezentrum für eine Botschaft gesendet hat. Wir wollen sie verstehen, ihren Sinn erkennen oder eine Lösung finden. Dazu brauchen wir beides: das Den-

Mit unserem Denken können wir unsere Gefühle beeinflussen. Doch woher kommen eigentlich unsere Gedanken?

ken und die Emotion. Erst wenn unsere Gedanken sich mit unserer emotionalen Kraft verbinden, kommen wir ins Handeln.

Unsere emotionale Welt beeinflusst unser Denken unabhängig davon, ob wir bewusst darüber nachdenken, welche Emotionen gerade aktiv wirken, oder nicht. Das ist es, was wir Fühlen nennen. Wenn wir unsere Gefühle beeinflussen und emotional souverän sein wollen, müssen wir uns bewusst machen, dass das nicht ganzheitlich möglich ist, ohne uns mit den Impulsen aus unserem emotionalen System auseinanderzusetzen. Wirklich zufrieden, gelassen und voller Vertrauen ins Leben sind wir nur dann, wenn unsere Gedanken und emotionalen Bedürfnisse so oft wie möglich im Einklang sind. Wenn die unterschiedlichen Ebenen unseres Seins miteinander statt gegeneinander schwingen.

Genau das ist jedoch oft nicht der Fall. Viele Menschen zwingen sich in dem Bestreben, dass es ihnen gut geht, die vermeintlich richtigen Gedanken (oder Lebensmodelle) anderer auf, obwohl sie gar nicht mit ihren Emotionen harmonieren. Wenn es jedoch in unserer emotionalen Welt eine ungelöste Herausforderung gibt und wir gleichzeitig von uns fordern, positiv zu denken, erzeugen wir eine Dissonanz. Das kann dazu führen, dass wir früher oder später aus dem Gleichgewicht kommen – einfach deshalb, weil das Fühlen und das Denken nicht zusammenpassen. Wir lügen uns selbst in die Tasche. Die Folge: Echte Wohlfühlmomente werden immer seltener. Und die, sagt Neuropsychologe Rick Hanson, haben einen großen Effekt auf unsere seelische Widerstandskraft – Resilienz genannt –, die uns nicht nur in Krisen hilft. Je mehr bewusst erlebte Wohlfühlmomente wir haben, desto größer wird der Vertrauens- und Kraftpuffer, der uns durch schwierige Lebensphasen trägt.

Emotionen sind innere Impulse, die uns zum Denken, Fühlen und Handeln anregen.

Das leuchtet ein: Wenn wir mit uns selbst nicht im Einklang sind und unser Fokus eher auf den schwierigen Aspekten des Lebens liegt, zweifeln wir an uns selbst und an der Welt. Dann sind wir nicht in der Lage darauf zu vertrauen, dass wir das, was wir uns wünschen und worauf wir uns ausrichten, auch in die Realität bringen können. Denken wir über unsere Potenziale zwar nach, zweifeln aber emotional an ihnen, werden wir selten die Erfahrung machen, dass wir unser Leben selbstbestimmt gestalten können. Wir nutzen unsere Ressourcen immer nur in dem Maße, wie wir es emotional für »machbar« halten. Der Zweifel ist ein fieser Gegenspieler unserer Kreativität und hat mit emotional verankertem Vertrauen und echter Gelassenheit wenig zu tun.

Ich selbst kenne das nur zu gut: Das, wozu meine innere Welt bereit ist und was ich gut fühlen kann, funktioniert. Immer, wenn ich spüre, wo ich hinwill, und wenn ich vertrauensvoll Schritt für Schritt mein Ziel verfolge, wird die Sache rund. Dann können selbst Gedanken des Zweifels nicht dafür sorgen, dass ich mein Ziel aus den Augen verliere. Im Gegenteil, sie befeuern eher noch meinen emotionalen Ehrgeiz und beflügeln mich. Für mich folgt daraus eine wichtige Erkenntnis: Vertrauen ist nichts, was ich mir herbeidenken kann. Vertrauen muss ich fühlen können. Dann kann ich meine Potenziale leben und Ziele erreichen, die mir von Herzen wichtig sind. Ohne meine emotionale Kraft kann ich lange darüber nachdenken, was ich alles in der Lage wäre zu tun. Um ins Handeln zu kommen, brauche ich meine Emotionen und ich brauche Raum und Zeit, sie kennenzulernen, mich mit ihnen auseinanderzusetzen und sie zu leben.

Vertrauen ist nichts, was man herbeidenken kann. Vertrauen muss man fühlen.

Wie wir uns sicher fühlen

»Es geht darum, das Unbekannte bekannt zu machen. Lassen Sie uns Erfahrungen machen, trotz der Risiken. Wo wir keine Risiken eingehen, können wir nichts Neues erfahren. Sicher kann nur etwas sein, das wir kennen. Und wenn wir unsere Gefühle nicht wahrnehmen und unsere Bedürfnisse nicht kennen, dann bleiben wir unbewusst. Also: Lernen wir unsere Gefühle kennen.« So beschreibt es der Exmanager und Coach Günter Kerschbaummayr. Er hält es für absolut relevant, die Welt der Gefühle ernst zu nehmen. Ein wertvoller Ansatz – denn so können wir auch mal unbekanntes Terrain betreten, ohne dass uns alte emotionale Muster zu stark blockieren.

Echtes Vertrauen in unser Leben kann dann entstehen, wenn wir unseren Gefühlen begegnen und sie als Botschafter unserer Bedürfnisse erkennen und wertschätzen. Gefühle sind nichts, wovor wir uns fürchten müssen oder was es zu kontrollieren gilt. Vielmehr geht es darum zu lernen, in unseren Gefühlen zu lesen wie in einem Buch. Das ist die beste Basis, um überlegt und emotional handeln zu können. Ohne unsere emotionale Welt in unser Repertoire zur Lebensgestaltung zu integrieren, üben wir uns nur in Denkgymnastik. Warum also gehen wir davon aus, mit unserem Denken unsere emotionale Welt positiv steuern zu können? Warum bewerten wir unsere Gefühle und ordnen das Fühlen so dem Denken unter? Es ist eindeutig zielführender, beide Elemente zu nutzen und bewusst zu kombinieren – das Denken und das Fühlen.

Das Denken hat gegenüber dem Fühlen den Vorteil, dass wir dabei relativ unaufgeregt sind. Gedanken haben einen niedrigeren Energielevel als Emotionen. Gedanken des Zweifels kann man notfalls beiseiteschieben. Aber Zweifel, die emotional verankert sind, bleiben hartnäckig und bremsen uns aus. Gegen sie können unsere Gedanken nur wenig ausrichten. Da hilft nur, emotional aufzuräumen und zu verarbeiten, was verarbeitet werden möchte.

Zwar eignen sich unsere Gedanken dazu, den Cortex, unser Denk-, Sprach- und Verarbeitungszentrum, gut zu durchbluten. Doch es entsteht dabei zu wenig Energie, um Dinge wirklich in Bewegung zu bringen. Echte Veränderung entsteht eher durch leidenschaftliche Gefühle als durch Gedankenspiele.

Übung: Gefühle und Gedanken in Einklang bringen

Um Kopf und Herz zu einem starken Team zu machen, hilft es, immer wieder Gefühle und Gedanken gemeinsam zum Klingen zu bringen. Dafür gibt es eine einfache Übung:

- Scannen Sie Ihre Gefühle, spüren Sie in die Tiefe und finden Sie heraus, was Sie emotional bewegt.
- Nutzen Sie Ihre Gedanken, um das, was Ihnen bewusst geworden ist, zu reflektieren und mit einem kühlen Kopf klare Ideen für die Umsetzung zu entwickeln.
- Entfesseln Sie dann die Energie Ihrer Emotionen, um Ihrem Ziel entschlossen näher zu kommen.

Doch wie ist das eigentlich mit den Gefühlen? Können wir wirklich alle willkommen heißen? Dürfen wir zeigen oder erzählen, wie wir uns fühlen? Tränen einfach kullern lassen? Oft ist das leichter gesagt als getan. Hand aufs Herz: Wie lauten Ihre Antworten auf folgende Fragen?

- Darf ich mich mit allem zeigen, was in mir ist?
- Sollte ich meine sensiblen Seiten und Gefühle verstecken?

Ich bin mir sicher, dass viele Menschen auf die erste Frage mit »Nein« und auf die zweite Frage mit »Ja« antworten. Dabei wäre es andersherum viel sensibler und menschlicher. Ja, Sie dürfen sich mit allem zeigen, was in Ihnen ist. Und nein, bitte verstecken Sie Ihre zarten Seiten und auch die starken Gefühle nicht.

Wenn Sie gelernt haben, Ihren Gefühlen souverän zu begegnen, machen unangenehme Lebensereignisse Sie noch stärker, als Sie ohnehin schon sind. Es ist ganz normal, Gefühle zu empfangen und zuzulassen – sonst lägen sie nicht in unserer Natur. Dieser Prozess führt zu mehr Bewusstsein und regt Ihre persönliche Entwicklung an. Wenn Sie sich trauen, immer wieder auch den schwierigen Seiten des Lebens in die Augen zu schauen, können Sie eine wichtige Fähigkeit entwickeln:

- Krisen besser anzunehmen und gestärkt aus ihnen hervorzugehen,
- Hindernisse als Chance zu begreifen und an ihnen zu wachsen.

Das hat übrigens rein gar nichts mit Abhärtung zu tun. Im Gegenteil: Es geht darum, sensibel sein zu können, ohne jedes Mal im emotionalen Chaos zu landen, wenn das Leben Herausforderungen bereithält – und zwar ganz ohne Verdrängung. Wenn Ihnen das gelingt, sind Sie echt stark!

Gefühle verstehen und verständnisvoll fühlen

Spätestens dann, wenn das Leben uns mit Situationen und Ereignissen konfrontiert, die man sich nicht »schöndenken« kann, brauchen wir die ganze Bandbreite unserer emotionalen Welt. Gefühle, die viele Menschen als unangenehm werten, zu ignorieren oder zu verdrängen ist nicht gesund. Doch wie können wir uns (allen) unseren Gefühlen öffnen und einen entspannten Umgang mit ihnen finden? Obwohl selbst Wissenschaftler dazu tendieren, von negativen und positiven Gefühlen zu sprechen, möchte ich mit Ihnen einen anderen, einen neuen Ansatz versuchen. Es geht im Grunde nicht darum, ob Gefühle gut oder schlecht, angenehm oder unangenehm sind, es geht nur darum, eine Antwort auf diese Frage zu finden:

Wer stärker fühlt, hat mehr vom Leben!

Was wollen mir meine Gefühle sagen bzw. was machen sie mit mir?

Versuchen Sie zwischen Reiz und Reaktion zu differenzieren, ohne Ihr Gefühl zu schnell in die gewohnte Bewertungsecke zu schieben. Und denken Sie daran: Auch wenn Gefühle uns mitunter sehr herausfordern können – es gäbe sie nicht, wenn sie keinen Sinn hätten.

Sehen wir über unsere empfindsamen Seiten hinweg oder interpretieren sie vorwiegend intellektuell, laufen wir Gefahr, nur einen kleinen Teil unserer Realität wahrzunehmen. Wir fangen dann aufgrund unseres (von anderen übernommenen) Wertemaßstabes an, bestimmte Gefühle auszusortieren, weil sie nicht in eine Welt des positiven Denkens und Fühlens passen. Doch so einfach geht das nicht. Der Widerstand gegen die eigenen Gefühle ist kraftraubend und selbstzerstörerisch. Kennen Sie die Angst vor der Angst? Angst ist eine massive Überforderung unserer Sensibilität. Und wenn man sich weigert, Angst zu erleben, versucht man sie zu meiden. Dadurch wird die Angst aber nicht geringer, sondern sie wächst. Gehen wir so vor, versuchen wir die Polarität des Lebens auszuschalten. Wir tun so, als gäbe es keine Zyklen. So wie unser Leben Tag und Nacht braucht, braucht auch unsere emotionale Welt Licht und Dunkelheit. Sie bedingen einander. Die gute Nachricht ist: Genauso, wie ich in der Nacht schlafen kann, kann ich auch für die dunklen Gefühle einen passenden Lebensraum finden – in der Zuversicht, dass es danach mit dem Beginn des nächsten Tages wieder hell wird. Die Nacht abschaffen zu wollen wäre unvernünftig. Ohne Dunkelheit kein Licht! Woher sollten wir wissen, was Fröhlichkeit ist, wenn wir nicht auch mal traurig wären? Woran würden wir erkennen, dass wir produktiv und zielstrebig sind, wenn wir nicht auch Phasen erlebt hätten, in denen wir nicht wussten, was wir als Nächstes tun sollten, und kaum etwas bewegt haben?

Wenn Gefühle, die wir als unangenehm bewerten, überflüssig wären, dann gäbe es sie nicht.

Wenn wir den Anspruch haben, dass immer alles positiv sein muss, erhöhen wir stetig die Erwartungshaltung an unser Leben. Und wir spalten das ab, was wir als unangenehm bewerten oder empfinden, weil es nicht sein darf. Wir schließen einen Teil unserer Erlebnisse und Empfindungen in eine Kammer unseres Seins. Dort fängt das Weggesperrte an zu gären und bildet eine zähe, übelriechende Masse, die irgendwann aus der dunklen Kammer quillt. Beleidigt und ziemlich giftig, weil sie möglicherweise jahrelang nicht beachtet wurde. Und *das* ist dann richtig unangenehm! Nicht selten nämlich beansprucht diese Masse aus verdrängten emotionalen Botschaften und Erlebnissen plötzlich eine Menge Platz und Energie für sich und will sich austoben. Je länger wir verdrängen, was unser System uns zum Fühlen schickt, desto intensiver wird das, was wir nicht fühlen wollen. Das Verdrängte rumort im Untergrund weiter.

Dr. med. Christian Peter Dogs, Facharzt für Psychiatrie und Psychosomatik, sagt dazu: »Je mehr wir gegen etwas ankämpfen, desto stärker wird es.« Es sei wichtig, dass alles willkommen ist – ganz gleich, ob es sich gut, schlecht, hell, freudig, dunkel oder traurig anfühlt. Aber gerade das sei gar nicht so einfach in einer Gesellschaft, die dazu neigt, tendenziell unangenehme Empfindungen wie eine Krankheit zu betrachten. Vor allem in den 50er und 60er Jahren des letzten Jahrhunderts – aber in einigen Fällen auch heute noch! – wurden Menschen, die starke, scheinbar unkontrollierbare Gefühle zeigten, als hysterisch bezeichnet, in Psychiatrien (zwangs)eingewiesen und mit der Elektroschocktherapie behandelt. Diese löste im Gehirn Krampfanfälle aus, die wie bei epileptischen Anfällen Zellen im Gehirn zerstörten und sogar zu Gedächtnisverlust führen konnten. In genau diesem Effekt sah man den Therapieansatz. Unfassbar, aber leider wahr. Vor diesem Hintergrund ist es nicht verwunderlich, dass vieles von dem, was wir mit der menschlichen Sensibilität in Verbindung bringen, wie Gefühle, Emotionen oder das Bedürfnis nach Rückzug, in unserer Wertewelt keinen Raum findet. Dabei haben wir jederzeit die Freiheit, unsere Werte zu wandeln und auch unsere zarten Seiten willkommen zu heißen.

Früher oder später drängt sich auf, was verdrängt wurde.

Wann immer ich mir erlaubte, meine Gefühle zu leben (auch

wenn sie stark und für meine Mitmenschen nicht leicht zu ertragen waren), ging ich gestärkt daraus hervor – ohne Gedächtnisverlust und zerstörte Nervenzellen. Das Gegenteil war der Fall: Erkenntnisgewinn, neue Nervenbahnen, ein neuer Level innerer Stärke und gefestigte Beziehungen plus die Erfahrung, dass ich und andere auch dann mit mir umgehen können, wenn die Gefühle sich gerade so anfühlen wie ein vom Sturm aufgewühlter Ozean.

Es kann übrigens noch zu einem weiteren Effekt kommen, wenn wir die Gefühle, die uns unangenehm sind, zu lange missachten und unterdrücken: Da wir sie nicht selektiv betäuben können, werden wir nach und nach immer weniger divers fühlen. Auf Dauer führt das in die Depression. Damit sollte klar werden: Es nützt nichts, wenn wir einem so bedeutenden Element unseres Seins wie unseren Gefühlen keine Aufmerksamkeit schenken. Unser Leben verläuft harmonischer, wenn wir uns um alle Elemente gleichermaßen kümmern. Gefühle aller Art brauchen Platz. Selbst dann, wenn sie den Eindruck erwecken, als liefen sie aus dem Ruder, haben sie einen Sinn. Sie übersteigen in dem Moment nur unseren aktuellen Erfahrungsraum – nennen wir ihn unsere emotionale Komfortzone. Wenn es uns gelingt, ihren Sinn zu entdecken, können wir anfangen, eine ungeahnte Energie zu entfesseln, und lernen, unsere Emotionen konstruktiv zu nutzen und sie gezielt zu steuern.

Emotionale Diversität: Die Mischung macht's

Dass wir auch in Sachen Gefühle von einem guten Mix profitieren können, zeigen neue Forschungsergebnisse zum Thema Emodiversity. Was Wissenschaftler schon lange wissen, ist, dass die Gefühle, die wir als positiv bewerten, die Gesundheit schützen, weil Psyche und Immunsystem eng miteinander verknüpft sind. Wenn wir uns gut fühlen, dann sinken Blutdruck und Herzfrequenz und unsere Abwehrkräfte werden gestärkt. Schon 2006 wiesen Studien darauf hin, dass gute Stimmung sogar vor Erkältungen bewahren kann.

Wer »gut drauf« ist, wird seltener krank, lebt länger und kann besser mit Schicksalsschlägen umgehen. Und er zeigt geringere Werte bei entzündungsfördernden Stoffen im Blut. Hohe Entzündungswerte stehen in Verbindung mit einer Reihe chronischer Erkrankungen wie Typ-2-Diabetes, Osteoporose und psychischen Leiden. So weit, so gut – und so nachvollziehbar.

Nun gibt es aber weitere Erkenntnisse aus der Wissenschaft, die keinen Zweifel daran lassen, dass es für unsere seelische und körperliche Fitness auch eine Rolle spielt, wie vielfältig unsere emotionale Welt ist – ähnlich wie bei Ökosystemen und der Biodiversität. Durch diesen Vergleich entstand der Begriff »Emodiversity«. Erstaunlich, aber wahr: Auch Gefühle, die die Wissenschaftler als negativ bewerten, sind wichtig für unser Wohlbefinden. Eine stark diverse Gefühlswelt sorgt demnach gerade dann für eine bessere Gesundheit, wenn neben »guten« auch »schlechte« Gefühle mit an Bord sind. Je gemischter das Gefühlsleben der Studienteilnehmerinnen und -teilnehmer war, desto weniger zeigten sie Anzeichen einer Depression – selbst dann, wenn Trauer, Angst oder Scham im Spiel waren.

> Du solltest über kein Gefühl sagen, dass es klein oder unbedeutend sei. Wir leben nur allein durch unsere einfachen, schönen und wunderbaren Gefühle. Und jedes einzelne Gefühl, mit dem wir ungerecht umgehen, ist ein Stern, dessen Licht wir rauben.
> *Hermann Hesse*

Das war aber noch nicht alles: Ein breites Spektrum negativ bewerteter Gefühle erwies sich als besser für die psychische Verfassung als ein eintönig negatives Gefühlsleben! Wenn also jemand ständig nur traurig ist, dann ist das ungünstiger für die menschliche Seele, als wenn sich unter die Trauer auch Trotz, Zorn, Empörung und ab und an mal ein Fünkchen Angst mischen. Kurz: Menschen, die von einem breiten Mix aus »positiven« und »negativen« Empfindungen berichteten, hatten in den letzten elf Jahren seltener einen Arzt besucht, waren seltener ins Krankenhaus eingewiesen worden und nahmen weniger Medikamente als die mit einer geringeren Emodiversity. Darüber hinaus fanden Forscher schon vor längerer Zeit heraus, dass Menschen, die ihre eigenen Gefühle differenziert wahrnehmen und beschreiben können, psychisch stabiler sind. Sie erklären sich das so: Wer erkennt, was konkret hinter seinem »schlechten« Gefühl steckt – also Trauer, Wut oder Angst etc. –, weiß eher, was er tun kann, um die eigene Situation zu verbessern. Und ich möchte noch etwas hinzufügen: Bevor wir erkennen können, was hinter einem Gefühl steckt, müssen wir es erst einmal zulassen, annehmen und fähig sein, es zu verarbeiten. Und damit sind wir wieder beim Thema Sensibilität gelandet!

Du kannst die Wellen nicht anhalten, aber du kannst lernen, auf ihnen zu reiten.
Joseph Goldstein

Lassen Sie sich also auf Ihre Gefühlswelt ein – mit allem, was dazugehört. Und denken Sie immer daran: Wer sich hart macht, indem er seine zarten Seiten ablehnt, wird nicht automatisch hart im Nehmen. Also bleiben Sie weich und geschmeidig. *Das* ist stark. Und wenn Sie jetzt mehr wollen, als sich oberflächlich glücklich zu denken, empfehle ich Ihnen, Ihre Gefühle zu begrüßen und Ihr Wissen über unsere emotionale Welt zu erweitern und bewusst zu trainieren.

Emotionen erkennen: Was sie ausmacht und wie sie wirken

Halten wir fest: Die meisten Menschen sind davon überzeugt, mit ihrem Denken ihre Gefühle kontrollieren zu können. Wir wissen nun, dass das kaum möglich und in aller Konsequenz sogar schädlich für uns ist – weil unsere Emotionen komplex und immer aktiv sind. Und weil das, was in unser Bewusstsein vordringt und was wir unsere Gefühle nennen, nur ein kleiner Teil der emotionalen Energie ist, die in uns wirkt. Erst, wenn wir unsere Emotionen bewusst verarbeitet haben, können wir über sie sprechen und sie benennen. Das, was wir den Verstand nennen, ist im Grunde eine Kommentar- und Reflektionszentrale für die Prozesse, die sich in der tiefer liegenden emotionalen Welt abspielen. Wenn Sie sich jetzt die Frage stellen, warum das so ist, lohnt sich ein Blick in unser Gehirn. Dann wird auch klar, warum wir das Denken und Fühlen als starkes Netzwerk begreifen sollten, statt sie getrennt und in Konkurrenz zueinander zu verstehen: Das Denken und die Sprachbildung finden unter anderem im Cortex statt, dem Teil des Gehirns, der am weitesten vom energetischen Zentrum, dem limbischen System, entfernt liegt. Dort können wir die Umgebungsreize so vereinfachen, dass wir sie unserem Bewusstsein zumuten und in Worte fassen können.

Wir können unsere Gefühle nicht wegdenken. Aber wir können ihnen zuhören und die Botschaften unserer emotionalen Welt empfangen.

Wenn wir im Ruhezustand sind und weder sprechen noch aktiv denken, verbraucht unser Gehirn weniger Ressourcen unserer Körperenergie, als wenn wir denken und lernen. Das habe ich schon oft genug am eigenen Leib erfahren: Wenn ich an einem Buch wie diesem schreibe, gibt es Situationen, in denen ich in einem wunderbaren Schreibflow bin. Ein Großteil des Schreibens ist jedoch ein reflektierender, analytischer und kommunikativer Vorgang. Ich stehe in permanentem inneren Austausch mit mir selbst und meinen Leserinnen und Lesern. Oder ich führe Gespräche, um Sachverhalte zu klären und mein Wissen zu vertiefen. Wenn ich so intensiv gearbeitet und wieder einen Teil des Buches zusammengebaut habe, bekomme ich schneller Hunger als sonst. Mein Körper verlangt nach einer Energiezufuhr.

In Sachen »Denken« gibt es noch ein weiteres spannendes Detail: Ist die emotionale Erregung hoch, findet keine Verarbeitung mehr im Cortex statt. Sie können dann für ein paar Sekunden nicht klar denken, bis sich Ihr emotionales System wieder beruhigt hat und wieder Energie im Cortex ankommt. Sie kennen sicher Situationen, in denen Sie in einer Diskussion herausgefordert oder gar verbal angegriffen wurden und Sie erst einmal nicht wussten, was Sie erwidern sollen. Ihre Emotionen übernahmen kurzfristig die Kontrolle und Sie konnten keinen sinnvollen Gedanken formulieren. Erst später fiel Ihnen ein, was Sie hätten sagen können, wenn Sie schlagfertig gewesen wären. Auch Menschen, die große Prüfungsangst haben, kennen solche Situationen. Sie haben alles gelernt. Dann kommt mit der Prüfung die Angst, und das Wissen ist nicht abrufbar. Auch um in solchen Fällen gelassener reagieren zu können, lohnt sich die Auseinandersetzung mit der eigenen emotionalen Welt.

Beim Lernen und Denken verbraucht das Gehirn viel Körperenergie.

Im energetischen Zentrum des Gehirns, dem limbischen System, liegt die Amygdala – auch Mandelkern genannt. In ihr werden unsere Erfahrungen verarbeitet und somit sind auch unsere Werte und die darauf basierenden Verhaltensimpulse dort verankert. Erinnern Sie sich noch an die Werte-Übung im zweiten Kapitel? Nun wird deutlich, dass es hinsichtlich der Werte nicht in erster Linie darum geht, was wir denken, sondern darum, wie unsere Erfahrungen unser Leben geprägt und welche Überzeugungen, Reaktionsmuster und Verhaltensweisen sich daraus entwickelt haben. Wenn wir über Werte sprechen und uns mit ihnen auseinandersetzen, dann setzen wir uns mit unseren Emotionen auseinander. Sie haben sich bestimmt schon oft vorgenommen, in bestimmten Situationen anders zu reagieren als bisher, und sind trotzdem immer wieder in dieselbe Falle getappt. Kein Wunder: Das »alte« Verhalten läuft nun mal emotionsgesteuert ab. Das ändert sich, wenn Sie sich den Raum nehmen zu fühlen, was hinter dem bisherigen Wert steckt, und mit Erfahrungen, Enttäuschungen, Verletzungen, Vorurteilen oder Ängsten aufräumen. Wenn das vollzogen ist, steht Ihnen Ihre neue emotionale Wertebasis in großer Leichtigkeit zur Verfügung und Ihr Verhalten ändert sich nachhaltig. Die neue Reaktion »funktioniert« dann sogar, ohne dass Sie darüber nachdenken müssen.

Die meisten Impulse, die unsere Handlungen und unser Verhalten bestimmen, entstehen ohne bewusstes Denken, sie werden über unser Gehirn gesteuert. Aber alle Impulse, selbst unsere Atem- und Herzschlag-Impulse, können emotional beeinflusst, verändert oder gar unterdrückt werden. Als Beispiel dafür stehen Panikattacken, in denen die Angst das Kommando übernimmt und auf den Herzschlag massiv einwirkt, oder Herzinfarkte, zu denen es aufgrund übergroßer emotionaler Erregung kommt.

Das bedeutet: Emotionen wirken, egal ob wir uns ihrer bewusst sind oder nicht. Was zunächst vielleicht bedrohlich erscheinen mag, hat eine fantastische und höchst konstruktive Kehrseite: Emotionen geben uns genau die Kraft, die wir brauchen, um unsere kleinen und großen Ziele zu verfolgen und zu erreichen. Emotionen sind eben einfach pure Energie.

Ich gebe Ihnen ein konkretes Beispiel für die Kraft emotionaler Impulse: Sie liegen morgens im Bett und der Wecker hat geklingelt. Gern würden Sie noch ein bisschen liegen bleiben – und das tun Sie auch, obwohl Ihrem Verstand klar ist, dass Sie jetzt aufstehen müssten. Ihr Blick fällt auf die Uhr. Oh Schreck, es ist schon eine halbe Stunde später als gedacht und die Kinder müssen in die Schule! Jetzt kennen die Emotionen kein Halten mehr und Sie sind schneller aufgestanden, als Sie denken konnten!

Anderes Beispiel, ähnliches Szenario: Sie sind aufgewacht und denken: »Jetzt stehe ich mal auf …« Wieder passiert nichts. Sie liegen noch eine Weile da, freuen sich über den Sonnenstrahl, der Ihr Gesicht kitzelt, und spüren plötzlich eine große Lust, das schöne Projekt, das heute auf Sie wartet, in Angriff zu nehmen. Freude und Entschlossenheit machen sich breit und schon schwingen Sie sich aus dem Bett. Das ist die Kraft emotionaler Impulse!

Emotionen sind pure Energie.

Ich war zwar schon immer ein Mensch, der darauf gepocht hat, emotional sein zu dürfen. Souverän war ich dabei allerdings oft nicht. Eher haben meine Emotionen mich geführt als ich meine Emotionen. Als mein Mann dann anfing, sich gemeinsam mit einem Geschäftspartner mit dem Thema Emotionen intensiv auseinanderzusetzen und dazu zu forschen, war ich zunächst überrascht, verwirrt und hochkritisch. Inzwischen profitiere ich von den vielfältigen Erfahrungen der beiden – genauso wie Unternehmen, Privatleute und Ärzte, die auf emotionale Bildung setzen. Was verbirgt sich dahinter? In unserem Bildungssystem finden sich bisher wenig Ansätze, die Menschen dazu ermächtigen, bewusst und entspannt mit ihren Emotionen umzugehen. So einen Ansatz hat mein Mann mit seinem Netzwerk entwickelt, um Menschen auf ihrem Weg zu emotionaler Souveränität zu begleiten. Viele Menschen unterdrücken oder vermeiden ihre Gefühle. Den Mut, tiefer zu schauen und den eigenen emotionalen Mustern auf den Grund zu gehen, haben wenige. Dabei ist genau das wichtig, wenn wir aus unseren Emotionen Lebensenergie schöpfen wollen.

Nicht nur mein Mann profitiert im Hinblick auf seine eigenen Gefühle von seinem Job. Auch ich bin in vielen Bereichen stabiler und sicherer geworden – sowohl durch den stetigen Austausch mit ihm als auch durch den Einblick, den ich über Jahre in seine Arbeit hatte sowie durch die Ausbildung zum Emotional Practitioner, die ich durchlaufen habe. Früher konnte ich mich kaum abgrenzen. Heute ist es mir viel häufiger möglich, bei mir zu bleiben, indem ich aktiv und inzwischen automatisch auf meine emotionale Kraft zugreife. Und deswegen möchte ich Sie mit den Worten meines Mannes daran teilhaben lassen, was für uns mittlerweile selbstverständlich geworden ist:

> Wenn wir wirkliche Freiheit wollen, dann müssen wir die Interaktion mit unserer emotionalen Welt trainieren, damit wir über unsere Werte neu entscheiden können.
> *Stefan Sohst*

»Die einzige Welt, in der wir als Menschen wirklich frei sein können, ist die Welt unserer Gefühle. Doch viele Menschen sind von ihrer emotionalen Kraft abgeschnitten und wissen nicht, dass ihr System immer Emotionen produziert und so ihre Gefühle beeinflusst. Vielleicht haben Sie auch schon mal erlebt, dass Sie keinen Einfluss auf Ihre Gefühle hatten und von ihnen überwältigt wurden. Das kann wie ein Kontrollverlust wirken. Doch wenn Sie anfangen, bewusst die Verbindung zu Ihrer emotionalen Welt zu trainieren, werden Sie Schritt für Schritt bewusster reagieren können. Dann führen Sie (mit) Ihre(n) Emotionen, statt von ihnen geführt zu werden. Ich habe in vielen Trainings die Erfahrung gemacht, dass die Menschen ohne den Umweg über ihr Denken zunächst nicht in Kontakt mit ihrer emotionalen Welt kommen. Deswegen ist es uns ein so großes Anliegen, dass die Menschen wieder lernen, bewusst auf ihre emotionale Kraft zuzugreifen, zu benennen, was an Gefühlen da ist, und dass sie mit ihnen umgehen können, ohne eine gedankliche Anleitung zu benötigen.«

Sich auf den Weg zu machen, um das zu lernen, ist von hoher Relevanz. Wir können das Gehirn in allen Belangen trainieren wie einen Muskel. Und das sollten wir auch. Denn das Gehirn ist nicht nur zum Denken da. Gedanken, Gefühle und körperliche Reaktionen sind eng miteinander verknüpft. Kribbeln im Bauch, wenn wir verliebt sind, ein roter Kopf, wenn uns etwas unangenehm ist, feuchte Hände oder wackelige Knie, wenn wir sehr aufgeregt sind, ein kalter Schauer, der uns über den Rücken läuft, wenn unser System uns vor etwas warnt oder wir uns gruseln, eine Gänsehaut, wenn uns eine zarte Berührung oder ein Gedanke erregt oder uns kalt wird, oder eine angenehme Wärme, die sich im ganzen Körper ausbreitet, wenn wir uns so richtig wohlfühlen – all das sind Beispiele dafür, dass unser Körper eng mit unseren Gefühlen und Gedanken vernetzt ist. Da wundert es nicht, dass sich auch Symptome wie Rückenschmerzen, Migräne, Schlaflosigkeit oder Magenprobleme entwickeln können, wenn wir unseren Gefühlen zu lange keine Aufmerksamkeit schenken und ihre Botschaften nicht erkennen (wollen). Gefühle wahrzunehmen und regulieren zu können steigert die Lebensqualität. Die Übungen auf der nächsten Doppelseite helfen Ihnen dabei, einen Zugang zu Ihren Emotionen zu finden. Wenn Sie sich sicher fühlen und stabil sind, dann spricht nichts dagegen, einfach loszulegen. Wenn Sie unsicher sind und sich Begleitung wünschen, dann erfüllen Sie sich diesen Wunsch. In jedem Fall möchte ich Sie ermutigen, sich für Ihre emotionale Welt zu öffnen. Ich wünsche Ihnen von Herzen, dass Sie das Vertrauen finden, es auszuprobieren, und die Kraft Ihrer Empfindungen aus dem Verborgenen ans Licht holen!

Übung: Gefühle wahrnehmen

Um zu spüren, was gerade in Ihnen vorgeht, halten Sie inne. Atmen Sie ein paarmal tief durch und stellen Sie sich vor, dass Sie sich selbst beobachten:

Was zeigt sich körperlich?

Was nehmen Sie wahr? Ist gerade alles gut? Ist Ihnen warm oder kalt? Ist es eng in der Brust? Kribbelt oder drückt etwas? Sind Sie verspannt? Wenn ja, wo? Kommen Ihnen vielleicht sogar die Tränen? Erleichtern die Tränen Sie oder eher nicht? Haben Sie ein seltsames Bauchgefühl? Ist Ihnen flau im Magen? Bekommen Sie Gänsehaut? Schnürt es Ihnen den Hals zu? Oder läuft Ihnen ein Schauer über den Rücken?

Was fühlen Sie?

Fühlen Sie sich wohl? Sind Sie freudig und zufrieden? Oder ängstlich? Schämen Sie sich? Oder sind Sie traurig? Aufmerksam? Erstaunt? Oder in einer Abwehrhaltung? Verzweifelt? Überrascht? Erschöpft? Kraftlos? Sehr fokussiert? Aufmerksam? Eher kühl und abgegrenzt? Gegenwärtig? Ärgern Sie sich? Vielleicht sind Sie entschlossen oder gar zornig? Vielleicht begegnen Sie auch einer inneren Leere? Beobachten Sie, was in Ihnen vorgeht, und machen Sie sich mit Ihren Emotionen vertraut.

Welche Gedanken sind gerade präsent?

Nehmen Sie wahr, welche Gedanken durch Ihren Kopf ziehen und welche Herzgedanken, inneren Impulse und Eingebungen Sie erhalten.

Wenn Sie mögen, schreiben Sie alles auf, was da ist. So kommen Sie aus dem ewigen Kreislauf Ihrer Gedanken heraus und machen sich bewusst, was Sie fühlen. Wenn Sie aufschreiben, wie es Ihnen geht, entwickelt sich ein innerer Dialog, in dem sich neue Perspektiven ergeben und sowohl Körperempfindungen und Gefühle als auch Gedanken in ein neues Licht gerückt werden können. Der innere Dialog beim Schreiben hilft Ihnen, Ihre Gefühle in Worte zu fassen, und bereitet Sie darauf vor, auch mit anderen darüber zu sprechen, wie es Ihnen geht. Sie trainieren so, Ihren Gefühlen Ausdruck zu verleihen.

Übung: Gefühle regulieren

Je vertrauter Sie sich mit Ihren Empfindungen machen, desto weniger werden Sie von ihnen überrollt bzw. überrascht werden. Dennoch gibt es eingefahrene emotionale Muster, die sich auch körperlich auswirken. Grundsätzlich gilt: Öffnen Sie sich für Ihre Gefühlswelt. Machen Sie sich bewusst, dass alle emotionalen Regungen einen Sinn haben. Sehen Sie Ihre Gefühle als Hinweis, dass es etwas gibt, worauf Sie Ihre Aufmerksamkeit richten sollten. Seien Sie neugierig auf sich selbst, nutzen Sie die Kraft des Staunens und gewinnen Sie eine neue Perspektive auf Ihre emotionale Welt. Sollten damit starke Gefühle einhergehen, gibt es verschiedene spielerische Möglichkeiten, diese zu regulieren:

- Nutzen Sie Ihren Atem, um sich zu beruhigen. Atmen Sie ein und lassen Sie mit jedem Ausatmen das Gefühl abklingen. Sie können sich dabei einen Regler vorstellen, mit dem Sie sich emotional hoch- und runterfahren können.
- Nehmen Sie wahr, in welchem Körperteil Sie das Gefühl spüren, und lenken Sie es dann in einen anderen Körperteil um. Oder schaffen Sie sich gedanklich eine Box und schicken Sie Ihr Gefühl dorthin. Dann können Sie erst einmal verschnaufen und von außen hineinschauen, um die Botschaft Ihres Gefühls zu entschlüsseln. Warum funktioniert das? Weil wir uns für die Aufgabe, das Gefühl umzulenken, öffnen und interessiert sind. Ohne dass wir darüber nachgedacht hätten, liegt der Fokus nun auf dem Erstaunen, einer der emotionalen Basiskräfte in uns.

Alte emotionale Muster durch neue ersetzen

Sie kommen in bestimmten Situationen immer wieder an eine Grenze, in denen Ihre Emotionen und Ihr Körper die Führung übernehmen? Das ist ganz normal. Genauso normal ist es, dass Sie das ärgert und Sie den Wunsch verspüren, alte emotionale Muster, die nicht mehr zu Ihnen passen, durch neue zu ersetzen. Wichtig ist, dass Sie das nicht krampfhaft versuchen, indem Sie im Turboverfahren immer wieder Ihre Komfortzone verletzen. Das kostet Sie sehr viel Energie. Rebellieren Sie nicht gegen sich selbst und Ihre Bedürfnisse, sondern reisen Sie in einer Geschwindigkeit durch Ihre emotionale Welt, die für Sie angenehm ist. So werden Sie an einen Punkt kommen, an dem Sie sich der Blockade bewusst werden. Nur wenn Sie wissen, wo und wann es hakt und was emotional geschieht, können Sie eine alternative Vision entwickeln. Wichtig: Stülpen Sie sich nichts über, was nicht zu Ihnen passt. Und lassen Sie sich auch nicht von der Welt »da draußen« irgendetwas erzählen. Spüren Sie nach, welche Reaktion Sie sich statt des alten emotionalen Musters wünschen. Was ist für Sie stimmig? Was möchten Sie in dieser Situation fühlen? Entwickeln Sie eine Sehnsucht für Ihr neues Verhalten. Spielen Sie gedanklich und emotional immer wieder durch, wie Sie in Zukunft reagieren werden. So legen Sie den ersten Anker und schaffen sich nach und nach eine Pause zwischen Reiz und Reaktion. Eine Pause, in der Sie sich auf die neuen Gedanken und Emotionen besinnen können. Haben Sie Geduld. Es braucht etwas Übung, bis die neuen Muster im Gehirn etabliert und die neuen »Straßen« gebaut sind. Sie werden erleben, dass Sie sich immer öfter so verhalten, wie Sie es sich gewünscht haben. Das alte Muster ist übrigens nicht sofort verschwunden, sondern verliert nach und nach an Bedeutung. Und wenn es doch nochmal zuschlägt, werden Sie es schnell merken, können auf die Stopptaste drücken und sich bewusst auf den neuen Reaktionsweg schicken.

Je mehr Sie sich mit Ihren Emotionen vertraut machen und den

Kontakt zu Ihren emotionalen Kräften trainiert haben, desto häufiger wird es Ihnen gelingen, aus jedem noch so starken Gefühl auszusteigen, wenn dafür gerade kein Raum ist und Sie sich ihm lieber zu einem späteren Zeitpunkt widmen wollen. Anfangs habe ich es nicht für möglich gehalten, dass das funktioniert. Aber tatsächlich ist es mit dem emotionalen Training wie mit dem Zehn-Finger-System. Was wir lange genug trainieren, läuft irgendwann automatisch ab.

Wir brauchen unsere Emotionen

Luise Prüßner, Forscherin am Psychologischen Institut der Universität Heidelberg, beschäftigt sich mit Emotionsregulation. Über den Nutzen der Emotionen sagt sie, dass unsere Gemütsregungen uns vor allem dabei helfen, die Herausforderungen des Alltags zu meistern, indem sie uns das passende Verhalten für die verschiedensten Situationen zur Verfügung stellen. Sie sind immer da und lenken unseren Fokus auf die Signale, die wir brauchen, damit wir uns in unserem Leben zurechtfinden können. Wenn die Emotionen, die ein Mensch aufruft, zur Situation passen, dann kann eine vielfältige und abwechslungsreiche Gefühlswelt absolut von Vorteil sein. Schwierig wird es aus ihrer Sicht, wenn Menschen emotional instabil sind und Emotionen bereitgestellt werden, die nicht zur Situation passen. Ein Beispiel: Ein hoher Grad an Furcht und Angst sorgen normalerweise dafür, dass wir aufmerksamer sind, unser Herz schneller schlägt, die Muskeln sich anspannen und die Pupillen sich weiten. Wir sind bereit für Kampf oder Flucht. Unser emotionales System aktiviert unseren Körper so, dass wir uns in Sicherheit bringen können, wenn Gefahr droht. Das ist sinnvoll. Verselbständigt sich aber die Angst und ereilt uns in Form von plötzlichen Pa-

Wir sind frei darin zu entscheiden, ob wir ein Gefühl als Bedrohung oder Störung betrachten oder ob wir uns Zeit nehmen herauszufinden, welche Botschaft in ihm steckt.

nikattacken mitten im Alltag, dann ergibt das keinen Sinn, weil es oberflächlich betrachtet keinen Grund für diese Angst gibt.

Unser System möchte uns zwar etwas sagen, aber es ist noch unklar, worum es sich dabei handelt. Wenn wir einer Emotion im täglichen Leben zu wenig Raum geben, weil sie uns immer unpassend erscheint, wird sie sich später zeigen – und zwar in Situationen, in denen sie nicht sinnvoll etwas leisten kann. Auch hier ist wieder die Frage, wie wir die Emotion – in diesem Falle die Angst – bewerten. Gehen wir davon aus, dass wir überempfindlich sind oder an einer Störung leiden? Oder nehmen wir uns die Zeit, um herauszufinden, was uns die Angst sagen will?

Die sieben Basisemotionen

Im *Circle of Emotions*,[19] den mein Mann in Anlehnung an die Forschungsergebnisse von Paul Ekman, dem inzwischen emeritierten Professor für Psychologie an der University of California in San Francisco, mit entwickelt hat, werden sieben Basisemotionen beschrieben. Sie werden auch als Primäremotionen bezeichnet. Das Konzept geht davon aus, dass sie in jedem Menschen wirken und allen weiteren Gefühlen zugrunde liegen: Trauer, Furcht, Zorn, Freude, Erstaunen, Verachtung und Ekel. Wenn Sie diese Wörter lesen, werden Sie bei dem einen oder anderen Begriff vielleicht verwundert sein oder sogar mit Abwehr reagieren. Denn wer würde von sich behaupten, dass er seine Emotionen gerne besser kennenlernen oder gar trainieren möchte, wenn es um Verachtung oder Ekel geht? Dieser Bedeutungskonflikt lässt sich jedoch mit ein paar Hinweisen schnell lösen:

Machen wir uns bewusst, dass es sich bei den oben genannten

19 Der *Circle of Emotions* ist von Christoph Theile und Stefan Sohst entwickelt worden.

Wörtern um Fachtermini handelt, die in Bezug auf die Basisemotionen etwas anderes meinen, als wir umgangssprachlich darunter verstehen.

Die Wahl des Fachterminus für eine Basisemotion ist in einigen Fällen aus der extremen Ausprägung einer Emotion entstanden. Stellen Sie sich vor, dass es für jede Emotion wie an einem Mischpult einen Regler gibt, den wir von ganz unten nach ganz oben schieben können, also aus dem inaktiven in den aktiven Zustand und von dort ins emotionale Extrem. Im Fall der Freude erschließt sich das leicht. Der Begriff der Verachtung drückt hingegen den Extremzustand der gemeinten Emotion aus. Und das irritiert schnell, vor allem auch deshalb, weil im Extrem die Emotionen oft die Führung übernehmen, was sehr unangenehm sein kann. Wie können wir also mit unserer Aversion gegen Begriffe umgehen, die das Extrem der Emotion ausdrücken? Indem wir den Emotionsregler im Geiste nach unten schieben. Denn im balancierten Zustand unterstützt uns die Emotion der Verachtung einfach dabei, bei uns selbst zu bleiben und fokussiert zu sein. Übertreiben wir jedoch, sind wir gegenüber anderen Menschen eiskalt und lassen sie abblitzen. Wir »verachten« quasi alles, was andere zu sagen haben und mutieren zu einem menschlichen Kühlschrank. Ein emotionaler Zustand, der für das Miteinander eher kontraproduktiv ist. Deswegen verbinden wir umgangssprachlich mit dem Wort Verachtung etwas Negatives, obwohl keine Emotion nur negativ ist.

Bewusst gelebte Emotionalität ist die Schlüsselkompetenz der Zukunft.

Was hat es nun mit den Basisemotionen auf sich? Um offen für unsere Emotionen zu sein, sie begrüßen zu können und als Energiequelle zu verstehen, brauchen wir zweierlei – das emotionale Erlebnis sowie die Reflektion über den Verstand. Im folgenden Abschnitt gebe ich Ihnen einen Überblick über die sieben Basisemotionen. Damit Sie diese einordnen können, machen Sie sich bitte Folgendes immer wieder klar:

1. Wir können Emotionen grundsätzlich in unterschiedlichen Stärken und Ausprägungen erleben – denken Sie dabei an den Regler am Mischpult.
2. Jede einzelne Basisemotion hat wertvolle Funktionen und Ziele und somit immer auch einen Sinn.

Trauer

Die Trauer sorgt dafür, dass wir uns von etwas unabhängig machen und uns von Dingen, Problemen oder Menschen trennen können. Fehlt uns die Trauer, werden wir misstrauisch. Steigt die Trauer ins Extrem, werden wir todesmutig. (1). Die Trauer dient dem Loslassen. Sie ist die Emotion, die uns in die Freiheit führt (2). Im *Circle of Emotions* ist die Trauer blau dargestellt.

Furcht

Fürchten wir uns, sind wir aufmerksam und überwachen unsere Umgebung. Fehlt uns die Furcht, sind wir sorglos. Bei übergroßer Furcht sind wir schockiert (1). Furcht dient der Wachsamkeit und sorgt für Sicherheit (2). Im *Circle of Emotions* steht die Farbe Rot für Furcht.

Zorn

Den Zorn brauchen wir in unserer Leistungsgesellschaft oft. Denn er macht entschlossen und lässt uns Dinge anpacken. Fehlt er uns, handeln wir vorsichtig und zögerlich. Im Extrem sind wir rasend (1). Mit Zorn nehmen wir Dinge in »Angriff« und sind in der Lage unsere Ziele aktiv und voller Energie zu verfolgen (2). Im *Circle of Emotions* ist der Zorn orange.

Freude

Wenn wir uns freuen, können wir einfach glücklich sein und sind in der Lage zu lieben. Fehlt uns die Freude, werden wir unruhig. Steigt die Freude in schwindelnde Höhen, sind wir berauscht (1). Die Freude dient dem Ankommen. Wenn wir ganz in die Freude eintauchen, leben wir in Frieden (2). Im *Circle of Emotions* steht grün für die Freude.

Erstaunen

Sind wir erstaunt, haben wir Interesse an etwas und öffnen uns für Menschen, Themen und Entwicklungen. Ohne Erstaunen halten wir inne und sind zufrieden mit dem, was ist. Im Extremfall werden wir fanatisch (1). Erstaunen macht neugierig. Wir entdecken Neues und sind in der Lage, unsere eigene Vision vom Leben zu kreieren und fortlaufend weiterzuentwickeln (2). Im *Circle of Emotions* ist das Erstaunen gelb dargestellt.

Verachtung

Die Verachtung befähigt uns, selbstbewusst zu sein, und sorgt dafür, dass wir für uns einstehen und etwas klarstellen können, was uns wichtig ist. Fehlt sie uns, sind wir unsicher. Ist sie in einem Übermaß vorhanden, mutieren wir zu einem menschlichen Eisblock (1). Mithilfe der Verachtung bewerten wir Erlebnisse und Sachverhalte. Die Verachtung hilft uns, unsere Identität zu formen (2). Im *Circle of Emotions* steht das kühle Grau für die Verachtung.

Ekel

Ekel macht uns immun und versetzt uns in die Lage, uns zu verteidigen. Fehlt uns der Ekel, sind wir verwundbar. Steigt der Ekel ins Extrem, sind wir hysterisch (1). Der Ekel dient dem Widerstand und ist die Gesundheitsemotion (2). Die Farbe des Ekels ist im *Circle of Emotions* braun.

Die Basisemotionen zeichnen kein vollständiges Bild unserer emotionalen Welt. Aber sie bilden, wie der Name schon sagt, die Grundlage für ein besseres Verständnis. Scham, Langeweile, Reue, Wut, Angst, Sorge, Verwirrung, Neugier, Vertrauen, Begeisterung, Fröhlichkeit, Gelassenheit, Ärger, Hass, Enttäuschung, Liebe, Ablehnung und viele weitere Emotionen setzen sich aus den Basisemotionen zusammen, sind also quasi Mischformen. All diese Facetten dürfen sein und sind ein Teil von uns. Vielleicht sind Sie irritiert, dass die Fülle unserer Emotionen in nur sieben Begriffen ihren Ausdruck finden soll. Andere Modelle beschränken sich sogar auf nur fünf. Wichtig ist, dass wir die genannten Begriffe nicht als Definitionen lesen, sondern einfach fühlen. Und uns mit unseren sensiblen Seiten auseinandersetzen, damit sich die Kraft der Emotionen so entfalten kann, wie sie gedacht ist, anstatt sich gegen uns zu richten. Wenn wir den emotionalen Regungen, die in unser Bewusstsein vordringen, zuhören und einen guten Umgang mit ihnen pflegen, machen wir sie zu einer starken Säule in unserem Leben.

Damit Sie ausprobieren können, ob Sie bereits ein Gespür für die Basisemotionen und ihre spezifischen Begrifflichkeiten haben und vom Denken ins Fühlen kommen können, habe ich gemeinsam mit meinem Mann für Sie ein Emotionen-Quiz entwickelt (siehe Seite 193). Weil mir beim Medium Buch keine Musik, keine Filme und keine persönlichen Begegnungen mit Ihnen zur Verfügung stehen, besteht es aus sieben kurzen Situationsbeschreibungen, die jeweils eine der Basisemotionen verkörpern.

In dem Quiz lernen Sie eine mögliche Methode kennen, um sich mit Ihren Basisemotionen vertraut zu machen und sie zu trainieren. Die Sätze nur zu denken ist kaum möglich. Denn schon bevor Sie anfangen zu lesen, ist Ihr emotionales System aktiv. Ihre Emotionen reagieren schneller, als Ihre Gedanken diese reflektieren können. Sie können das Spiel erweitern, indem Sie sich zum Beispiel

Quiz: Die sieben Basisemotionen

Bei den sieben Emotionen handelt es sich um Trauer (A), Furcht (B), Zorn (C), Freude (D), Erstaunen (E), Verachtung (F) und Ekel (G). Bitte ordnen Sie die Emotionen den folgenden Beschreibungen zu und notieren Sie zur dazugehörigen Nummer den Buchstaben der passenden Emotion. Die Auflösung finden Sie im Anhang im Verzeichnis der Fragebögen, Impulse und Übungen.

1. Endlich weiß ich, wie ich das lösen kann! Jetzt aber ran an die Arbeit! Das setze ich sofort um!
2. Ich hatte mich so gefreut. Jetzt fällt es aus. Schade ...
3. Weihnachten, Duft in der Luft, die Kerzen und die Geschenke unter dem Baum – wissen Sie noch, wie sich das als Kind angefühlt hat?! Was wohl in den Geschenken drin ist?
4. Dieses dauernde Piepen hier im Haus! Wo kommt das eigentlich her? Da muss ich jetzt mal nachschauen!
5. Es reicht! Das lasse ich mir nicht länger gefallen!
6. Das ist so schön. Ich könnte weinen und lachen zugleich.
7. Ich bin mir völlig klar, was gut und wichtig für mich ist. Ich lasse keine Verunsicherung zu.

immer, wenn Sie etwas lesen oder im Gespräch sind, beobachten, was Sie fühlen. Je vertrauter Sie mit den Basisemotionen bereits sind, desto leichter wird es Ihnen fallen, sie zuzuordnen.

Fassen wir noch einmal zusammen, was die Energie der Emotionen ausmacht: Lange Zeit gingen wir davon aus, dass wir mit unseren Gedanken unsere Gefühle steuern können. Nun zeigen immer mehr wissenschaftliche Studien, dass das, was wir als Gefühle be-

Übung: Emotionale Forschungsreise

Ist Ihnen beim Quiz oder beim Lesen der Beschreibungen eine Basisemotion aufgefallen, die in besonderem Maße gemischte Gefühle bei Ihnen ausgelöst hat? Dann schauen Sie genauer hin. Es könnte sich lohnen, sich gerade mit dieser Basisemotion auseinanderzusetzen:

Welche Gedanken sind für Sie mit dieser Emotion verknüpft?

- Welche Situationen gehen Ihnen durch den Kopf?
- Wie fühlt sich diese Emotion an?
- Wo in Ihrem Körper macht sie sich bemerkbar?
- Ich wünsche Ihnen viele interessante Erkenntnisse auf der Forschungsreise durch das Land der Emotionen!

zeichnen, nur *ein* Teil der emotionalen Welt ist, der nämlich, der in unserem Bewusstsein ankommt. Die eigentliche Kraft steckt in tiefer liegenden Emotionen. Sie sind unsere wahren Antreiber, entstehen viel schneller als unsere Gedanken und sind pure Energie – ganz gleich, ob wir uns ihrer bewusst sind oder nicht. Deswegen lohnt es sich, diese Energiequelle genauer unter die Lupe zu nehmen. Forscher haben herausgefunden, dass Menschen überall auf der Welt die gleichen Basisemotionen zeigen: Trauer, Furcht, Zorn, Freude, Erstaunen, Verachtung und Ekel. Indem wir uns mit unseren Emotionen vertraut machen, können wir unsere emotionale Kompetenz trainieren und so mehr und mehr von unserem inneren Reichtum profitieren.

Stärke leben: Wie souveräne Emotionalität Zukunft macht

Unsere intellektuellen Fähigkeiten in den Mittelpunkt unserer Bildung zu stellen und unsere kognitiven Fähigkeiten zu trainieren war sicher kein grundsätzlicher Fehler. Ein Fehler war, dass wir dabei unsere Gefühlswelt nicht in diesen Prozess mit einbezogen haben und uns so das Bewusstsein für die Kraft unserer Emotionen teilweise verloren gegangen ist. Jetzt haben wir die Chance – und in Anbetracht der Herausforderungen, vor denen die Menschheit steht, auch die Pflicht –, die Klarheit der Kognition und die Kraft unserer Emotionen bewusst miteinander zu vernetzen. Neurowissenschaftlich betrachtet könnte man vielleicht sagen: Es ist an der Zeit, dass wir die vielfältigen Fähigkeiten unseres Gehirns auf allen Ebenen nutzen und sie mit unserer Körperintelligenz verknüpfen. Vielleicht ist das sogar der nächste, folgerichtige Schritt in der Evolution des Menschen. Die Basis dafür bilden integrierte Emotionalität, Achtsamkeit, bewusste Wertearbeit sowie eine gute Selbstfürsorge.

Der souveräne, erwachsene Umgang mit unserer Sensibilität und unseren Emotionen ist die Voraussetzung dafür, dass wir uns selbst und anderen wieder näherkommen, Gefahren und Risiken erspüren, uns auf tiefe Beziehungen einlassen und Gemeinschaften bilden können. Zukunftsforscher sprechen davon, dass emotionale Zugehörigkeit immer wichtiger wird und sich neue »Tribes« und Wertegemeinschaften bilden. Geben wir unseren Kindern also echtes, wertvolles, emotionales Handwerkszeug für ihre Zukunft mit. Denn es reicht nicht aus, auf unseren Smartphones mal eben schnell auf ein Emoticon zu tippen, ohne uns bewusst zu machen, welche Botschaft wir gerade absenden. Allerdings liegt auf der Hand, warum Emoticons so erfolgreich sind. Ohne »sichtbare« oder spürbare

Emotionen – und sie sind auf digitalem Wege nun mal schwierig zu vermitteln – funktioniert Kommunikation eben nicht nachhaltig. Dennoch löst die technische Kommunikation die echten Begegnungen von Mensch zu Mensch immer mehr ab. Ich fürchte, diesen Trend kann niemand mehr aufhalten, und ich fühle mich zunehmend unwohl damit. Das mag altmodisch klingen, aber ich halte es für absolut notwendig, die digitale Kommunikation auf ein möglichst geringes Maß zu begrenzen und wieder mehr in die persönliche Kommunikation zu gehen. Auch der Soziologe und Buchautor Hartmut Rosa äußert sich besorgt. Bereits 2016 bezeichnete er in einem Interview mit der Zeitung ›Die Welt‹ Bildschirme als Resonanzkiller, weil sie zwischen uns und die Welt treten und lebendige Beziehungen erschweren. Das Problem sei, so Hartmut Rosa, dass die sozialen Medien uns echte menschliche Nähe, nach der sich so viele Menschen sehnen, nur vorgaukeln.

Wenn wir von Angesicht zu Angesicht miteinander sprechen, dann können wir uns sehen und spüren. Tonfall, Mimik, Haltung und die Energie unseres Gesprächspartners vermitteln uns, was er über die Worte hinaus an Botschaften sendet. Wenn wir uns gegenüberstehen und uns auch körperlich berühren könn(t)en, wird eine Direktheit transportiert, die nicht entsteht, wenn Bildschirme zwischen uns hängen. Sie verhindern die so wohltuende körperliche Nähe – eine lange Umarmung, eine leichte Berührung am Arm oder die Hand auf der Schulter. Es gibt zwar auch Menschen, die zwischen den Zeilen lesen und spüren können, aber das gilt längst nicht für alle.

Wie emotionale Kompetenz die Demokratie fördert

Wir sind mit immer mehr Umgebungsreizen konfrontiert – auf emotionaler, körperlicher und geistiger Ebene. In den westlichen Gesellschaften sind wir in den letzten Jahren unserem zunehmenden Stress überwiegend mit Lösungen begegnet, die dem Denken entspringen. Unsere sensiblen Wahrnehmungen und Empfindungen wurden und werden immer noch zu oft als Störenfriede hingestellt, die kontrolliert und bezwungen werden müssen. Die Folge: Wir klammern wichtige, existenzielle Themen des Lebens wie Misserfolg, Scheitern, Verlust, Krankheit, Trennungen oder Tod aus, solange es eben geht, und vergeben damit die Chance, einen souveränen Umgang mit ihnen zu erlernen.

Wer wirklich in Beziehung treten will – ganz gleich, ob mit sich selbst oder mit anderen Menschen –, muss sich erlauben seine Gefühle zu zeigen. Auch bei der Arbeit. Und auch dann, wenn sie so intensiv sind, dass sie uns zu Tränen rühren. Wer Emotionen am Arbeitsplatz oder anderswo dauerhaft unterdrückt, wird krank und verliert seine Motivation. Tränen schaffen Raum für Neues. Dabei ist es egal, welche Emotion dahintersteckt, denn uns schießen nicht nur dann Tränen in die Augen, wenn wir sehr traurig sind, sondern auch, wenn wir vor Liebe nur so überfließen, uns die Zornesröte ins Gesicht steigt oder uns eine maßlose Furcht befällt. Tränen kommen uns immer dann, wenn eine Emotion sehr stark wird.

Tränen sind keine Schwäche, sondern nur Ausdruck intensiver Emotionen.
Christoph Theile

Grundsätzlich gilt: Je enger eine Beziehung ist, desto verletzlicher sind wir. Das gilt auch für Beziehungen unter Kollegen in der Arbeitswelt! Auch hier müssen die Bereitschaft und die Kompetenz vorhanden sein, sich emotional zu begegnen. Emotionale Begegnungen sind intensiv und erfordern die Fähigkeit, sich auch wieder voneinander lösen zu können. Manchmal bedeutet das, dass wir trauern müssen, um etwas loslassen oder auch vergeben zu können, zum Beispiel wenn es darum geht, ein Projekt, das nicht funktioniert hat, gemeinsam zu verabschieden. Oder gut miteinander weiterzuarbeiten, auch wenn das Projekt, das man gerne selbst betreut hätte, einem Kollegen anvertraut wurde. Trauer ist wichtig, damit es konstruktiv weitergehen kann. Erst wenn das vollzogen ist, können wir wieder innovativ denken, Neues wagen und gemeinsam kraftvolle Schritte gehen. Passiert das nicht, kämpft jeder still vor sich hin, gegen sich selbst oder gegen andere.

Wenn wir unsere Trauer zulassen, gestehen wir uns ein, dass wir verletzt oder seelisch verwundet sind. Erst wenn wir uns dieser Wunde bewusst werden, können wir anfangen, Verletzungen, Enttäuschungen oder unerfüllte Erwartungen loszulassen. Und loslassen muss man in Beziehungen immer wieder. Uns von etwas lösen, was uns verletzt hat, ist die Grundlage für Vergebung. Und Vergebung ist die Grundlage dafür, dass Verletzungen heilen können. Ohne die Fähigkeit zu vergeben sind gesunde Beziehungen nicht möglich. Je sensibler und einfühlsamer ein Mensch ist, desto wichtiger ist es für ihn zu lernen, sich von anderen auch distanzieren zu können. Andernfalls besteht die Gefahr, in die Empathiefalle zu tappen und sich für alles und jeden verantwortlich zu fühlen. Es wird in Zukunft immer wichtiger werden, die eigene emotionale Welt zu kennen, denn die Welt verändert sich immer schneller und fordert von uns, dass wir uns mit ihr auseinandersetzen – ob es nun um den Klimawandel, diverse Umweltprobleme, die Digitalisierung, unser Bildungssystem oder die Integration von Menschen geht, die aus einem anderen Kulturraum kommen. Machen wir uns also emotional stark und fokussieren wir uns auf das, was wirklich wichtig ist.

Unser Land ist der Ort, an dem wir nicht nur leben, sondern uns verstanden fühlen wollen – nicht zuletzt von Politikern und anderen Menschen in Positionen mit hoher Verantwortung, die nahbar sind und uns und unsere Anliegen ernst nehmen. Solange sie auf existenzielle Ängste zwar demokratisch, aber ausschließlich sachlich antworten, schieben sie die Ängste innerhalb der Bevölkerung beiseite. Und wer Ängste beiseiteschiebt, der muss sich darauf gefasst machen, dass aus ihnen etwas entsteht, das die demokratische Freiheit in Frage stellen könnte.

Das emotionale Versagen der Demokratie ist zu einem nicht unerheblichen Teil für den in vielen Ländern zu beobachtenden Rechtsruck und die trennenden, nationalistischen Tendenzen verantwortlich. Und es macht deutlich, warum es absolut erforderlich ist, emotionale Hygiene zu betreiben und sensibel mit Entwicklungen umzugehen – ganz gleich, ob es sich um einzelne Menschen oder ganze Systeme handelt. Die Zeit, in der wir glaubten, wir könnten es uns leisten, Gefühle zu unterdrücken, geht dem Ende entgegen. Je mehr wir unsere Gefühle verdrängen, desto chaotischer werden sie sich zeigen. Das ist der Negativ-Aspekt der aktuellen Situation. Aber es gibt auch eine positive Sicht auf die Dinge. Wir haben jetzt die große Chance, uns selbst und unsere Gesellschaft zu transformieren. Es ist unsere Aufgabe, einen neuen Umgang mit unseren Emotionen zu finden – sie zu integrieren, statt zu negieren. Wir müssen den nächsten Schritt machen und die Kraft von Kognition und Emotion miteinander verknüpfen.

Die radikale politische Entwicklung in vielen Staaten steht für das emotionale Versagen unserer Demokratien.

Emotionales Lernen und Arbeiten

Wenn es mehr und mehr um den Profit und immer weniger um den Menschen und das Miteinander geht, kippt irgendwann die Stimmung. Das System fängt an zu wackeln – so wie aktuell in vielen europäischen Staaten. Wir ringen um unsere Kraft und sehen nicht immer einen Sinn in dem, was wir tun. Stattdessen wünschen wir uns Wertschätzung, Gemeinschaft, gute Beziehungen und Nähe. Vielleicht zieht es uns gerade deshalb immer mehr hinaus in die Natur, weil wir dort auch ganz leicht unserer eigenen Natur begegnen können.

Spätestens seit die Generation Y den Arbeitsmarkt erobert, ist klar: Selbstaufgabe, Konflikte und Dauerstress will keiner mehr – weder in der Schule noch bei der Arbeit. Um mit der hohen Arbeits-

Um die unbändige Kraft der Emotionen in produktive Energie zu verwandeln, müssen Unternehmen die Rolle von Emotionen als wichtigste Treiber für menschliches Handeln antizipieren. *Trendstudie »Der Siegeszug der Emotionen«*

belastung und den sich ständig ändernden Bedingungen in der Arbeitswelt umgehen zu können, brauchen wir nicht nur einen kühlen Kopf, sondern auch eine hohe emotionale Kompetenz und Kraft. Stress jedoch bremst unsere Emotionen aus – und zwar alle. Das heißt, dass wir unter Stress auch weniger Begeisterung empfinden können. Aber ohne Begeisterung keine Vision. Und ohne Vision keine aktive Zukunftsgestaltung. Begeisterung gehört zur Basisemotion Erstaunen, sie weckt unser Interesse für Themen, Projekte, Menschen und Ziele. Gerade heute, in einer Zeit, in der sich alles immer schneller wandelt und nachhaltige Lösungen gefunden werden müssen, brauchen wir die pure Energie unseres Erstaunens mehr denn je – um offen zu bleiben für Neues und um uns weiterzuentwickeln.

Und das Erstaunen ist ja innerhalb der ganzen Bandbreite unserer emotionalen Welt nur eine von sieben Basisemotionen! Eine konstruktive, starke Devise wäre also diese hier: Stress runter – Emotionen rauf. Für neues Lernen und Arbeiten. Und für eine lebenswerte Zukunft.

Sensibilität und Emotionen als Quelle für Kreativität

Haben wir eine Vision, können wir uns vorstellen, wo wir hinwollen, und daraus eine große Kraft schöpfen. Eine Vision zu haben, die mit den eigenen Werten und Bedürfnissen übereinstimmt, ist Freude pur. Und Freude wiederum ist die Voraussetzung für Kreativität. Freude schafft einen starken Fokus auf das, was Wirklichkeit werden soll. Die Ideen können sprudeln. Was also wäre Kreativität ohne Emotionen? Was wären Johann Wolfgang von Goethe, Astrid Lindgren, Rainer Maria Rilke, Virginia Woolf und Hermann Hesse ohne eine gute Verbindung zu ihrer emotionalen Welt gewesen?

Sicherlich keine WortkünstlerInnen, SchriftstellerInnen und DichterInnen! Und dann sind da ja noch all diejenigen, die singen, Musik machen, malen, zeichnen, konstruieren, tanzen, bildhauern, tischlern, Blumen binden, gärtnern, designen, texten, moderieren, fotografieren, Videos drehen, stricken sowie all die anderen, die schöpferisch tätig sind. Sie bereichern die Welt mit ihrem ganz persönlichen Ausdruck dessen, wie sie sie erleben oder was sie sich für sie wünschen. Sie regen Veränderung an. Mit ihrer Kreativität – also mit der Kraft ihrer Emotionen! Kreativität braucht Sensibilität.

Aus einer Studie aus dem Jahr 2019 von Bridges & Schendan geht hervor: Wer auf Empfang ist und in Resonanz mit der Welt geht, erzeugt Emotionen. Der Wirtschaftswissenschaftler Patrice Wyrsch geht auf seinem innovativen persönlichen Blog noch einen Schritt weiter: Er weist darauf hin, wie wichtig es ist, der eigenen Wahrnehmung voll und ganz zu vertrauen und offen dafür zu sein, Ideen, Visionen und Bilder zu empfangen, von denen nicht sicher ist, wie sie entstehen und woher sie kommen. Dafür braucht es eine große Portion Neugier, gewürzt mit einer Prise spirituellem Verständnis. Zusätzlich gehört ein wertvoller Tropfen gutes Gespür dazu, wie man mit dem, was man gesehen oder gespürt hat, umgeht und es in die Welt bringt. Und für den Schritt in die Öffentlichkeit brauchen wir außerdem die emotionale Kraft, das Empfangene zu kommunizieren und mit den Reaktionen unserer Umwelt umzugehen.

Emotionen fordern Veränderung, sie verlangen eine Änderung des aktuellen Zustands.
Trendstudie »Der Siegeszug der Emotionen«

Sensibilität, Emotionen und Kreativität – all das sind starke Kräfte, die von uns Entwicklung und die Bereitschaft verlangen, eine hohe Verantwortung zu übernehmen. Sind Sie bereit?

Verbunden sein: Wie wir miteinander gesund bleiben

Es ist Sonntagmorgen. Ein Sonntagmorgen, an dem ich seit langer Zeit mal wieder in der Kirche bin. Mit meiner kleinen Tochter. Sie wollte unbedingt zum Gottesdienst und ich bin ihrem Wunsch gefolgt. Sie ging auf eine christlich geprägte Schule und kennt die Bibel schon jetzt besser als ich. Sie weiß: Heute ist Palmsonntag. Ein wichtiger Tag im Christentum. Er erinnert an den Einzug von Jesus in Jerusalem und daran, dass eine besondere Woche beginnt: die Osterwoche, an deren Ende Jesus von den Toten aufersteht.

Warum auch immer: Meine Jüngste hat für sich entschieden, dass Palmsonntag der wichtigste Tag ist. Ich muss schmunzeln über diese kindliche Begeisterung, die das, was jetzt gerade ist, zu dem Wichtigsten macht, das es auf der Welt gibt. Ich habe mich von ihr anstecken lassen – obwohl ich schon längst am Schreibtisch sitzen wollte. Ich bin von meinem Sonntags-Schreibplan abgewichen, bin mit ihr in Verbindung gegangen und habe etwas Wertvolles geschenkt bekommen. Ohne dieses Geschenk gäbe es diese Geschichte nicht, die mir jetzt so federleicht aus den Fingern fließt. Denn es war ein schöner Gottesdienst. Wir haben zusammen gesungen, und ich habe meiner Tochter erklärt, wie sie die Lieder und Psalmen im Gesangbuch findet und dass sie die Lesebändchen schon vorbereitend hineinlegen kann. Zwischendurch hat sie sich immer wieder an mich gekuschelt. Ich liebe diese Momente, wenn ihr kleiner, süßer Kopf sich an mich lehnt und sie mit ihrem Körper Halt sucht.

Die Predigt von unserem Pastor hatte eine heilsame Wirkung auf mich. Und beim Kyrie Eleison der Fürbitte – dem gemeinsamen Beten – hatte ich wie so oft Tränen in den Augen und ein Kribbeln am ganzen Körper, das bis zum höchsten Punkt des Kopfes wanderte. Obwohl ich am Konzept des religiösen Glaubens, wie er in unseren Kirchen gelebt wird, immer wieder zweifele, war ich berührt. Nicht zum ersten Mal. Es geht mir oft so, wenn ich mich inmitten des Alltags dem Glauben und der Spiritualität endlich wieder öffne: Plötzlich lösen sich alle Zweifel in Luft auf.

Im Anschluss an den Gottesdienst unterhielt ich mich mit dem Pastor und einem anderen Gemeindemitglied. Seine Tochter hatte ihn gefragt: »Papa, woher kommt die Welt?« Da standen wir Erwachsenen dann vor dieser großen Frage und mussten erkennen, dass eigentlich keiner von uns sie so richtig beantworten konnte. Es gibt die verschiedensten Theorien dazu. Doch welche ist wahr? Von welcher können wir mit absoluter Gewissheit sagen: »So ist das, mein Schatz.« Während wir ratlos dastanden und gemeinsam nach Worten suchten, raste meine Tochter auf dem Flur hin und her. Dass die Erwachsenen aber auch immer so viel reden müssen! Ja, das tun wir. Wir reden miteinander. Und helfen uns damit, durchs Leben zu gehen. Es ist schön zu erzählen und gemeinsam etwas zu erleben. Nicht allein zu bleiben mit seinen Gedanken und Gefühlen. Mit seinen Fragen und Zweifeln. Mit seinen Sorgen und Nöten. Mit seiner Kreativität und seiner Begeisterung. Es ist schön, verbunden zu sein.

Während ich die überraschende Begegnung mit unserem Pastor und dem »Fremden«, der im Grunde kein Fremder, sondern ein Nächster ist, genieße, packen mich plötzlich zwei kleine Hände und zerren so kräftig an mir, dass ich fast aus dem Gleichgewicht gerate. Und ich weiß, es ist Zeit. Es ist Zeit, diesen Moment der Gemeinschaft loszulassen und wieder in die Verbundenheit mit meiner Tochter einzutauchen, die mir mit ihrer Begeisterung und Lebensfreude an diesem Morgen so viel Liebe geschenkt hat, dass die Müdigkeit der letzten Tage wie weggepustet ist. Wir setzen uns aufs Fahrrad und fahren durch die frische, kühle Aprilwetterluft wieder nach Hause. Ich bin sehr dankbar für diesen schönen und heilsamen Sonntag. Für die ungeplanten Erfahrungen, die ich in Verbundenheit und Gemeinschaft mit meiner Tochter und vielen anderen Menschen gemacht habe.

Diese Geschichte steht stellvertretend für all die wundervollen Momente, die unser Leben reich machen. Reich an Begegnungen, Gesprächen, Berührungen und Gemeinschaft. Und die erfüllt sind von dem, was uns nährt und gesund hält. Die Forscher Holt-Lunstad, Smith und Layton widmeten sich 2010 der Frage, welchen Einfluss unsere sozialen Beziehungen auf unsere Lebenserwartung haben. Sie fassten die Ergebnisse vieler Studien zusammen und kamen zu einem eindeutigen Ergebnis: Personen mit starken sozialen Bindungen und tiefgehenden Beziehungen erfreuen sich mit einer um 50 Prozent größeren Wahrscheinlichkeit einer guten Gesundheit und eines langen Lebens als solche mit schwachen sozialen Beziehungen. Mehr noch: Wie intensiv wir uns in unser soziales Umfeld eingebunden fühlen, hat einen größeren Einfluss auf unsere Gesundheit als Zigarettenkonsum oder Bewegung.

Wir leben in einer Gesellschaft, in der immer mehr Menschen das Gefühl haben, einer stummen, gleichgültigen Welt gegenüberzustehen. Die Folge ist ein individuelles, ja sogar kollektives Burnout.
Hartmut Rosa

Dem möchte ich etwas hinzufügen: Bei dieser Erkenntnis wird einerseits klar, dass es sich lohnt, gute Beziehungen zu pflegen. Andererseits ist es aber auch notwendig, fühlen zu können, dass wir eingebunden und in guten Beziehungen *sind.* Und da klopft sie auch schon wieder an die Tür: unsere Sensibilität. Ob wir spüren können, dass wir eingebunden sind, hängt maßgeblich davon ab, wie empfänglich wir für die Geschenke der Gemeinschaft sind und ob wir resonante Beziehungen führen. Wenn wir uns hart machen und verschließen, wenn wir uns nicht erlauben, sensibel zu sein, und unsere Gefühle deckeln, können wir diese Geschenke nicht empfangen. Das raubt uns nicht nur die Freude am Miteinander und an uns selbst, sondern im ungünstigsten Fall auch noch unsere Gesundheit. Denn, so der Soziologe Hartmut Rosa, wir brauchen als soziale Wesen eine lebendige Verbindung zu unserer Umwelt – zu Familie, Freunden und auch zu unserer Arbeit. Wir müssen wieder lernen, uns seelisch und körperlich berühren zu lassen, statt nur oberflächlich und digital mit »der Welt da draußen« in Kontakt zu sein.

Die Geschichte, die ich Ihnen von dem Gottesdienstbesuch mit meiner kleinen Tochter erzählt habe, hat sich in einer Schreibphase ereignet, in der ich davon überzeugt war, keine Zeit für Außerplanmäßiges zu haben, und gleichzeitig mit meinen Ressourcen haderte. Wer kennt das nicht: Es gibt mehr zu tun, als wir erledigen können. Und gerade beim Schreiben braucht man einen ungestörten Raum. Dennoch habe ich diesen Morgen bestmöglich genutzt – in Form einer magischen Begegnung mit meiner Tochter und heilsamen Impulsen in einer Gemeinschaft. Und das war goldrichtig!

Der Mensch wird am Du zum Ich.
Martin Buber

Begegnungen – Warum Anteilnahme so wichtig ist

Das Klingeln des Weckers, Handydisplay, Verkehrslärm, Abgase, Martinshorn, Benachrichtigungstöne, Druckergeräusche, voller E-Mail-Account, Laptoplüftung, Abgabetermine, berufliche Verpflichtungen, neue Netzwerkpartner, Steuererklärung, Familienplaner, Einkaufsliste, Post, Werbung, Nachrichten, Anrufe, WhatsApp-Botschaften, Facebook- oder Instagram-Posts – im Laufe eines Tages werden wir mit unglaublich vielen Reizen und Informationen überschüttet, die unser System aufnehmen und verarbeiten muss.

Wir haben durch die sozialen Medien Kontakt zu immer mehr Menschen und gleichzeitig geht uns die Zeit für tiefe, echte und wohltuende Begegnungen mit den Menschen, die uns am nächsten stehen, immer mehr verloren. Dabei sind vertrauensvolle Begegnungen und krisensichere Verbindungen überlebenswichtig für jeden Menschen. Doch die brauchen Zeit. Und die Bereitschaft, auch mal über Themen zu sprechen, die unangenehm und nicht so sexy sind.

Obwohl all das so wichtig ist, steht das Wissen darüber, wie man sich selbst und anderen in der Tiefe begegnet, nur auf wenigen Lehrplänen. So kommt es, dass viele Menschen im Umgang miteinander unsicher sind – gerade dann, wenn es mal ungemütlich wird. Weil sie nicht so genau wissen, ob der andere nur schlecht drauf ist oder die Dinge ernster liegen. Und weil sie sich vielleicht scheuen, ehrlich über ihre Nöte zu sprechen, um nicht als schwach zu gelten. Das führt immer öfter dazu, dass Menschen gerade in Situationen, in denen sie echte Beziehungen und Anteilnahme am meisten brauchen würden, zwar viele oberflächliche und schnell dahingesagte Ratschläge zu hören bekommen, aber kaum mehr eine wohltuende Geborgenheit erleben. Oder sie trauen sich nicht, diese einzufordern. Wahrscheinlich auch, weil sie unsicher sind, wie viel Emotion und wie viel Beziehung dem anderen eigentlich zuzumuten ist. Wie viel Tiefe verträgt Gemeinschaft? Wie geht es dem anderen gerade? Zeigt er sich so, wie er ist, oder spielt er mir etwas vor? Darf ich mich zeigen? Wie gehe ich am besten mit Schwächen und Problemen um? Sozial-emotionale Unerfahrenheit bringt viele von uns in schwierigen Situationen auf Abstand, obwohl Nähe zu uns selbst und anderen hier genau das Richtige und ein echter Gewinn wäre. Zu erzählen, was Sie beschäftigt, Worte dafür zu finden, was Sie bewegt, sorgt nicht nur dafür, dass andere Sie besser verstehen.

Wir unterschätzen die Magie guter Gespräche.

Es sorgt auch dafür, dass Sie sich selbst besser verstehen und mehr Klarheit in sich selbst oder für eine Situation finden. Ein Gespräch braucht Offenheit. Der Austausch, der im Miteinander entsteht, bringt Erkenntnisse, die ohne die Gemeinschaft mit anderen nicht möglich wären – sowohl für Sie selbst als auch für Ihren Gesprächspartner.

Impuls: Warum gute Gespräche Gold wert sind

Nehmen Sie sich Zeit für echte Begegnungen von Mensch zu Mensch – und zwar nicht nur über WhatsApp oder Skype, sondern persönlich. Gehen Sie ins Gespräch und haben Sie den Mut, sich zu öffnen und zu zeigen, wie Sie sind. In der Begegnung lernen Sie viel über sich selbst und Ihren Gesprächspartner. Sie können sich auf neue Erkenntnisse und Blickwinkel freuen, die ohne das Gespräch nicht möglich gewesen wären. Manches Problem, das aus Ihrer Sicht kaum lösbar scheint, verschwindet in dem Moment, in dem Ihr Gegenüber plötzlich eine ganz einfache Lösung findet. Gespräche und Begegnungen vertiefen die Beziehung zu den Menschen, die Ihnen wichtig sind. Aus der Gemeinschaft mit anderen gewinnen Sie neue Ideen. Sie schöpfen Kraft und empfangen heilsame Impulse.

Wir sind es immer weniger gewohnt, in schwierigen Situationen mit den eigenen Emotionen oder mit den Emotionen anderer umzugehen. Haben wir Angst, etwas falsch zu machen? Sind wir mit unseren eigenen emotionalen Reaktionen überfordert? Oder haben wir Sorge, dem eigenen eng getakteten Alltag nicht mehr gewachsen zu sein?

Die Psychologin und Journalistin Susan Pinker berichtet von dem »Village Effect«, dem »Dorf-Effekt«. Sie wollte wissen, warum manche Menschen hundert Jahre und älter werden und andere nicht und warum auf Sardinien mehr als sechsmal so viele Hundertjährige leben als auf dem italienischen Festland und zehnmal mehr als in Nordamerika. Bei ihrer Untersuchung fand sie heraus, dass die Menschen auf Sardinien einen großen Fokus auf gute, enge, persönliche Beziehungen legen und sehr oft persönlich miteinander interagieren – von Angesicht zu Angesicht und ohne Bildschirm dazwischen. Nun müssen wir nicht alle das Ziel entwickeln, hundert Jahre alt zu werden. Und doch stellt sich die Frage, inwieweit soziale Isolation vielleicht nicht nur ein großer Risikofaktor für unsere Gesundheit, sondern auch für viele andere Probleme sein könnte, die wir mit unserer Lebensweise produzieren.

Pinker berichtet, dass ein Drittel der westlichen Bevölkerung angibt, nur zwei oder noch weniger gute Beziehungen zu haben, auf die sie sich wirklich verlassen können. Noch wichtiger als enge Beziehungen ist die soziale Integration eines Menschen: Die Hundertjährigen auf Sardinien leben inmitten ihrer Familie, Freunde und Nachbarn. Sie bekommen täglich Besuch, sind in die soziale Gemeinschaft eingebunden und nicht gezwungen, den Abend ihres Lebens isoliert, ohne Hilfe und regelmäßigen Kontakt zu ihrer Familie in Altersheimen oder kleinen Wohnungen zu verbringen. Es ist relevant für Wohlbefinden und Gesundheit, wie oft wir täglich mit Menschen interagieren – auch mit denen, die uns nahestehen. Und damit ist nicht der digitale Kontakt gemeint, sondern der persönliche Kontakt von Angesicht zu Angesicht! Echter Kontakt setzt Neurotransmitter frei, die Stress und Schmerzen reduzieren, das Vertrauen fördern und Freude auslösen. Ein Lächeln, ein Händeschütteln oder ein »High five« – all das produziert das Glückshormon Oxytocin und reduziert den Level des Stresshormons Cortisol. Zusätzlich wird Dopamin ausgeschüttet, das uns ein bisschen abheben lässt und das Schmerzempfinden senkt.

Die Angst vor der Begegnung schafft Trennung.

Was Pinker herausgefunden hat, bestätigen auch zwei Harvard-Studien, mit denen über 75 Jahre lang mehr als 600 Menschen auf ihrem Lebensweg begleitet und immer wieder untersucht wurden.

Im Kern zeigen die Ergebnisse der Studien eindeutig, dass es einen Faktor gibt, den Robert Waldinger, der Teile der Studie betreute, so zusammenfasst: »Gute Beziehungen machen uns glücklicher und gesünder.« Es geht also nicht um die Quantität, sondern um die Qualität einer Beziehung. In einer guten Beziehung sind wir verwundbar, fühlen uns aber dennoch sicher, wenn wir unser Innerstes teilen. In einer guten Beziehung können wir uns entspannen und uns so zeigen, wie wir sind. Und wir schätzen den anderen so, wie er ist.

Freundschaft genießen

Als ich mein erstes Buch schrieb, dachte ich tatsächlich, es wäre eine gute Idee, die Zeit für das Schreiben zu gewinnen, indem ich meine privaten Beziehungen zurückstelle. Ich weiß noch, wie schwer mir das gefallen ist, und auch, dass es mir und vor allem meiner Familie überhaupt nicht gutgetan hat. Mein Rettungsanker damals war, dass ich viele telefonische Kontakte zu den Menschen hatte, die mir für mein Buch ihre Geschichten zur Verfügung gestellt haben. Ohne diesen sozialen Anker wäre ich so schnell eingegangen wie eine Primel ohne Wasser. Geholfen hat mir, dass ich darauf vertrauen konnte, dass meine Freunde auch dann noch meine Freunde sind, wenn ich nach der Schreibphase wiederauftauche. Bei diesem Buch hier habe ich es bewusst anders gemacht. Kurz bevor ich zu einer Schreibzeit nach Dänemark fahren wollte, rief mich meine langjährige Freundin Julia an. Wir kennen uns seit der Schulzeit, gehen auch schon mal als Schwestern durch und sind außerdem noch die Patentanten unserer Kinder. Kurzum: Wir kennen uns seit fast 30 Jahren und haben einiges zusammen erlebt. Sie fragte mich, ob ich am Vorabend meiner Reise mit ihr in die Elbphilharmonie in Hamburg zu einem Konzert gehen würde. Sie hatte Karten geschenkt bekommen und meine Namensschwester Kathrin, die Dritte im Bunde unseres Freundschaftskreises, konnte überraschend nicht mitkommen, weil ein Infekt sie erwischt hatte. Ich sagte zu, obwohl ich ahnte, dass es für mich eine Herausforderung werden würde. Immerhin stand am nächsten Tag die Reise an und ich musste mit meiner Kraft haushalten.

Am Abend kam es, wie es kommen musste. Ich stand vor dem Spiegel, schaute in meine müden Augen und dachte mir: Auf Julia freue ich mich, aber es wäre trotzdem schön, wenn ich jetzt packen oder ins Bett gehen könnte. Die inneren Saboteure waren erwacht. Erschwerend kam hinzu, dass es sich um zeitgenössische Musik handelte – Tristia von Philippe Hersant. Ein Werk mit Chor und Orchester, das erst 2016 uraufgeführt wurde. Und ich hatte bisher selten zeitgenössische Musik gehört, die mir gefallen hatte. Bei allem inneren »Drama« überredete ich mich selbst, mich auf diesen Abend einzulassen – für die Freundschaft. Und wurde reich beschenkt: vom Zusammensein mit Julia, die an diesem Abend zum ersten Mal in der Elbphilharmonie war, von diesem ebenso größenwahnsinnigen wie faszinierenden Konzerthaus und von überraschend tiefgründiger, tragender experimenteller Musik, die öfter als erwartet harmonische Klänge zu bieten hatte. Der Chor formierte sich immer wieder neu und tanzte förmlich durch das Konzert. Von den unterschiedlichen Rängen im großen Saal des neuen Hamburger Konzerthauses ertönten zwischendrin einzelne Stimmen oder Instrumente. Ich war emotional tief berührt, hatte mehr als einmal Gänsehaut. Ich fühlte mich zunehmend wohl und elektrisiert und genoss die Gemeinschaft mit meiner vertrauten Freundin. Entgegen meiner Befürchtung, am nächsten Tag müde zu sein und gestresst in Dänemark anzukommen, war ich beflügelt und beschwingt von der Energie, den Gesprächen und der Musik vom Vorabend. Ich hatte die ganze Kraft zu spüren bekommen, die Begegnungen (und Musik) entfalten können.

Qualität ist wichtiger als Quantität: Das gilt auch für unsere Beziehungen.

Impuls: Echte Freunde finden

Solche Abende mit Freunden sind Geschenke des Lebens. Doch was können Sie tun, wenn es diese Art von Freundschaft, wie ich sie beschrieben habe, in Ihrem Leben noch nicht oder nicht mehr gibt? Wie können Sie Menschen kennenlernen, die zu Ihnen passen? Der wichtigste Hinweis ist der: Machen Sie sich auf die Suche nach sich selbst. Finden Sie heraus, was Ihnen wichtig ist, schauen Sie auf Ihre Bedürfnisse und Ihre Werte. Lernen Sie Ihre Emotionen kennen. Machen Sie Dinge, die Ihnen Freude bereiten. Gehen Sie an Orte, an denen Sie sich wohlfühlen. Besuchen Sie Seminare, die Sie interessieren. Und zeigen Sie sich immer so, wie Sie gerade sind. Wenn es in Ihnen etwas aufzuräumen gibt, dann räumen Sie auf. Projizieren Sie Ihre Themen möglichst nicht auf andere Menschen (was manchmal schwierig ist, weil es uns oft nicht bewusst ist, was da vor sich geht), sondern lösen Sie sie – am besten mithilfe von anderen Menschen, denen Sie erzählen können, wie es Ihnen geht.

Nicht alle Menschen, die Sie weiterbringen und Ihnen helfen, müssen Freunde sein oder werden. Manchmal ist es ein Gespräch oder ein Satz eines Fremden, der eine riesige Veränderung anstößt, manchmal sind es Lehrer, Ärzte, Coaches, Therapeuten, Mentoren oder Worte in einem Buch. Nicht alle Menschen bleiben für immer in unserem Leben. Manche sind nur Lebensabschnittsweggefährten. Andere wiederum werden zu unseren wertvollen »Für-Immer-Freunden« und Lieblingsmenschen.

Seien Sie offen. Ich achte gerne auf meine inneren Impulse, wenn ich einen Menschen neu kennenlerne. Wenn alles ins Fließen kommt, man gar nicht mehr aufhören möchte zu sprechen und am liebsten gleichzeitig reden würde, weil es so viel zu erzählen gibt, dann ist das ein gutes Zeichen. Wenn eine Umarmung Kraft schenkt und man sich angenommen fühlt. Wenn man auch nach einer Weile ohne Kontakt wieder da ansetzen kann, wo man aufgehört hat, ohne sich gegenseitig Vorwürfe zu machen, dass man so lange nichts hat hören lassen. Und zu guter Letzt: Bleiben Sie auf Empfang! Denn Menschen brauchen Menschen!

Gemeinschaft erleben

Menschen brauchen Menschen – nicht nur als Freunde. Doch wie entsteht überhaupt ein Gemeinschaftsgefühl? Ich habe auf einer Geburtstagsfeier meiner dänischen Freundin Jane eine ganz neue Erfahrung gemacht, über die ich später noch mit ihr gesprochen habe. Weil ich den Eindruck hatte, etwas erlebt zu haben, was einen großen Teil zum Glück der Dänen beiträgt. Klar, es gibt dort eine Menge »Hygge«, die typisch dänische Gemütlichkeit, viel Natur, schönes Design, gutes Essen, aber eben auch viele Vereine und gemeinsame Rituale. Die Haltung der Dänen ist sicher patriotischer als in Deutschland, wo es außer bei Fußballweltmeisterschaften nicht üblich ist, in privatem Rahmen die deutsche Flagge zu hissen. Dagegen sind Flaggen in ganz Skandinavien verbreitet und mir schon seit meiner Kindheit vertraut. Mitunter hängen sie sogar am Weihnachtsbaum. Diesen mit einer Kette norwegischer Fahnen geschmückten Tannenbaum, den ich in einer kleinen Kirche entdeckt hatte, werde ich nie wieder vergessen.

Nun muss man bei Nationalbewusstsein nicht gleich an Radikalismus und dunkle Vergangenheit denken. Gemeinsame Werte, eine gemeinsame Vergangenheit, eine gemeinsame Kultur – all das kann auch im positiven Sinne Verbindung, Geborgenheit und Sicherheit schaffen. So, wie ich es auf Janes Geburtstagsfeier erlebt habe. Sie hatte zu ihrem 50. Geburtstag Frauen aus unterschiedlichen Regionen Dänemarks eingeladen – Familienmitglieder genauso wie Freundinnen. Die Atmosphäre war herzlich und offen. Jane stellte uns alle einander vor. Ich spreche etwas norwegisch, weniger dänisch. Doch aufgrund der Ähnlichkeit der Sprachen und vielleicht ja auch aufgrund meiner Gene – mein Uropa mütterlicherseits war

Däne – konnte ich einiges verstehen. Das Essen war großartig. Und was dann kam, verzauberte mich. Es wurde ganz viel gesungen! Alle kannten die Lieder! Und alle sangen laut mit! Ich saß da und war gerührt. Warum kannten alle diese Lieder? Warum wusste jeder damit etwas anzufangen – von Jung bis Alt? Und warum waren alle mit dem Herzen dabei? In einem Gespräch bei einem unserer nächsten Treffen klärte Jane mich über die »høyskole« auf: Das sind private Volkshochschulen – nicht zu verwechseln mit dem Konzept deutscher Volkshochschulen –, wo junge Menschen zum einen etwas über die dänische Kultur lernen und Gemeinschaft leben und zum anderen ihren Interessen und Hobbies nachgehen können, bevor sie ins Berufsleben starten. Auch viele Erwachsene machen noch Kurse an einer der Volkshochschulen Dänemarks. Es geht dort nicht um Noten und Bewertungen, sondern um Freiheit und Freizeit. Eine høyskole ist ein Stück dänischer Lebensart, die ein feines Netz aus gemeinsamen Erfahrungen, Liedern und kulturellen Appetithappen quer durch Dänemark webt. Und dieses feine Netz war auf der Geburtstagsfeier von Jane zu spüren und hat mich tief bewegt. Es war mir eine Ehre, dabei sein zu dürfen und mich von diesem Gemeinschaftsgefühl inspirieren zu lassen. Ein Gemeinschaftsgefühl, das ich in Deutschland so unbeschwert, fröhlich und entspannt noch nicht erlebt habe …

Erfolgreiche Zusammenarbeit

Wie wollen wir arbeiten? Was ist uns wichtig? Die Welt der Arbeit befindet sich im Wandel. Da gibt es neben denjenigen, die mit vielen Menschen in großen Büros sitzen, die, die gerade das nicht mehr wollen und neue Wege gehen – oft in die Selbständigkeit. Oder die, die ganz andere Arbeitssituationen haben. Betrachten wir zunächst einmal die Großraumbüros. Je mehr Menschen darin arbeiten, desto holpriger wird der Kontakt unter den Kollegen. Das sagen schwedische Wissenschaftler, die dreihundert Angestellte befragten: Menschen, die in einem einzigen großen und offenen Raum arbeiten, fühlen sich unwohl – und das macht sie unproduktiver und unkommunikativer. Interessanterweise halten viele Arbeitnehmer das Großraumbüro trotzdem für ideal: Sie hoffen, dass man einander dort spontan besser kennenlernt und somit Wissen und Informationen austauscht. Dieser Wunsch ist nachvollziehbar, denn wir Menschen brauchen gute Beziehungen wie die Luft zum Atmen – gerade bei der Arbeit. Denn dort verbringen wir sehr viel Zeit! Was also ist zu tun?

Ich denke, dass es höchste Zeit ist zu verstehen, dass wir Arbeitsräume brauchen, wo wir einerseits konzentriert arbeiten und uns andererseits begegnen, zusammenarbeiten, austauschen sowie Beziehungen aufbauen und pflegen können. Dabei müssen wir berücksichtigen, dass Menschen unterschiedlich (sensibel) sind und nicht jeder unter den gleichen Voraussetzungen gut arbeiten kann. In der digitalen Arbeitswelt gibt es viele neue Ideen: Bürokonzepte, in denen große Räume so gestaltet werden, dass es Nischen und Winkel gibt, die Geborgenheit, Sichtschutz und akustische Ruhe schenken. Gleichzeitig gibt es aber auch Konzepte, in denen Menschen keinen eigenen Schreibtisch mehr haben, sondern sich einfach dort einloggen, wo gerade ein Platz frei ist. Für den Arbeitgeber mag das vorteilhaft sein, da er nicht Räume vorhalten muss, die dann gar nicht genutzt werden. Wer aber jeden Tag woanders sitzt, tut sich schwer im Knüpfen von Kontakten und im Aufbau von guten Beziehungen. Für junge Mitarbeiter, die eher introvertiert sind, dürfte der Einstieg in die Welt der Großraumbüros ohne feste Sitzplätze eine echte Herausforderung sein. Sicher gibt es Informationssysteme, die zur Verfügung gestellt werden. Aber sie ersetzen nicht einen leibhaftigen Menschen. Was solche Formen der Arbeit fördern? Sicher nicht die Zusammenarbeit in guten, vertrauensvollen

Beziehungen, sondern eher Unverbindlichkeit, Einsamkeit, Orientierungslosigkeit und mangelnde gesundheitliche Stabilität. Es gibt ohnehin in unserer Welt eine immer größer werdende Flexibilisierung und immer weniger Fixpunkte. Mir scheint, als würden wir gerade vom einen Extrem – einer unbeweglichen, hierarchischen Arbeitswelt – in das andere Extrem kippen: eine Arbeitswelt, in der Menschen verloren gehen und sich noch stärker abgrenzen und hart machen müssen. Da ist der Weg nicht weit zu Einsamkeit und Burnout. Menschen in modernen Arbeitswelten müssen sehr viel Kraft und Energie aufbringen, um Beziehungen aufzubauen und zu halten. Das gilt übrigens auch für Selbständige, die in ihr Home-Office abtauchen. Da kommt nämlich im Zweifel tagsüber nur der Postbote vorbei. Es ist fraglich, ob diese Entwicklungen, die für den wirtschaftlichen Erfolg und die Innovationsleistung der Unternehmen gut sein mögen, auch die Bedürfnisse der Menschen im Blick behalten. Ziel müsste es sein, ein Arbeitsumfeld zu schaffen, in dem alle zusammen versuchen, Lösungen für Aufgaben zu erarbeiten, die die Welt an uns stellt.

Sensibilität macht Teams deutlich leistungsfähiger.

US-Forscher um Anita Williams Woolley von der Carnegie Mellon University in Pittsburgh fanden in einer groß angelegten Studie heraus, dass die soziale Sensibilität einzelner Teammitglieder einen größeren Einfluss auf das Arbeitsergebnis hat als ihre Intelligenz. Je ausgeprägter die Fähigkeit war, die Gefühle der anderen Gruppenmitglieder wahrzunehmen und zu verarbeiten, desto effektiver und erfolgreicher war das Team. Gruppen, in denen alle Mitglieder gleich häufig zu Wort kamen, hatten es leichter, ihre Probleme zu lösen, als Gruppen, die von einer Person dominiert wurden. Darüber hinaus zeigten Teams mit einem erhöhten Frauenanteil eine höhere kollektive Intelligenz. Das führen die Forscher auf die ausgeprägte soziale Kompetenz von Frauen zurück.

Starke Bindungen – Was Zweisamkeit mit Heilung zu tun hat

In guten wie in schlechten Zeiten … Nach über zwölf Jahren Beziehung mit meinem Mann habe ich eine ungefähre Vorstellung davon, was diese Worte meinen. Und ich denke, dass auch Paare, die nicht verheiratet, aber einander dennoch sehr verbunden sind und das auch bleiben wollen, wissen, was damit gemeint ist. Einem Menschen zu begegnen, mit dem wir Liebe und Intimität leben können, ist ein großes Geschenk. Viele Menschen sehnen sich nach einer starken und verlässlichen Bindung. Nach einem Hafen der Liebe und Geborgenheit. Was wir dabei oft vergessen: Auch in einem Hafen kann es stürmisch werden, hageln, blitzen und donnern. Denn je näher wir einem Menschen sind, desto verletzlicher sind wir, weil wir es dem anderen erlauben, uns zu berühren – sowohl seelisch als auch körperlich. Wenn wir uns also binden, müssen wir bereit sein, uns mit unserer Verletzlichkeit auseinanderzusetzen.

Wenn wir einen Menschen nah an uns heranlassen, werden wir gemeinsam viele schöne und nährende Momente erleben. Es bleibt aber auch nicht aus, dass wir gegenseitig genau die Knöpfe drücken, unter denen alte seelische Verletzungen sitzen. Oder dafür sorgen, dass neue Verletzungen entstehen. Beides geschieht in den allermeisten Fällen nicht mit Absicht, sondern ganz einfach deshalb, weil wir uns so zeigen, wie wir zu diesem Zeitpunkt sind – mit allen Stärken und Schwächen. Entscheidend ist dann, wie wir mit diesen wieder aufgerissenen oder neuen Verletzungen umgehen und sie für uns einordnen. Stempeln wir unseren Partner als Bösewicht ab und projizieren alte Erfahrungen auf ihn? Oder nehmen wir unser Gefühl an und spüren der Botschaft nach, die darin steckt?

Um einen anderen Blick auf die Situation zu bekommen, können wir uns folgende Fragen stellen:

- Welche Botschaft steckt in meinen Gefühlen?
- Was genau hat mich verletzt?
- Was steckt hinter der Verletzung?
- Was hat meine Partnerin bzw. mein Partner damit zu tun?
- Ist die Sache es wert, dass ich mich weiter darüber aufrege?
- Kann und will ich vergeben? Was brauche ich dafür?

Das große Geschenk einer starken, intimen Verbindung sind nicht nur die schönen Momente, sondern auch die schwierigen. Denn hier steckt wertvolles Entwicklungspotenzial für alle, die wollen. Wer nicht dem Bild der Friede-Freude-Eierkuchen-Beziehung hinterherläuft, sondern tiefe Verbindungen als Prozess versteht, kann Konflikte willkommen heißen.

Wer jetzt denkt, dass ich eine »Beziehungsheldin« bin und jeden Konflikt mit Kusshand begrüße, den muss ich leider enttäuschen. Inzwischen habe ich gelernt, Konflikte anzugehen – aber meine Stärke ist das nach wie vor nicht. Eine Sache möchte ich dennoch mit Ihnen teilen: Mit jedem Tief, das mein Mann und ich durchschreiten, und mit jeder Durststrecke, die wir hinter uns lassen, wird mir bewusster, wie bedeutsam neben den »Hochzeiten« die Täler für uns sind und waren. Jedes Tal hat uns etwas gezeigt, das wir aus dem Weg räumen konnten, und unsere Beziehung auf eine neue Ebene gestellt. Immer wenn wir etwas losgelassen haben, ist eine neue Energie entstanden.

Alles, was wir brauchen, damit unsere Bindung stark sein und (uns) immer wieder heilen kann, sind fünf Dinge:

1. Respekt und Wertschätzung füreinander
2. die Bereitschaft, sich zu entwickeln
3. Offenheit für Begegnungen mit uns und unseren Emotionen
4. ehrliche Kommunikation
5. körperliche Berührung, Nähe und Intimität

Bei meinem Mann und mir sind der Wunsch und die Bereitschaft, gemeinsam unser Leben zu gestalten und unsere Liebe zu pflegen, stark ausgeprägt. Doch bei aller Liebe kann die Distanz zwischen uns in manchen Momenten so groß sein, dass es kaum auszuhalten ist. Und die nächste Brücke hin zum Herzen des anderen noch lange nicht in Sicht. Doch egal, wie weit wir voneinander entfernt sind: Wenn wir uns trauen (… man wird eben nicht in erster Linie getraut, sondern traut sich – immer wieder …) über das zu sprechen, was uns bewegt – ganz gleich wie schwierig das Thema sich auch anfühlen mag –, und uns körperlich annähern, ist das Eis gebrochen. Eine Umarmung, ein Kuss, eine zarte Berührung am Arm, im Nacken, an der Schulter oder an der Hüfte bewirken bei mir meistens Wunder – vor allem dann, wenn der Raum für ausgedehnte Liebesnächte gerade mal wieder spärlich ist oder die Müdigkeit über viel zu lange Zeit Abend für Abend siegt (… vielbeschäftigte Eltern wissen, wovon ich spreche …).

Im Laufe unserer Geschichte gab es sogar Momente, in denen wir unsere Beziehung fast schon verloren geglaubt hatten. Doch genau diese Momente wurden zu Berührungspunkten mit Neustart-Qualität. Mit Tränen in den Augen nehmen wir uns dann in die Arme, mal widerwillig, mal sehnsüchtig. Die körperliche Berührung und die seelische Nähe, die durch kompromisslose, aber empathische und wertschätzende Kommunikation entsteht, schafft neue Nähe. Der Weg dorthin geht oft genug durch den emotionalen Dornwald. Doch die Kratzer sind nichts gegen die Wunde, die entstehen würde, wenn sich unsere Herzen voreinander verschließen würden. Menschen verändern sich und entwickeln sich weiter. Es liegt auf der Hand, dass sich dann auch ihre Beziehung wandelt. Um diesen Wandel annehmen zu können, hilft es uns, wenn wir innerlich bereit sind, das Bild, das wir vom anderen haben, loszulassen und die Verletzungen, die wir einander zugefügt haben, zu vergeben. So öffnen wir uns füreinander und entdecken uns immer wieder neu.

Manchmal dauert es länger und manchmal geht es überraschend einfach und schnell.

Starke Bindungen fordern uns heraus, uns auch mit unseren eckigsten und kantigsten Gefühlen und Verhaltensweisen auseinanderzusetzen. Wenn Sie und Ihr Partner an einem Strang ziehen, Ihre Beziehung erhalten und weiterentwickeln wollen und sich offen und verletzlich zeigen, haben Sie die großartige Chance, alte, belastende Muster hinter sich zu lassen und Ihre Welt gemeinsam immer wieder neu zu entdecken.

Intimität und Autonomie

So wie es mehr oder weniger verletzliche Menschen gibt, so gibt es auch mehr oder weniger sensible. Betrachten wir die Sensibilität im Beziehungskontext, wird schnell deutlich, dass sowohl Intimität und Nähe eine große Rolle spielen als auch Autonomie und Distanz. Je mehr wir wahrnehmen und verarbeiten, desto mehr Zeiten brauchen wir auch, in denen wir mit uns selbst sein können. Ein ganz anderes Bedürfnis haben Menschen mit einer geringeren Sensibilität. Für sie ist Nähe vermutlich wichtiger als Autonomie, damit sie das Gefühl haben, in Kontakt mit dem Partner zu sein.

> Wenn man weiß, wer man ist und wofür man steht, kann man gut mit den Wünschen anderer umgehen.
> *Rick Hanson*

Der Psychologe Rick Hanson spricht sich ebenfalls dafür aus, dass es in intensiven Beziehungen unerlässlich ist, sich seine Autonomie zu bewahren. Wer bei sich selbst bleibt und eigene Entscheidungen trifft, vertieft die Fähigkeit zur Nähe sogar noch. Weil es uns leichter fällt, uns zu öffnen, wenn Grenzen akzeptiert werden – sowohl die, die wir dem anderen setzen, als auch die, die uns vom anderen gesetzt werden.

Für mich sind Autonomie und Distanz zu echten Kraftquellen geworden. Seit über fünfzehn Jahren lebe ich in Beziehungen, in denen eine gemeinsame Wohnung der Lebensmittelpunkt ist. Seitdem nehme ich mir immer wieder meine Auszeiten und fahre weg – nur mit mir allein. Früher in den Urlaub zum Abschalten und Entspannen, heute auch gerne, um an meinen Projekten weiterzuarbeiten.

Diese »Alleinzeiten« in der Natur kräftigen mich und geben mir Raum für meine Prozesse. Das tut nicht nur mir gut, sondern auch meiner Beziehung. Wenn ich wieder nach Hause komme, habe ich wieder ein gutes Gefühl dafür, wo ich stehe. Und ich habe Klarheit darüber, was ich in meine Familie einbringen kann und möchte – für mich, für meinen Mann und für meine Kinder.

Kinderzeit – Wie wir unsere Kinder sensibel begleiten können

In unseren Gefühlen stecken Botschaften darüber, was uns wichtig ist und was nicht. Sie lehren uns etwas über uns selbst. Sie unterstützen uns dabei zu erkennen, was uns wohltut und wovon wir träumen. Wenn wir hinter die Gefühle gucken, finden wir dort unsere Bedürfnisse und das, was uns glücklich macht. Dann wissen wir, worauf wir uns in unserem Leben fokussieren und wonach wir streben können. Unsere Gefühle offenbaren uns, wonach uns ist und was nach Erfahrung sucht. Deswegen ist es nicht nur wichtig, sondern essenziell, auch unseren Kindern beizubringen, ihre Sensibilität und Gefühle zu würdigen. Gerade heute. Gerade jetzt. Gerade, weil der Wandel im Moment wie ein Formel-1-Wagen mit Karacho durch alle Gesellschaftsschichten rast und unser Leben, die Welt, das Klima, die Ökosysteme und die Wirtschaft auf den Kopf stellt und durcheinanderwirbelt.

Nach einer Ferienreitwoche auf einem Isländer-Hof waren meine Kinder erfüllt von neuen Erfahrungen. Es hatte ihnen so gut gefallen, dass sie sicher noch ein paar weitere Wochen jeden Tag dort hätten verbringen können. Bei meiner Großen überwog noch der Stolz, dass sie beim Ponyschmückwettbewerb gewonnen hatte. Ich freute mich mit ihr über ihren Erfolg, weil ich wusste, wie intensiv sie sich darauf vorbereitet hatte. Bei meiner Kleinen aber gab es richtigen Abschiedsschmerz mit dicken Tränen, die ihre Wangen hinunterrollten, und lautem Schluchzen. Statt ihr zu sagen, dass sie doch nicht weinen müsse, nahm ich sie in den Arm und ließ sie zu Ende weinen. Weil Gefühle wichtig sind. Weil sie Vorrang haben. Und weil sie uns etwas über unsere Bedürfnisse erzählen. Das Bedürfnis unserer Kinder war klar: öfter draußen in der Natur sein und unbedingt Tiere mit einbinden – am besten Pferde. Es geht nicht darum, immer alles zu erfüllen, was sich die Kinder wünschen, es geht darum, ihnen Erfahrungen zu schenken, die sie emotional stark machen.

Du solltest über kein Gefühl sagen, dass es klein oder unbedeutend sei. Wir leben nur allein durch unsere einfachen, schönen und wunderbaren Gefühle. Und jedes einzelne Gefühl, mit dem wir ungerecht umgehen, ist ein Stern, dessen Licht wir rauben.
Hermann Hesse

Damit sie emotional stark werden, müssen Kinder – ganz gleich, welchen Geschlechts – auch mal schwach sein dürfen. Und sie müssen weinen, lachen und zornig sein dürfen. Weil sie so lernen, dass Gefühle kommen und gehen. Weil sie dann emotional widerstandsfähig werden. Weil sie nur erfahren können, wann es ihnen gut geht und wann nicht, wenn sie ihre Gefühle erleben können und wir ihnen dabei helfen, sich ihrer Gefühle bewusst zu werden und sie zu benennen. Weil sie dann wissen, wie das mit dem Durchhalten geht, wenn es anstrengend oder stressig wird. Oder dass es gar nicht unbedingt so stressig werden muss. Oder wann es Zeit ist, eine Pause zu machen. Und weil sie schon in jungen Jahren lernen können, mit sich selbst umzugehen – und zwar in guten und in schlechten Zeiten. Kurz: Gefühle willkommen heißen und darüber sprechen wirkt Wunder.

Freiräume schaffen

Damit Raum für Gefühle entstehen kann, brauchen Familien freie Zeit. Kinder brauchen Zeit mit ihren Eltern und Eltern brauchen Zeit mit ihren Kindern. Qualitätszeit. Zeit, in der echte Begegnungen möglich sind. Einen Raum, in dem Gespräche stattfinden können und mal so richtig gekuschelt, gekichert und auch ein bisschen »gekämpft« werden darf. Eben alles, was es braucht, um groß und stark zu werden.

Und neben der gemeinsamen Zeit braucht es ebenfalls Zeiten, in denen jeder für sich oder mit den Menschen zusammen sein kann, die ihm über die Familie hinaus wichtig sind. Zeit zum Spielen, Zeit, um rauszugehen und sich in der Natur zu erleben, Zeit für Langeweile, Zeit, um zu lernen, mit sich selbst und anderen Menschen klarzukommen, und Zeit, um zu verarbeiten, was heute alles Neues passiert ist. Das Dilemma in unserer Gesellschaft fängt schon im Kindergarten an. Wenn Kinder sich zurückziehen, wird das schnell problematisiert. Im Fokus steht – schon da greift unser Bildungssystem – zu lernen, sich in die soziale Gemeinschaft einzufügen. Das ist gut, aber nur, wenn jeder dabei sein eigenes Tempo wählen darf. Manche sind schneller, manche langsamer. Einige Kinder brauchen weniger Rückzug, andere mehr.

Aus der Gehirnforschung weiß man, dass völlig absichtsloses Spielen für die besten Vernetzungen im Gehirn sorgt.
Gerald Hüther

Und das ist ganz in Ordnung so: Als unsere ältere Tochter klein war, standen uns viele Erfahrungen, auf die wir beim zweiten Kind zurückgreifen konnten, nicht zur Verfügung. Heute ist uns klar: Unsere Große hätte viel mehr Zeit gebraucht, um sich zurückziehen zu können. Und die hat sie vor allem im Kindergarten nicht bekommen. Das war nicht nur für sie eine Herausforderung, sondern auch für uns Eltern. Weil wir mit dem Verhalten, das sie zeigte, umgehen mussten und damals oft nicht wussten wie. Und das war auch nicht verwunderlich. Wir waren ja mit uns selbst noch sehr beschäftigt und gerade erst dabei zu lernen, wie unterschiedlich Sensibilität und Emotionalität ausgeprägt sein können, wie sehr sich das auf verschiedenste Lebensbereiche auswirken kann und wie wir damit am besten zurechtkommen.

Bei unserer jüngeren Tochter waren wir dann konsequent und sorgten sehr früh im Gespräch mit dem Erzieherteam dafür, dass sie genügend Rückzugsmöglichkeiten bekam. Und unsere Tochter ermutigten wir, mit ihren Erziehern darüber zu sprechen, wenn es ihr »zu laut« wurde – und das waren nicht unsere, sondern ihre Worte. Damit ermächtigten wir sie schon als kleines Kind, ihre Bedürfnisse wahrzunehmen und gut für sich selbst zu sorgen. Die Unterschiede zwischen den beiden Mädels sind heute noch zu spüren. Die Große geht einen tollen Weg und ihr Selbstbewusstsein wächst Tag für Tag. Wir »liefern« ihr nun nach, was wir ihr im Kleinkindalter nicht geben konnten. Und doch ist es für die Große nicht so selbstverständlich, emotional souverän für sich einzustehen und ihre Bedürfnisse offen zu kommunizieren, wie für die Kleine. Die macht das einfach.

Rückzug heißt nicht, sich von der Welt und anderen Menschen zu trennen, es heißt nur, dass jemand den Fokus nach innen verlagert.
Stefan Sohst

Wenn wir mit unseren Kindern zusammen sind und sie sich mit allem, was da ist, zeigen dürfen, entsteht ein Raum, in dem Selbstbewusstsein, Selbstsicherheit und Selbstwirksamkeit wachsen und gedeihen können. Damit Kinder wachsen können, brauchen sie unsere Nähe: In der sehr frühen Kindheit, so formuliert es der Wahrnehmungspsychologe Martin Grunwald, ist körperliche Nähe sogar elementare Voraussetzung dafür, dass der Organismus Mensch überhaupt wächst. Ohne ein adäquates Maß an Berührung sei neuronales oder körperlich-zelluläres Wachstum nicht möglich.

Bleiben wir also in Verbindung – mit uns selbst und mit unseren Kindern. Und vielleicht hilft es auch, wenn wir immer mal wieder mit den Augen eines Kindes in die Welt schauen …

Übung: Mit den Augen eines Kindes

Versetzen Sie sich in die Lage eines Kindes und beobachten Sie sich selbst. Was sehen Sie? Stellen Sie sich folgende Fragen:

- Was kann dieses Kind von mir lernen?
- Was sollte das Kind lieber nicht von mir übernehmen?
- Was würde ich den Kindern dieser Welt gerne mitgeben, das ich selbst noch entwickeln möchte?

Kinder sensibel zu begleiten heißt in Kontakt zu bleiben – mit allem, was dazugehört. Kinder sind ein Spiegel der Welt, in der sie aufwachsen. Schauen wir in diesen Spiegel! Er zeigt uns, dass es um eine natürliche Balance und das richtige Maß geht. Um ihnen das bieten zu können, kommen wir nicht umhin, bei uns selbst anzufangen und uns immer wieder bewusst zu machen:

Wir sind sensible, emotionale
und soziale Wesen.

Emotionen verbinden.
Und Verbundenheit heilt.

VISION: BEWUSSTSEINSBILDUNG FÜR EINE NEUE WELT

Sensibilität und Emotionen brauchen genauso viel Aufmerksamkeit, wie wir unseren Gedanken widmen. Es gilt nicht nur nach sogenanntem Fortschritt zu streben und Neues zu entdecken, sondern auch altes Wissen zu bewahren und es mit Erfahrungen, emotionalen Impulsen, Herzgedanken und inneren Weisheiten zu verbinden.

Wir sind aufgefordert, eine neue Balance herzustellen, auf Empfang zu schalten, unseren Gefühlen zu lauschen und auf die Signale unseres Körpers zu achten. Was geschieht in uns und wie reagieren unsere Antennen auf das, was im Außen geschieht? Dem nachzuspüren und das zu verarbeiten ist die Voraussetzung dafür, dass wir unser Bewusstsein erweitern und neue Wege und Lösungen finden, die die Zukunft der Menschheit im Wandel der Zeit möglich machen. Dafür waren wir bisher in der Breite der Gesellschaft noch nicht bereit. Doch der Umbruch ist bereits in vollem Gange und überall spürbar! Das ist der Grund dafür, warum Systeme nicht mehr funktionieren, Werte ins Wanken kommen und sich auf gesellschaftlicher Ebene immer mehr ungesteuerte Emotionen manifestieren – so zum Beispiel in radikalen Gruppen oder in Form von fragwürdigen Staatsmännern.

Freigesetzte Emotionen sind nicht als Bedrohung zu betrachten, die eingedämmt werden muss, sondern eine Chance für die Gesellschaft, einen neuen Umgang damit zu erlernen.
Trendstudie »Der Siegeszug der Emotionen«

Wir brauchen die Energie unserer Emotionen, um aktiv zu werden und eine Veränderung zu bewirken. Alle Menschen, auch und gerade die, die sich in verantwortungs- und machtvollen Positionen befinden, müssen ihre Herzen öffnen, statt sich immer nur weiter in Berichte, Analysen und Risikobewertungen zu vertiefen, bevor sie etwas tun. In Anbetracht der Tatsache, dass schon jetzt Ökosysteme kollabieren und Forscher bereits für 2050 ein Klima vorhersagen, das für viel mehr Menschen lebensbedrohlich werden könnte, als es heute schon der Fall ist, haben wir dringenden Handlungsbedarf. Die nächsten zehn Jahre könnten darüber entscheiden, ob die Menschheit auf der Erde eine Zukunft hat.

> Es reicht nicht, wenn wir in der äußeren Welt etwas verändern, wir müssen auch unsere innere Welt mit einbeziehen.
> *Frederike Birte Vehrs*

Hören wir auf, nur noch zu funktionieren. Und fangen wir wieder an, uns selbst wahrzunehmen! Dann können uns eingefahrene Gedanken und alte Muster nicht länger täuschen. Holen wir unsere Gefühle wieder ins Boot. Damit sich unser Bewusstsein für neue, dringende Informationsimpulse öffnet. Wir müssen nicht nur im Außen nach Lösungen suchen, sondern auch in uns selbst. Wenn jeder gut für sich selbst sorgt, können wir uns in einem neuen Gewahrsein miteinander verbinden. Und das, was uns trennt, überwinden.

Menschsein: Sensibel – souverän – emotional

Entscheidend im Umgang mit der eigenen Sensibilität – und zwar auch mit den metaphysischen Ebenen, denen sich viele Menschen noch verschließen – ist, wie wir sie bewerten und ob wir gelernt haben, mit ihr umzugehen. Davon hängt ab, ob wir sie integrieren können oder ob wir verhärten und abstumpfen. Fest steht: Sensibilität ist etwas zutiefst Menschliches. Wenn Sie Ihre Sensibilität ablehnen, lehnen Sie einen bedeutenden Teil Ihres Menschseins ab.

Beenden wir die Zeit, in der wir Körper, Geist und Seele getrennt voneinander betrachtet haben, und fangen wir etwas Neues an. Denken, Emotionalität und Körperempfindungen sind eng miteinander verknüpft. Alles fließt ineinander.

Das Denken steht in unserem Bildungssystem so sehr im Mittelpunkt, dass wir schon fast vergessen haben, dass es da noch andere wichtige Elemente menschlichen Seins gibt. Unsere Ratio ist so gut geschult, dass ihre Stimme alles andere lauthals übertönt. Das darf, das muss sich ändern. Wir können uns jederzeit auf den Weg machen und uns selbst neu kennenlernen. Entdecken wir unsere körperlichen und seelischen Bedürfnisse sowie intuitiven Impulse wieder. Man könnte es auch anders ausdrücken: Wir müssen uns wieder für unsere menschliche Natur sensibilisieren, weil wir uns selbst aus dem Blick verloren haben. Besinnen wir uns wieder darauf, was schon Hermann Hesse in Worte gefasst hat: Weich ist stärker als hart. Wasser ist stärker als Fels. Liebe ist stärker als Gewalt.

Wir brauchen uns vor unseren Gefühlen nicht zu fürchten. Und wir müssen auch keine Angst davor haben, dass wir vor lauter Sensibilität den Verstand verlieren.

Weich ist stärker als hart: Was weich ist, kann sich den Gegebenheiten des Lebens anpassen, was hart ist, bricht. Bambus wiegt sich im Sturm hin und her, ohne zu knicken – genauso wie ein Baum, dessen Holz elastisch ist. Ein Baum mit hartem Holz dagegen nimmt im Sturm Schaden, wie Psyche und Gesundheit Schaden nehmen können, wenn Sie sich dauerhaft hart machen. Erst zerbricht innen drin etwas. Und wenn die Seele kein Gehör findet, schließlich auch der Körper.

Wasser ist stärker als Fels: Wasser formt Gestein. Die Dünenstreifen in meiner zweiten Heimat Dänemark sehen jedes Jahr anders aus. Besonders nach den großen Stürmen zeigt sich die ganze Stärke des Wassers. Durch sie wird jeder einzelne Stein in seine einzigartige Form geschliffen. In jeder Schlucht, die von einem reißenden Gebirgsfluss durchströmt wird, können wir sehen, hören und spüren, mit welcher Kraft und Stetigkeit sich das Wasser seinen Weg durch die Felsen bahnt und die Landschaft über die Jahre hinweg mit seiner fließenden Kraft prägt.

Liebe ist stärker als Gewalt: Gewalt entsteht da, wo keine Liebe ist oder Menschen sich so hart gemacht haben, dass sie die Liebe anderer oder auch das Licht der Liebe in sich selbst nicht mehr spüren können. Und doch bleibt die Liebe stark. Mahatma Gandhi ist auch heute noch bekannt für seinen friedlichen politischen Widerstand, der ohne ein liebendes Herz und die Bereitschaft, das Wohl der Gemeinschaft auf eine Ebene mit seinem eigenen Wohl zu stellen, nicht möglich gewesen wäre. Gandhi hatte den Ehrentitel Mahatma[20] erhalten, weil er sich für die Rechte dunkelhäutiger Inder in Südafrika, die Befreiung der Inder von kolonialer Willkür und das friedliche Zusammenleben von Menschen verschiedener Religionen eingesetzt hatte. Mit seinen friedlichen Aktionen bewegte er Massen und erreichte viel. Es ist tragisch, dass er von religiösen Fanatikern erschossen wurde. Und doch bleibt er ein Symbol dafür, dass Liebe stärker ist als Gewalt. Den Namen der Täter kennt niemand. Gandhis Namen sehr wohl. Diese Tradition fortführend vermied die neuseeländische Premierministerin Jacinda Ardern nach dem religiösen Terroranschlag in Christchurch im März 2019, den Namen des Täters zu nennen, und stellte bewusst das Mitgefühl für Opfer und Angehörige in den Mittelpunkt ihrer Rede. So verweigerte sie der Gewalt ihren Namen. Mit diesem Verhalten beeindruckte sie die ganze Welt: *»Sprecht die Namen derer aus, die wir verloren haben, und nicht den Namen desjenigen, der sie genommen hat.«* So lautete der Appell ihrer einfühlsamen Rede. Eine sensible Rede, die international begeisterte und letztlich auch davon zeugt, dass unsere Werte viel bewegen können und Gewicht haben.

Es macht einen großen Unterschied, ob Sie gegen Hass und Gewalt kämpfen oder Ihre Energie für Frieden und Liebe einsetzen.

20 Mahatma heißt »große Seele«.

Sie zeigen sich in dem, was wir tun und was wir sagen. Werte werden von Erfahrungen geprägt. Und Erfahrungen von unserer Sensibilität, unserem In-Kontakt-Sein mit uns selbst und der Welt. Wählen Sie Ihre Erfahrungen und Ihre Werte weise und machen Sie sich bewusst, worauf Sie Ihren Fokus richten. Lassen Sie uns nicht gegen Hass und Gewalt kämpfen, lassen wir unsere Energie für Liebe und Frieden fließen.

Wir haben die Freiheit, uns mehr mit unserer emotionalen Welt und unserer Sensibilität auseinanderzusetzen – wenn wir das wollen. Wir haben die Freiheit, wieder näher zusammenzurücken und zu erkennen, wie wertvoll Verbundenheit und Gemeinschaft für uns sind. Wir müssen es nur tun. Und zwar bevor Krankheit, Radikalisierung und Fanatismus – in welche Richtung auch immer – die Führung übernehmen. Das gilt in kleinen Systemen wie Partnerschaften, Freundschaften, Familien oder neuen Wohn- und Gemeinschaftsprojekten genauso wie in Staaten oder der Weltgemeinschaft. Ein neuer Zyklus beginnt, gesellschaftlich und wirtschaftlich. Wie wollen wir diesen neuen Zyklus gestalten?

Verlieren wir den Bezug zu unserer eigenen Natürlichkeit und Ganzheit, werden Gesellschaften, die Demokratie und die Wirtschaft zerfallen. Erobern wir uns unsere Natürlichkeit und Ganzheit zurück, können wir Gesellschaften, Demokratien und Wirtschaft transformieren.

Wer sich selbst die Energie nimmt, kann keine Energie einbringen. Obwohl wir schon am Limit unserer Kräfte sind, gehen wir immer weiter über unsere Grenzen hinaus, um ein altersschwaches System aufrechtzuerhalten. Das wirkt sich auf uns Menschen genauso aus wie auf unseren Lebensraum. Um für uns neue und zukunftsfähige Perspektiven zu schaffen, brauchen wir eine neue innere Stärke, die wir im Außen wirksam werden lassen können. Und eine Erkenntnis: Wer stärker fühlt, hat mehr vom Leben! Fangen wir also an, uns selbst, unsere Systeme und Organisationen von innen heraus zu heilen. Und zwar mit der ganzen Kraft unserer Sensibilität und Emotionen. Jetzt!

Sensibilität ist eine Stärke. Emotionen verbinden. Und Verbundenheit heilt.

Natürliche Balance entsteht, wenn wir mit unserer Natur in Einklang kommen. Dann kann es gelingen, uns und unseren Lebensraum zu würdigen, zu schützen und zu bewahren.

Tun wir es. Für unsere Kinder und Enkel und für all die anderen wunderbaren Wesen auf diesem Planeten!

DANKE

Ein Buch wird nicht einfach ein Buch, weil sich ein Autor hinsetzt und schreibt. Ein Buch wird ein Buch, weil viele Menschen sich dafür begeistern und jeder auf seine Art dazu beiträgt, dass es entstehen kann. Ein Buch wächst dann, wenn jemand in Resonanz zu sich selbst und den Menschen um sich herum geht. Es braucht Offenheit, Klarheit, Vertrauen, Mut und Demut, Sensibilität, Emotionen, Disziplin, Verbundenheit, eine gute Selbstfürsorge sowie die Fähigkeit, kreative Prozesse zuzulassen, mit Kritik umzugehen und manches wieder loszulassen, Inspirationen von innen und von außen aufzunehmen und mit den unterschiedlichsten Menschen zusammenzuarbeiten. Schreiben hatte für mich bisher immer mit großen Gefühlen zu tun. Und ich bin mir sicher, dass das auch weiterhin so bleiben wird. Am Endes des Schreibprozesses stehen große Freude und eine unendliche Dankbarkeit:

Danke an die Literaturagentur Michael Gaeb! Für mich ist es ein Geschenk, dass Ihr mich angesprochen und unter Vertrag genommen habt. Ich freue mich sehr über die Verbindung und die Impulse, die ich bekomme – vor allem von Dir, Andrea Vogel. Es ist bereichernd, mich mit Dir austauschen zu können und Dich an meiner Seite zu wissen. Und auch Dir, **Michael Gaeb**, herzlichen Dank. Unser allererstes Gespräch in Berlin zu diesem Buch ist mir während des Schreibens immer wieder durchs Herz gegangen und hat mich zentriert. Es ist schön, Euch an meiner Seite zu wissen.

Danke an meinen Verlag dtv und meine Lektorinnen! Katharina Festner, Ihnen danke ich für den Einstieg in das Projekt und dafür, dass Sie so viel Geduld mit mir hatten, als sich herausstellte, dass ich meinen Abgabetermin nicht werde halten können. Im Nachhinein habe ich den Eindruck, dass alle Menschen um mich herum entspannter mit all dem umgegangen sind als ich selbst. **Rosemarie Mailänder**, Dir danke ich dafür, dass Du mich unterstützt, mit mir an Inhalten und Stil gefeilt, mir Dein Vertrauen geschenkt und mich immer wieder ermutigt hast, mein Bestes zu geben und als Autorin weiter zu wachsen. Deine Art, Feedback zu geben und daran zu glauben, dass wir trotz enger Zeitpläne unser Ziel erreichen werden, hat mir viel Kraft gegeben! Und mich begeistert nachhaltig, mit wie viel Fingerspitzengefühl und Klarheit Du es geschafft hast, das Wesentliche in meinen Worten zu sehen und es stilistisch und inhaltlich zu fokussieren. Danke!

Ute Flockenhaus, Dir danke ich von Herzen für Deine Begeisterung und Deine Bereitschaft, das Wissen über den Buchmarkt weiterzugeben. Denn Du bist die Frau, die mein großes Fragezeichen, ob ich wohl ein Buch schreiben könnte, gegen ein kraftvolles Ausrufezeichen ausgetauscht hat. Und zwar nicht rosarot, sondern ganz real und praxisnah! Als ich dann die Idee für dieses Buch hatte, habe ich Dich nach Deiner Meinung gefragt. Bekommen habe ich ein differenziertes Feedback und eine Ermunterung, das Projekt anzugehen. DANKE!

Dr. Teresa Tillmann, Dir danke ich für die intensive Zusammenarbeit bei den wissenschaftlichen Fakten der Sensitivitätsforschung am Anfang des Buches bzw. im Anhang. Es waren viele Ideen und viel Austausch nötig, bis wir die Fragebögen mit in das erste Kapitel nehmen konnten. Es ist großartig, dass Du mit mir drangeblieben bist! Danke für Dein Durchhaltevermögen und Commitment! Darüber hinaus war unser Austausch wohltuend für meine Seele. Wer schreibt, weiß, wie wichtig während des Schreibprozesses der Kontakt nach außen ist.

Patrice Wyrsch, Dir danke ich für die fachliche Unterstützung und vor allem deinen Mut, neue, interdisziplinäre, wissenschaftlich hergeleitete Thesen zum Thema Neurosensitivität, Wahrnehmung und Verarbeitung zu veröffentlichen. Von Dir durfte ich viele wichtige

Impulse empfangen, die mich zum einen inspiriert und mir zum anderen eine Bestätigung von Seiten der Wissenschaft für eigene Erkenntnisse, Eingebungen und Gedankengänge gegeben haben.

Elaine und Arthur Aron sowie Michael Pluess danke ich für das Einverständnis, die weiterentwickelten wissenschaftlichen Fragebögen zur Messung von Sensitivität in diesem Buch zu veröffentlichen.

Julia und Kathrin, Euch danke ich von Herzen für Eure nun schon bald 30-jährige Freundschaft, die wirklich etwas Besonderes ist! Wir begleiten uns nun schon so lange und haben so vieles gemeinsam erlebt. Wahnsinn! Danke, dass Ihr immer da seid und ein offenes Ohr für mich habt! Danke, dass wir gemeinsam durch die Zeiten wandeln können.

Sabine, gemeinsam mit Stefan und vielen anderen Beteiligten haben wir 2017 den Kongress für Hochsensibilität ins Leben gerufen. Ein Riesenprojekt und ein Kraftakt, der viele Entwicklungen in Gang gebracht hat und nicht nur für uns von großer Bedeutung war, sondern auch ein Meilenstein für das Thema Sensibilität ist. Dafür danke ich Dir von Herzen. Nach dem Kongress warst Du in meinen dunkelsten Zeiten einfach da und hast mir zugehört und meine Dissonanz auch ausgehalten – sowohl privat als auch beruflich. Das war und ist ein großes Geschenk! DANKE!

Janine, unsere Herzen begleiten sich schon seit den Recherchen für mein erstes Buch. Inzwischen ist eine liebevolle Freundschaft daraus geworden. Eine, die mich auf einer besonderen Ebene berührt. Sie entfaltet für mich eine Energie, die nicht nur zwischen uns eine große Verbundenheit schafft, sondern mich auch mit der Welt ganzheitlicher in Verbindung sein lässt. In den letzten Monaten des Schreibens hast Du mich inspiriert und beflügelt, indem Du Deinen eigenen Schreibprozess mit mir geteilt hast. Dafür danke ich Dir sehr!

Tanja, Ines, Uta, Andy, Christoph und Nadja, Viktoria, Manuela, Daniel, Dörte, Verena, Jane und Jeppe, Edith, Hans und Regine, Sandra, Margret, Birte und Michael, Nancy, Ute, Ilka, Kristian, Arta, Jens und Bianca, Steffen und Caro – ich danke Euch für Freundschaft, Begegnungen, wertvolle Gespräche, gemeinsames Lachen, Verbundenheit und Feedback.

Auch all den wunderbaren Menschen, die hier namentlich keine Erwähnung finden, danke ich von Herzen für Gespräche, Begegnungen, Diskussionen und gemeinsames Leben und Reifen! Ihr seid alle großartig und macht mein Leben reich!

Christina, danke, dass Du mein Feuer wieder entzündet und mir geholfen hast, mich innerlich neu zu positionieren. Deine Impulse waren wertvoll und ich durfte lernen, dass auch Reibung und unterschiedliche Meinungen Entwicklung fördern und bereichern, wenn man sich immer wieder wertschätzend begegnet.

Anja und Uwe – dank Eurer Offenheit, Eurer Visionskraft und Eures Vertrauens haben sich in den letzten Wochen, in denen dieses Buch gereift ist, Tore geöffnet, von denen ich mir für mich und meine Familie immer gewünscht hatte, dass sie existieren. Nur hatte ich keine Ahnung, wie ich sie finden sollte. Jetzt habe ich sie gefunden und die Tore stehen weit offen! Ein Geschenk! Unser aller Wünsche, Visionen, Träume und Ziele haben bewirkt, dass wir einander finden konnten.

Auch dank Dir, Dirk! Dafür danke ich Dir genauso wie für die Unterstützung bei der Recherche, Dein unglaublich großes Herz, Deine unbändige Neugier, Deinen Glauben an die Menschen und Deine hohe Wertschätzung! Und ich danke Dir und Deiner Frau Janina für Eure Offenheit. Ihr beiden habt mich immer wieder ermutigt, wirklich das zu schreiben, was gesagt sein möchte.

Britta, Dir danke ich dafür, dass Du meine Beziehung zu diesem Buch wieder zum Leben erweckt hast, als ich daran zweifelte, es vollenden zu können. Das war ein wichtiges Telefonat im richtigen Moment – magisch!

Kerstin, Du hast mir in unseren Gesprächen wichtige Impulse

und wertvolles Wissen mitgegeben. Beides hat es mir erleichtert, aus einer neuen Perspektive auf das Thema Sensibilität zu schauen. Danke!

Rolf, Dir danke ich dafür, dass Du mir der Bruder bist, den ich nie hatte. Du bist ein echter Herzensmensch und Wortkünstler. Du stärkst mich auf Deine liebende und intensive Art, die mich immer wieder beflügelt und mir Mut macht, immer mehr darauf zu vertrauen, was in mir steckt. Danke, Bruderherz!

Rahel, danke dafür, dass wir Familie und Freundschaft leben. Für mich ist es immer noch ein kleines Wunder, dass ich so früh Patchwork-Oma und meine beiden Mädels Tanten geworden sind. Ein Wunder, das mich Schritt für Schritt in eine Rolle wachsen lässt, die ich in Liebe annehme.

Papa, Dir danke ich für alles, was Du mir für mein Leben mitgegeben hast. Du hast für mich auf vieles verzichtet, was für Dich wichtig gewesen wäre. Das hat für viele Spannungen und Irrwege gesorgt. Dass sich nun ein Weg zeigt, auf dem wir unsere Vater-Tochter-Beziehung weiterentwickeln können, habe ich lange nicht für möglich gehalten. Umso dankbarer macht es mich, dass diese zarte Pflanze nun wachsen und gedeihen darf. Ich werde sie hegen und pflegen.

Mama, die Liebe, die Du in Deinem Herzen trägst, ist groß und schön. Dein Anteil an meinem Weg ist von unermesslichem Wert. Du warst immer da für uns alle – vor allem für die Kinder. Manchmal spontan und manchmal sogar dann, wenn Du Raum für Dich gebraucht hättest. Jetzt ist es an der Zeit, Dir zu geben, was Du brauchst – in Liebe und Verbundenheit. Du bist einfach großartig! Danke!

Sophie und Viktoria – Ihr seid meine liebsten Menschenkinder. Ich bin dankbar, dass ich Eure Mama sein, Euch begleiten, die Welt mit Euren Augen sehen, an Euch wachsen und mit Euch sein darf. Ich bin immer ganz für Euch da, so ganz, wie ich selbst gerade bin.

Und Ihr wisst ja: Ich war noch nie Mama. Deswegen lerne ich jeden Tag mehr darüber, wie das geht. Und auch wenn ich Eure Grenzen mal verletze oder ein Bedürfnis nicht erfüllen kann – einer Sache könnt Ihr Euch immer gewiss sein: Ich habe Euch sehr, sehr lieb!

Stefan, Dir danke ich aus tiefstem Herzen für Deine unerschütterliche Liebe. Du bist zu meinem Fels in der Brandung geworden – allen Herausforderungen zum Trotz. Du bist ein echt verrückter Felsen, aber ein sehr beständiger. Du öffnest mir Räume für meine Kreativität und liebst mich – einfach so. Und ich liebe Dich. Was wir schon alles miteinander erlebt haben! Nun auch die Zeit, in der dieses Buch entstanden ist. Eine Zeit, die für uns beide nicht immer einfach und doch so reich war. Eine Zeit, in der Du Dein Wissen mit mir geteilt und wir uns beide gegenseitig dabei unterstützt haben, das zu tun, was in unseren Herzen schwingt. Danke für Dein Sein!

Liebe Leserin, lieber Leser! Ich danke Ihnen von Herzen für Ihr Interesse an diesem Buch und wünsche mir sehr, dass Sie die Türen, die Ihnen wichtig sind, öffnen konnten. Teilen Sie gerne Ihre Gedanken und Gefühle mit mir – schriftlich oder auch persönlich bei einer Coaching-Begegnung oder bei einem achtsamen Waldbad. Erzählen Sie weiter, dass es dieses Buch gibt. Teilen Sie Ihre Erfahrungen mit anderen Menschen. Machen Sie einen Post in den sozialen Medien. Organisieren Sie eine Lesung, besprechen Sie das Buch in einem Lesekreis, schreiben Sie eine Rezension oder machen Sie Journalisten aufmerksam. Ich bin sehr gespannt, welche Wege dieses Buch mit Ihrer Hilfe gehen wird, und freue mich auf bereichernde Begegnungen!

Herzlich – Kathrin Sohst

ANHANG

Wissenschaftliche Konzepte zur Sensibilität

Die WissenschaftlerInnen Elaine N. Aron und Arthur Aron aus den USA, die Ende der 1990er Jahre ihre erste Studie zum Thema Sensibilität veröffentlichten, gelten als die Pioniere auf dem Gebiet der Sensitivitätsforschung. Die Erkenntnisse aus ihren Studien, das von ihnen entwickelte Konzept *Sensory Processing Sensitivity (SPS)* sowie die Definition *Highly Sensitive Person (HSP)*, haben die Arons nicht nur wissenschaftlich, sondern auch für ein breites Publikum veröffentlicht. Ihre Ratgeber wiederum bilden die Grundlage weiterer Bücher zum Thema Hochsensibilität, so dass die Studien der Arons in der breiten Öffentlichkeit bekannter wurden als andere Konzepte. Auch ich beziehe mich in meinem ersten Buch ›Zart im Nehmen‹ auf das Konzept zur *Sensory Processing Sensitivity*.

Erst vor ein paar Jahren hat man erkannt, dass sich die verschiedenen Theorien mit sehr ähnlichen Prozessen beschäftigen. Neben Elaine und Arthur Aron forschen bis heute auch andere Wissenschaftler zum Thema. Jay Belsky und Michael Pluess haben ebenfalls mehrere Studien veröffentlicht, 2009 beispielsweise ihr Konzept *Differential Susceptibility*. Dabei geht es darum, dass Kinder, die höher sensibel sind, sowohl gegenüber negativen als auch positiven Umweltbedingungen empfänglicher sind. 2013 folgte dann ihre Veröffentlichung der Theorie der *Vantage Sensitivity*, die sich mit den Vorteilen von Sensibilität auseinandersetzt und seitdem in weiteren Studien verfeinert wurde. Kurz darauf wiesen Bianca Acevedo und andere in ihrer Studie zu *Behavioral Plasticity* auf Sensitivitätsunterschiede bei über hundert Tierarten hin. Auf W. Thomas Boyce und

Bruce J. Ellis geht das Konzept *Biological Sensitivity to Context* zurück, in dem es um die Verarbeitung von Reizen bei Kindern geht. Aktuell prüfen Pluess, Acevedo, Lionetti, Jagiellowicz und andere, ob sich die unterschiedlichen Theorien und Konzepte, die sich mit Sensitivität bei Erwachsenen, Kindern und Tieren beschäftigen, in einem übergreifenden Konzept – der *Environmental Sensitivity* (Umweltsensibilität) – zusammenführen lassen. In Deutschland hat sich Dr. Sandra Konrad an der Helmut-Schmidt-Universität in Hamburg als Erste im Rahmen ihrer Doktorarbeit mit dem Thema Hochsensibilität beschäftigt und sich intensiv mit einer deutschsprachigen Version der HSP-Skala – dem Fragebogen zum Thema Hochsensibilität – befasst. Es folgte Dr. Teresa Tillmann, die sich mit Sensibilität im schulischen und beruflichen Kontext am Beispiel des Lehrberufs und seinen Anforderungen auseinandersetzt.

Wissenschaftliche Hinweise zu den Fragebögen

1. Was Sie zu den drei Sensibilitätsgruppen sowie zu den Fragen, die Sie besonders hoch bewertet haben, wissen müssen:

Die Wissenschaft geht davon aus, dass es Menschen gibt, die weniger, durchschnittlich oder höher sensibel sind, und hat demzufolge drei Sensibilitätsgruppen gebildet. Beim Ausfüllen des Fragebogens kann es jedoch vorkommen, dass man zum Beispiel nur bei ein paar wenigen Fragen vollkommen zustimmt, sich bei den restlichen aber im Mittelfeld bewegt. Das würde bedeuten, dass man im Durchschnitt möglicherweise nicht zu der höher sensiblen Gruppe gehört, obwohl man in einigen wenigen Bereichen besonders sensibel ist. Diese Feinheiten kann ein Fragebogen, der auf Grundlage von Mittelwerten entwickelt wurde und in dem alle Fragen die gleiche Gewichtung haben, nicht abbilden.

2. Sensitivitätsgruppen haben fließende Grenzen:

Bei der Interpretation der Ergebnisse muss bedacht werden, dass das psychologische Konstrukt *Sensitivität*, wie es in der Forschung genannt wird, davon ausgeht, dass die Grenzen zwischen den Gruppen nicht absolut und fix, sondern fließend sind. Trotz erster Studien, die auf die Existenz von drei Gruppen hinweisen, müssen diese Ergebnisse noch durch weitere Studien bestätigt werden, bevor sie als allgemein gültig anerkannt werden können. Sie können die Ergebnisse der Fragebögen als ersten Hinweis auf Ihre Sensibilität oder die Ihres Kindes bzw. Ihrer Kinder werten. Allerdings bestätigen die Ergebnisse eine bestimmte Sensibilitätsgruppe nicht endgültig. Das würde voraussetzen, dass der Fragebogen genormt ist.

3. Variabilität innerhalb einer Gruppe:

Die Intensität der Sensibilität innerhalb einer Sensibilitätsgruppe ist keine fixe Größe, sondern variiert ebenfalls.

4. Unterschiede bei Frauen und Männern:[21]

Obwohl man davon ausgeht, dass das Konstrukt bei Frauen und Männern in der Bevölkerung gleich verteilt ist, kann man feststellen, dass Männer den Fragen im Fragebogen weniger stark zustimmen. Das kann kulturelle Gründe haben und darauf basieren, dass es in unserer Gesellschaft für Männer eher ein weniger akzeptiertes Attribut ist, sensibel zu sein.

21 Bisher wurde in den wissenschaftlichen Studien nur zwischen männlich und weiblich unterschieden. Immer dann, wenn in diesem Buch von Männern und Frauen die Rede ist, ist das kein bewusster Ausschluss von intersexuellen Menschen, sondern geschieht aus Mangel an Wissen über bzw. Erfahrungen mit Intersexualität.

Wie ist Sensibilität verteilt?

So wie Elaine Aron Sensibilität anhand ihrer Forschungsergebnisse definierte, ging man lange davon aus, dass 15 bis 20 Prozent der Menschen hochsensibel sind. Über die restlichen 80 bis 85 Prozent wurden keine Aussagen gemacht. Mittlerweile geht man, auch aufgrund einer neuen Studie (2018) von Lionetti und anderen, eher davon aus, dass Sensibilität normal verteilt sein könnte. Somit zeigen sich drei Sensibilitätsgruppen. Die Studie wurde mit 906 US-amerikanischen Studierenden der Psychologie durchgeführt und liefert folgendes Ergebnis:

- 31 Prozent der Studierenden sind hochsensibel,
- 40 Prozent der Studierenden sind durchschnittlich sensibel,
- 29 Prozent der Studierenden sind weniger sensibel.

Eine Studie von Pluess und anderen aus demselben Jahr bestätigt diese Ergebnisse auch bei Kindern. Hier ergeben sich für die hochsensible Gruppe 25 bis 35 Prozent, für die durchschnittlich sensible Gruppe 41 bis 47 Prozent und für die wenig sensible Gruppe 20 bis 35 Prozent. Die Autoren betonen, dass die Grenzen der Sensitivitätsgruppen fließend sind, was man an der großen Spanne bei den Prozentangaben gut erkennen kann. In der aktuellen wissenschaftlichen Debatte wird allerdings diskutiert, ob es in Zukunft diese Art der Einteilung überhaupt braucht bzw. ob eine derartige Einteilung für die Praxis einen Mehrwert bietet.

Hohe Sensibilität, die Gene und das Umfeld

Ging man zunächst davon aus, dass es gerade für sensiblere Menschen schwieriger ist, mit negativen Erfahrungen und Erlebnissen umzugehen, weiß man inzwischen, dass auch das Gegenteil der Fall sein kann. Die Studien zum Thema *Vantage Sensitivity* von Michael Pluess und Jay Belsky bestätigen, dass manche Menschen mit hoher Sensibilität besser mit ihrer Wahrnehmung und schwierigen Lebensphasen umgehen können als andere Hochsensible. Nämlich dann, wenn sie in einer positiven und unterstützenden Umgebung aufgewachsen sind. Nachdem bereits 2012 eine Studie von Elaine Aron darauf verwiesen hatte, nutzten Pluess und Belsky für ihre Forschung Gesundheitsdaten einer umfassenden Studie in Großbritannien, die sowohl genetische als auch psychologische Daten aus dem Leben der Teilnehmenden zur Verfügung stellte. Sie fanden heraus, dass zum einen die sozio-ökonomische Sicherheit in der Kindheit eine Rolle spielt und zum anderen die Gene. Im sozialen Kontext war zu beobachten, dass Menschen, die genetisch bedingt sensibler sind und in stabilen Verhältnissen aufwuchsen, später mit belastenden Erfahrungen besser umgehen konnten als die, die in ärmeren oder sozial schwierigen Verhältnissen aufgewachsen sind. Sensibel zu sein ist demnach nicht direkt gleichbedeutend damit, empfindlicher oder zerbrechlicher zu sein, vor allem dann, wenn man bewusst mit Wahrnehmungen, Gefühlen und Bedürfnissen umgeht.

Darüber hinaus stellte Pluess fest, dass bestimmte Gene die Größe der Amygdala beeinflussen und Kinder mit einer größeren Amygdala intensiver auf Umgebungsreize reagieren. Die Amygdala ist der Teil des limbischen Systems im Gehirn, der für die Emotionen zuständig ist. Verknüpft man die Erkenntnisse von Pluess mit

Studien, die zeigen, dass Stammzellen und sogar die DNA durch Magnetfelder, Herzkohärenz[22] sowie positive mentale und emotionale Zustände verändert werden können, könnte daraus folgen, dass Menschen mit einer größeren Amygdala zwar sensibler und emotionaler sind, aber auch bessere Chancen haben, ihre Gene im Laufe ihres Lebens zu beeinflussen. Wie genau das funktioniert, können wir nur vermuten und ausprobieren. Was wir aber heute schon wissen: Meditation und die unterschiedlichsten Entspannungstechniken haben eine große Wirkung auf die Funktionsweise des Gehirns. Ich bin jedenfalls sehr neugierig, was die Forschung in Zukunft an Ergebnissen bringen wird.

---

22 Das HeartMath Institut in Kalifornien beschreibt mit Herzkohärenz den Zustand, in dem Herz, Verstand und Emotionen sich aufeinander ausrichten und miteinander kooperieren. Es handelt sich um einen Zustand, in dem der Mensch Widerstandskraft aufbaut, persönliche Energie sammelt, anstatt sie zu verschwenden, und so mehr Energie dafür zur Verfügung steht, die eigenen Absichten zu verfolgen und einen Zustand der Harmonie zu verwirklichen.

Verzeichnis der Fragebögen, Impulse und Übungen

WARUM GEFÜHLE PURE ENERGIE SIND

AUFLÖSUNG ZUM QUIZ »DIE SIEBEN BASISEMOTIONEN«

1C – 2A – 3E – 4B – 5G – 6D – 7F

Quellenverzeichnis

Aischmann, Katja; Schmidt-Sondermann, Volker: Schmerz lass nach! Wenn das Leben zur Qual wird. 8.10.2018. 37 Grad. ZDF.

André, Christophe: Meditieren heißt, das Bewusstsein zu schärfen. 2016, ARTE F.

Ankeren, Judith von: Das stehe ich durch! Psychologie bringt dich weiter Ausgabe: Sept./Okt. 2019. S. 16 ff.

Appel, Kristina: Vorsicht, Empathie! August 2018, emotion, S. 39 ff.

Aron, Elaine N.: Das hochsensible Kind – Wie Sie auf die besonderen Schwächen und Bedürfnisse Ihres Kindes eingehen. MVG, München 2014, 6. Auflage 2014.

dies.: Sind Sie hochsensibel? Ein praktisches Handbuch für hochsensible Menschen. Das Arbeitsbuch. MVG, München 2014.

dies.: Sind Sie hochsensibel? Wie Sie Ihre Empfindsamkeit erkennen, verstehen und nutzen. MVG, München 2015, 10. Auflage.

Aron, Elaine N.; Aron, Arthur: Sensory-processing sensitivity and its relation to introversion and emotionality. Journal of Personality and Social Psychology, 73(2), 345–368. DOI:10.1037/0022–3514.73.2.345. 1997.

Auticon – www.auticon.de

Bakker, Kaitlyn; Moulding, Richard: Sensory-Processing Sensitivity, dispositional mindfulness and negative psychological symptoms. August 2012, Personality and Individual Differences. Volume 53, Issue 3, 341–346.

Bargholz, Ines: Camli Elfenkalender 2017 - www.schaalsee-lebens-art.de/camli-kalender.

Bernjus, Annette: Waldbaden. Mit der Heilenden Kraft der Natur sich selbst neu entdecken. MVG, München 2018.

Brannahl, Simone; Rückriem, Philipp: Nebenwirkung Abhängigkeit. Wenn Medikamente süchtig machen. 6.9.2019. ZDF.

Brown, Brené: Die Macht der Verletzlichkeit. TEDxHouston Talk, Juni 2010. www.ted.com/talks/brene_brown_on_vulnerability?language= de

dies.: Entdecke deine innere Stärke. Wahre Heimat in dir selbst und Verbundenheit mit anderen finden. Kailash, München 2018.

Charf, Dami: Auch alte Wunden können heilen. Kösel, München 2018, 2. Auflage.

Charta der Vielfalt, www.charta-der-vielfalt.de.
Denjean, Cécile: Das Rätsel unseres Bewusstseins. 2015, ARTE F.
Dörsing, Danielle: Jeder dritte Mensch gilt als hochsensitiv – das bedeutet es für die Karriere und den Arbeitsalltag. 25.02.2019, Business Insider. www.businessinsider.de/jeder-dritte-mensch-gilt-als-hypersensitiv-das-bedeutet-es-fuer-die-karriere-und-den-arbeitsalltag-2019–2.
Dogs, Christian Peter; Poelchau, Nina: Gefühle sind keine Krankheit. Ullstein, Berlin 2017, 2. Auflage.
Eckert, Till: Laut Harvard-Studien brauchen wir genau eine Sache für ein erfülltes Leben. 1. März 2017. Ze.tt. ze.tt/laut-harvard-studien-brauchen-wir-genau-eine-sache-fuer-ein-erfuelltes-leben/.
Ehring, Georg: Neue Rekordwerte – Weltweiter CO2-Ausstoß so hoch wie noch nie. 22.03.2018. Deutschlandfunk. www.deutschlandfunk.de.
Ekman, Paul; Friesen, Wallace V. Unmasking the Face: A guide to recognizing emotions from facial expressions. Malor Books 2003.
Emotion Heroes – https://emotion-heroes.de (Interview mit Stefan Sohst)
Endres, Helena: So riskieren Manager ihre Gesundheit. 15.09.2015. Manager Magazin Online. www.manager-magazin.de/lifestyle/fitness/bmw-chef-krueger-bricht-zusammen-das-gesundheitsrisiko-der-manager-a-1052976.html.
Flatley, Annika: Klima-Prognose 2050: »Hohe Wahrscheinlichkeit, dass die menschliche Zivilisation endet.« 7. Juni 2019. Utopia https://utopia.de/klimawandel-prognose-2050–142 678/?fbclid= IwARoq4DuCpXcRqVd1 Ua-otZz1snrr5J3YO9hzhRFDIdSw5LFWVXCHlZa7200.
Franke, Mirijam: Gehirnforschung: Warum Stille für Gesundheit, Erfolg und Glück essenziell ist. 25. Oktober 2017, arbeits-abc.de. https://arbeits-abc.de/stille/.
Geldschläger, Jonas: Wortwuchs. www.wortwuchs.net/literaturepochen/empfindsamkeit/
Gemmeker, Unkas; Ritter, Tina Maria: Stoffwechselstörung HPU: Die schleichende Vergiftung. Podcast BIO 360. https://bio360.de/stoffwechsel-stoerung-hpu/.
Greven, Corina U.; Lionetti, Francesca; Booth, Charlotte; Aron, Elaine N.; Fox, Elaine; Schendan, Haline E.; Pluess, Michael; Bruining, Hilgo; Acevedo, Bianca; Bijttebier, Patricia; Homberg, Judith: Sensory Processing Sensitivity in the context of Environmental Sensitivity: A critical review

and development of research agenda. https://doi.org/10.1016/j.neubiorev.2019.01 009
Grolle, Johann: Was macht den Menschen zum Menschen? 20.03.2018. Spiegel Online. www.spiegel.de/wissenschaft/mensch/theory-of-mind-ab-wann-ist-ein-baby-ein-richtiger-mensch-a-1198746.html.
Gruen, Arno: Dem Leben entfremdet: Warum wir wieder lernen müssen zu empfinden. dtv, München 2015, 4. Auflage.
Haug, Kristin: Sechs Stunden pro Tag reichen völlig aus. 15.11.2018, Spiegel Online. www.spiegel.de/karriere/sechs-stunden-tag-die-arbeitszeit-muss-verkuerzt-werden-a-1238407.html.
HeartMath Institute, 11. November 2012. www.heartmath.org/articles-of-the-heart/the-math-of-heartmath/coherence/
Hein, Monika: Empathie. Ich weiß, was du fühlst. GABAL, Offenbach 2018.
Heinisch, Franziska: Klimastreik: Wir sind sauer auf unsere Eltern. 29.03.2019. Zeit Online.
Holt-Lunstad, Julianne; Smith, Timothy B.; Layton, J. Bradley (2010): Social relationships and mortality risk: a meta-analytic review. PLoS medicine, 7(7), e1000316.
Hüchtker, Jolinde: Yoga macht unpolitisch. 24.03.2019, taz online. taz.de/Kommentar-Selbstoptimierung/!5579648/.
Hummel, Andreas: Wir steuern auf ein kollektives Burn-out zu. Ein Interview mit Hartmut Rosa. 4. April 2016. Welt. www.welt.de/gesundheit/psychologie/article153977398/Wir-steuern-auf-ein-kollektives-Burn-out-zu.html.
Kemper, Hella: Spring! www.zeit.de. 8. Mai 2018. www.zeit.de/zeit-wissen/2018/03/waldbaden-natur-heilung-gesundheit-japan.
Kerschbaummayr, Günter: Bereit für das Neue? Blog zum Neumond am 5.4.2019. Matrix Coaching. www.matrix-coaching.at/neumond-im-widder-am-5–4–2019/
Kühn, Simon, Düzel; Sandra, Eibich, Peter; Krekel, Christian; Wüstemann, Henry; Kolbe, Jens; Mårtensson, Johan; Goebel, Jan; Gallinat, Jürgen; Wagner, Gert G.; Lindenberger, Ulman: »In search of features that constitute an ›enriched environment‹ in humans: Associations between geographical properties and brain structure«; Scientific Reports 7; Article number: 11920 (2017).
Lenarz, Jan: Deine Werte. 1. Mai 2017. https://einguterplan.de/werte/.

Liebsch, Burkhard: Menschliche Sensibilität. Inspiration und Überforderung. Velbrück Wissenschaft, Weilerswist 2008.

Lionetti, Francesca; Aron, Arthur; Aron, Elaine N.; Burns, G. Leonard; Jagiellowicz, Jadzia; Pluess, Michael: Dandelions, tulips and orchids: Evidence for the existence of low-sensitive, medium-sensitive and high-sensitive individuals. Translational Psychiatry, 8 (Article number 24). DOI: 10.1038/s41398–017–0090–6. 2018.

Metzler, Gina Louisa: Dänische Kinder sind glücklicher – das machen ihre Eltern anders. 10.07.2019. Focus online. www.focus.de/familie/erziehung/erziehung-daenische-kinder-sind-gluecklicher-das-machen-ihre-eltern-anders_id_10 909 415.html.

Mit der Leistungsgesellschaft überfordert? Psychische Störungen bei Kindern und Jugendlichen zunehmend häufiger. 10. März 2019, NEWS4TEACHERS – Das Bildungsmagazin. www.news4teachers.de/2019/03/mit-der-leistungsgesellschaft-ueberfordert-psychische-stoerungen-bei-kindern-und-jugendlichen-zunehmend-haeufiger/.

Müll in der Megacity. ZDF. 2016.

Murray, Jess: New Study: Humans have destroyed 83 % of all wild animals on earth. Truth Theory. 22. Mai 2018. https://truththeory.com/2018/05/22/new-study-humans-have-destroyed-83-of-all-wild-animals-on-earth/

Nerenberg, Jenara: The Neurodiversity Project. www.divergentlit.com.

dies.: Why Neurodiversity Matters in Health Care. 22. Juni 2017. www.aspeninstitute.org/blog-posts/neurodiversity-matters-health-care/

Nieberg, Michael: Vermüllt und verseucht – Böden in Gefahr. 24.03.2019. planet e im ZDF.

Nummenmaa, Lauri; Glerean, Enrico; Hari, Riitta; Hietanen, Jari K.(2014): Bodily maps of emotions. PNAS January 14, 2 014 111 (2) 646–651; https://doi.org/10.1073/pnas.1 321 664 111.

Nur die Ruhe! Die Neuentdeckung der Langsamkeit. 2017. plan b im ZDF.

Oberhuber, Nadine: Schreibtisch verzweifelt gesucht! Dezember 2017. Frankfurter Allgemeine. https://www.faz.net/aktuell/beruf-chance/beruf/moderne-buerokonzepte-schreibtisch-verzweifelt-gesucht-15 333 488.html.

Obmann, Claudia: Das sollten Sie tun, wenn ein Mitarbeiter weint – 10 Tipps für den Ernstfall. 31. Mai 2019. Karriere.de. www.karriere.de/meine-skills/fuehrung-in-emotionalen-situationen-das-sollten-sie-tun-wenn-ein-mitarbeiter-weint-10-tipps-fuer-den-ernstfall/24407576.html.

Ochsner, Kevin N.; Silvers, Jennifer A; Buhle, Jason T. (2012): Functional imaging studies of emotion regulation: A synthetic review and evolving model of the cognitive control of emotion. Annals of the New York Academy of Sciences. DOI: 10.1111/j.1749-6632.2012.06751.x.

Osterrath, Brigitte: Verstand gegen Gefühl. 20.07.2018, Das Gehirn. www.dasgehirn.info/denken/emotion/verstand-gegen-gefuehl.

Otterbring, Tobias; Pareigis, Jörg; Wästlund, Erik; Makrygiannis, Alexander; Lindström, Anton (2018): The relationship between office type and job satisfaction: Testing a multiple mediation model through ease of interaction and well-being. Scandinavian Journal on Work Environment and Health. doi: 10.5271/sjweh.3707.

Padberg, Thorsten: Sensibilität wird eher bei Frauen als bei Männern akzeptiert. Tom Falkenstein im Gespräch. Psychologie Heute, Ausgabe 6/2018.

Pinker, Susan: The secret to living longer may be your social life. TED2017. www.ted.com/talks/susan_pinker_the_secret_to_living_longer_may_be_your_social_life?utm_campaign=social&utm_medium=referral&utm_source=facebook.com&utm_content=talk&utm_term= science#t-108800.

Plasse, Wiebke: Weltveränderer Mahatma Gandhi. Geolino online.

Pluess, Michael: Sensory-Processing Sensitivity: A potential mechanism of differential susceptibility. Presented at the Society for Child Development, Seattle, WA. April 2013.

ders.: Vantage Sensitivity: Environmental Sensitivity to Positive Experiences as a Function of Genetic Differences. Journal of Personality. August 2015.

ders.: Sensitivität als Persönlichkeitseigenschaft. Vortrag beim HSP-Kongress, Münsingen, Schweiz, September 2017. www.hsp-kongress.ch/images/2017_kongress/downloads/Pluess_Folien_Referat.PDF.

Podbregar, Nadja: Reis: Mehr CO2 – weniger Nährstoffe. 23. Mai 2018, wissenschaft.de. www.wissenschaft.de/gesundheit-medizin/reis-mehr-co2-weniger-naehrstoffe/.

dies.: CO2-Ausstoß steigt ungebremst. 6. Dezember 2018. Scinexx Das Wissensmagazin. www.scinexx.de/news/geowissen/co2-ausstoss-steigt-ungebremst/.

Prominente Burnout-Fälle. Wenn zu viel Arbeit krank macht. 25.08.2015. Manager Magazin Online. www.manager-magazin.de/fotostrecke/erschoepft-und-krank-burn-out-bei-prominenten-fotostrecke-129451.html.

Quaschnig, Volker: Statistiken – Weltweite Kohlendioxidemissionen und -konzentration in der Atmosphäre. 3/2018. www.volker-quaschnig.de.
Reich, Franziska; Vornbäumen, Axel (Interview mit Sahra Wagenknecht): »So will ich nicht mehr leben« – Sahra Wagenknecht erklärt ihren Rückzug. 30. März 2019. Stern Online. www.stern.de/politik/deutschland/sahra-wagenknecht-erklaert-ihren-rueckzug-von-der-fraktionsspitze-8642306.html.
Reinhard, Rebecca: »Sie werden niemals hören, dass ich seinen Namen nenne.« 19.03.2019. Frankfurter Allgemeine Zeitung online.
Reinhardt, Susie (Interview mit Dr. Sandra Konrad): Es ist keine Krankheit. Psychologie Heute compact: Still und stark. Nr. 57, 2019, S. 54 ff.
Resetarits, Valentina: Die Wahrheit über Burn-out, die viele nicht hören wollen. Mai 2017. Business Insider. www.businessinsider.de/die-wahrheit-ueber-burn-out-die-viele-nicht-hoeren-wollen-2017-5.
Riedi, Jolanda: Können Gefühle krank machen? 8. Juli 2019. emotion.de www.emotion.de/persoenlichkeit/koennen-gefuehle-krank-machen.
Risiko Großstadt: Studie zeigt, dass Grün vor psychischen Erkrankungen schützt. www.weather.com, 25. Februar 2019. https://weather.com/de-DE/gesundheit/psyche/news/2019-02-25-ohne-grune-umgebung-steigt-risiko-psychische-erkrankungen.
Ritter, Adrian: Mit feinem Gespür – Hochsensibilität. Schweizerische Ärztezeitung, 2017, 98(51–52):1750–1752. saez.ch/article/doi/bms.2017.06 299/
Sauer, Stefan: Nährstoffgehalt im Reis schrumpft durch Kohlendioxid. 28.08.2018. Kölner Stadt-Anzeiger. www.ksta.de/wirtschaft/studie-naehrstoffgehalt-im-reis-schrumpft-durch-kohlendioxid-31 175 922.
Scheuermann, Ulrike: Self Care. Du bist wertvoll. Knaur, München 2019.
dies.: Self Care Journal. 2019. Books on Demand.
Schmidt, Robert F.; Thews, Gerhard: Die Physiologie des Menschen. Springer, Berlin – Heidelberg, 27. Auflage, S. 184–191.
Scobel, Gert: Der Ego-Kult. Im Zweifel, ich zuerst. 11. Januar 2018, 3sat. www.3sat.de/page/?source=/scobel/195 764/index.html.
Seiffert, Bernd: Die Verbrechen der Psychiatrie. www.psychiatrie-erfahrene-nrw.de/psychopharmaka/verbrechen.html.
Sensibilität macht Teams deutlich leistungsfähiger. 2010. Welt online. www.welt.de/gesundheit/psychologie/article10 005 707/Sensibilitaet-macht-Teams-deutlich-leistungsfaehiger.html.

Sohst, Kathrin: 30 Minuten Hochsensibilität im Beruf. Gabal, Offenbach 2017.

dies.: Zart im Nehmen: Hochsensibel: Erkennen Sie Ihr Potenzial. Goldmann, München 2019.

Sohst, Stefan; Theile, Christoph: Circle of Emotions. Version 11, 2018.

Spenst, Dominik: Das 6-Minuten-Tagebuch. Rowohlt, Reinbek 2018, 3. Auflage.

SWR2 Impuls. Gibt es ein Gen für Hochsensibilität? 10.01.2018.

Tillmann, Teresa: Sensibel? Nein, Vielfühler! Magazin SCHULE, Heft 6, S. 56–59, 2016.

dies.: The role of sensory-processing sensitivity in educational contexts: A validation study (unveröffentlichte Masterarbeit), Ludwig-Maximilians-Universität München: Fakultät für Psychologie und Pädagogik, 2016.

dies.: Hochsensible Kinder und Jugendliche – Perspektiven aus der Wissenschaft. Vortrag beim Fachtag zum Thema Hochsensibilität bei Kindern am 26. September 2018, CJD Dortmund.

dies.: Hochsensibilität in der Schule. Vortrag beim Fachtag zum Thema Hochsensibilität bei Schüler*innen am 25. September 2019, CJD Dortmund.

dies.: Sensory-Processing Sensitivity in the Context of the Teaching Profession and its Demands: Blessing, curse or both? Dissertation, Ludwig-Maximilians-Universität München: Fakultät für Psychologie und Pädagogik, 2019. https://edoc.ub.uni-muenchen.de/24664/.

Tillmann, Teresa; El Matany, Katharina; Duttweiler, Heather: Measuring environmental sensitivity in educational contexts: A validation study with German-speaking students. Journal of Educational and Developmental Psychology, 8(2), 2018. DOI:10.5539/jedp.v8n2p17 www.researchgate.net/publication/325 468 847_Measuring_Environmental_Sensitivity_in_Educational_Contexts_A_Validation_Study_With_German-Speaking_Students.

Tillmann, Teresa; Bertrams, Alexander; El Matany, Katharina: Replication of the existence of three sensitivity groups in a sample of German adolescents (zum Zeitpunkt der Fertigstellung des Buches in Überarbeitung).

Tönjes, Stephanie: Kann man Neugierde erlernen? 18. Februar 2019. Linkedin. https://www.linkedin.com/pulse/kann-man-neugierde-erlernen-stephanie-t%C3%B6njes/?trk= eml-email_feed_ecosystem_digest_01-recommended_articles-11-Unknown & midToken= AQERiUrtt-MAowQ & fromEmail= fromEmail & ut= 0zgWuV5M6QuUE1.

Trendstudie: Die neue Achtsamkeit. Zukunftsinstitut GmbH 2017.

Trendstudie: Der Siegeszug der Emotionen. 2018. Zukunftsinstitut GmbH.

Unger, Angelika: Wie viele Stunden wir pro Woche arbeiten sollten. 13. August 2016, Impulse online. www.impulse.de/management/selbstmanagement-erfolg/wochenarbeitszeit/3174771.html.

Vehrs, Birte Frederike: www.gesellschaftswandel.net, www.birte-vehrs.de.

Wimmer, Martina: Verlieren wir den Kontakt? Ausgabe 3/2019. Emotion Magazin. S. 66 f.

Wolf, Christian: Stress – Hirn unter Druck. Gehirn & Geist. Ausgabe 6/2017. www.spektrum.de/magazin/wie-stress-das-gehirn-veraendert/1442767.

Wright, Carolanne: Confirmed by science: You really can change your DNA – and here's how. Natural News. 21. September 2013. www.naturalnews.com/042157_DNA_transformation_science_epigenetics.html.

Wüllenkemper, Cornelius: Warum Berührungen gesund machen. 21.03.2019. Deutschlandfunk Kultur. www.deutschlandfunkkultur.de/haut-und-tast-sinn-warum-beruehrungen-gesund-machen.976.de.html?dram:article_id=444142.

Wyrsch, Patrice: Über die Sensitivitätstypen zur Erleuchtung. Blog von Patrice Wyrsch. 5. Juli 2019. www.patricewyrsch.ch.

ders.: Die Neurodiversität von Psychopathie bis Höchstsensitivität. Blog von Patrice Wyrsch. 19. Juli 2019. www.patricewyrsch.ch.

ders.: Von der Wahrnehmungsfähigkeit zu Energiefeldern. Blog von Patrice Wyrsch. 10. August 2019. www.patricewyrsch.ch.

ders.: Immaterielles Wirtschaftswachstum dank Klimakrise. Blog von Patrice Wyrsch. 1. September 2019. www.patricewyrsch.ch.

Wyrsch, Patrice; Tillmann, Teresa: Wissenschaftsblog zum Thema Sensitivität. www.sensitivitaet.info/wissenschafts-blog/

Zahl der Fehltage wegen psychischer Probleme seit 2007 verdoppelt. Zeit Online, 26. März 2019. www.zeit.de/arbeit/2019-03/arbeitnehmer-krankentage-psychische-erkrankung-arbeitsministerium-linksfraktion.

Zeibig, Daniela: Warum es besser ist, abwechslungsreich zu fühlen. 21.12.2018. Spektrum. www.spektrum.de/news/emodiversity-warum-es-besser-ist-viel-zu-fuehlen/1604886.

In Verbindung gehen

Autorencoaching und Autorenworkshops mit Ute Flockenhaus – www.uteflockenhaus.de

COI Club – Dirk Kröger und Janina Vollert – www.coi-club.com

Die unglaubliche Energie der Emotionen – Live! – Stefan Sohst – www.stefansohst.com

Elfenschule und Atelier – Ines Bargholz – www.schaalsee-lebens-art.de

Emotionen lernen – www.emotion.jetzt

Environmental Sensitivity – Forschung von Prof. Dr. Michael Pluess – https://twitter.com/michaelpluess

Gesundheitsfördernde Wirkung des Waldes – Deutsche Akademie für Waldbaden und Gesundheit – www.waldbaden-akademie.com

Hochsensibilität – Dr. Elaine N. Aron – www.hsperson.com

Hof Hellerholz – HEXAGON ACADEMY GmbH – Anja und Uwe Dörger – www.hofhellerholz.de

Lesungen – Wegbegleitung – Waldbaden – Kathrin Sohst – www.kathrinsohst.de

Literaturagentur Michael Gaeb – www.litagentur.com

LOVELYBOOKS – Der Treffpunkt für Leser, Autoren und Verlage – www.lovelybooks.de

Matrix Coaching – Günter Kerschbaummayr – www.matrix-coaching.at

Netzwerk Waldbaden – www.netzwerk-waldbaden.com

Neurosensitivität im Unternehmenskontext – Patrice Wyrsch – www.patricewyrsch.ch

Nova Lebensraum Sensibilität – Sabine Sothmann – www.nova-lebensraum.de

Sensibilität in Schule und Beruf – Dr. Teresa Tillmann – www.teresatillmann.de

Wegbegleitung & Gesellschaftswandel – Frederike Birte Vehrs – www.gesellschaftswandel.net und www.birte-vehrs.de

Wissenschaftsblog zur Sensitivität – Dr. Teresa Tillmann & Patrice Wyrsch – www.sensitivitaet.info

ZENtrum Mockenhöhe – Zentrum für Meditation und Ruhe – Janine Bonk – www.weg-zur-ruhe.de